本书是国家社会科学基金青年自选项目"苏联解体后俄罗斯传统价值的现代转型研究"（12CZX064）的结项成果；

本书是国家社会科学基金重大项目"21世纪俄罗斯马克思主义研究"（20&ZD011）的阶段性成果；

本书是复旦大学马克思主义学院国外马克思主义学科规划项目成果。

回归与重塑：俄罗斯传统价值的现代命运

郭丽双 ◎著

中国社会科学出版社

图书在版编目(CIP)数据

回归与重塑:俄罗斯传统价值的现代命运/郭丽双著. —北京:中国社会科学出版社,2024.6

ISBN 978-7-5227-3515-3

Ⅰ.①回… Ⅱ.①郭… Ⅲ.①哲学思想—俄罗斯—现代 Ⅳ.①B512.6

中国国家版本馆 CIP 数据核字(2024)第 086123 号

出 版 人	赵剑英
责任编辑	张 湉
责任校对	杨 林
责任印制	李寡寡

出 版	中国社会科学出版社
社 址	北京鼓楼西大街甲 158 号
邮 编	100720
网 址	http://www.csspw.cn
发 行 部	010-84083685
门 市 部	010-84029450
经 销	新华书店及其他书店
印 刷	北京君升印刷有限公司
装 订	廊坊市广阳区广增装订厂
版 次	2024 年 6 月第 1 版
印 次	2024 年 6 月第 1 次印刷
开 本	710×1000 1/16
印 张	19.25
插 页	2
字 数	245 千字
定 价	108.00 元

凡购买中国社会科学出版社图书,如有质量问题请与本社营销中心联系调换
电话:010-84083683
版权所有 侵权必究

目　　录

导　言 ……………………………………………………………（1）

第一章　俄罗斯社会转型的精神召唤 …………………………（31）
　　第一节　俄罗斯社会转型的阶段 ………………………………（34）
　　第二节　俄罗斯社会转型的特征 ………………………………（68）

第二章　苏俄社会转型中的价值观变迁 ………………………（87）
　　第一节　苏联社会主义核心价值观的确立与裂变 ………（87）
　　第二节　多元化思潮对苏联核心价值观的解构 …………（104）
　　第三节　当代俄罗斯主流价值观的重建及其困境 ………（118）

第三章　俄罗斯传统价值现代转型的哲学转向 ……………（148）
　　第一节　东正教哲学的现代化 …………………………………（148）
　　第二节　马克思主义哲学的复兴与发展 ……………………（169）
　　第三节　保守主义哲学的再造 …………………………………（186）
　　第四节　欧亚主义哲学的回归与发展 ………………………（202）
　　第五节　俄罗斯传统自由主义哲学的复兴与发展 ………（225）

第四章　俄罗斯传统价值现代转型的政治转向 …………（238）
　　第一节　重塑历史观和价值观 ………………………（238）
　　第二节　重塑国家身份认同 …………………………（256）

结　语 ……………………………………………………（269）

参考文献 …………………………………………………（285）

导　言

一　研究俄罗斯传统价值回归与重塑的独特视角及意义

（一）研究俄罗斯传统价值现代命运的独特视角与创新点

由于急剧的社会转型对俄罗斯社会价值观念产生了猛烈的撞击与冲突，俄罗斯传统价值观在回归与重塑的双重运动中，体现了前所未有的复杂性与矛盾性。

本书在资料收集过程中与此研究领域的俄方学者多次交流讨论，充分把握了其传统价值现代转型的前沿动态，并扩展了研究范围和深度，超出了原定的研究计划。由原来的纯哲学研究扩展到宗教学、历史学、政治学、社会学等学科的交叉领域，因而研究的阶段性成果和最终成果都比原计划丰富。本书不仅结合俄罗斯历次社会转型阐明了俄罗斯传统价值的内涵，分析了当代俄罗斯社会转型呼唤传统价值的现代转型、为俄罗斯现行的民主政治制度和市场经济体制营造出能保证其有效运行的文化环境这一现实需要，而且阐明了俄罗斯传统价值现代转型在当代俄罗斯哲学、宗教、政治领域的不同转向及其政治实践。本书的独特视角与创新点体现在以下四个方面。

1. 从俄罗斯社会转型的内在需要研究其传统价值的现代转型，是本书的一个重要研究方法和独特视角。苏联解体后，俄罗斯现代化进程从苏联模式的社会主义转向西方模式的资本主义，由于急剧的社会转型，俄罗斯社会价值观念也发生了猛烈的撞击与激烈的冲突。俄罗斯新的现代化进程呼唤新的精神动力，俄罗斯传统价值在回归与重塑的双重运动中展现了前所未有的复杂性与矛盾性。本书认为俄罗斯传统价值观的理论内核包含于东正教伦理、保守主义和马克思主义的价值观中，具体内容包括：专制制度和家长制是俄罗斯传统价值观理论内核的核心、村社制是俄罗斯传统价值观精神共同体的现实载体、救世主义是俄罗斯传统价值观帝国思想的根源、等级制是俄罗斯传统价值观稳定的核心原则。应俄罗斯现代化进程的需要，俄罗斯传统价值观已经开始了自身的现代转型。这主要体现在俄罗斯传统哲学的回归与复兴、东正教伦理的世俗化、新自由主义对传统的再造、马克思主义哲学的回归与创新、新保守主义哲学和新欧亚主义哲学重塑俄罗斯文明等方面。同时，这一转型仍面临着重塑俄罗斯文明泛帝国化、东正教自身难以现代化等困境。这些将是本书持续关注的重点。

2. 从当代俄罗斯社会思潮演进这一角度研究俄罗斯传统价值现代转型是本书的独特切入方式。社会思潮反映一定时期里社会成员的社会心理和价值取向，因此，从当代俄罗斯社会思潮的演进上，可以看到俄罗斯传统价值现代转型的脉络和发展趋势。从各思潮纵向演进的动态上看，当代俄罗斯社会思潮的发展历程是：从右翼自由主义到左翼新马克思主义和民族主义，再到中派新保守主义和新东正教意识的融合。但21世纪以来新欧亚主义思潮最为活跃，在俄罗斯入欧洲受挫后，社会各界将"强国梦"寄托于新欧亚主义，乌克兰危机中也体现了该思潮激进扩张的危险倾向，这引起了各界的批判与关注。新欧亚主义将如何与新保守主义融合，担负起俄罗斯传统价值观现代转型的使命，引领俄罗斯向何处去，这将是本书持续跟踪的重点。

3. 本书的另一个特色就是以东正教伦理与"资本主义精神"的内在冲突为切入点，紧扣国内外学术前沿动态。本书揭示了作为俄罗斯传统价值观精神内核的东正教，为了回应东正教伦理与"资本主义精神"的内在矛盾冲突，已经开始自身的现代化（世俗化）；进而区分了"自发"和"二次"现代化的不同含义，说明俄罗斯可以依靠自身的精神文化与市场经济相结合，走出一条有自身特色的现代化之路；通过俄罗斯现代化的精神动力分析，确认俄罗斯的现代化进程需要在本国精神文化中培育出与其相适应的社会价值观念，为民主政治制度和市场经济体制营造出能保证其有效运行的文化环境；最后通过审视东正教伦理在苏联解体后发挥的重要作用和所面临的诸多困境，分析了东正教伦理自身现代化何以可能、东正教伦理能否单独成为俄罗斯现代化的精神动力等问题。东正教伦理的社会价值观、政治价值观、经济价值观能否完成自身的现代转型是问题的关键所在。

4. 从俄罗斯宗教、哲学、政治多维重塑俄罗斯文明的层面审视俄罗斯传统价值观现代转型，具有创新意义和应用价值。本书首次从苏联解体后东正教哲学的现代化、马克思主义哲学的自我修正与发展、保守主义哲学的再造、俄罗斯重塑国家身份认同等方面，揭示了宗教、哲学、政治等领域正试图以自身的现代化回应一系列挑战。俄罗斯学界和政界正努力在俄罗斯传统价值与西方普世文明论的冲突中，通过回归与重塑的方式推进俄罗斯传统价值的现代转型，重塑俄罗斯文明新的价值定位，以回应学理上和政治实践上的社会价值秩序混乱、国家身份认同不明的尴尬。因而，本书具有理论建构上的创新意义和政治分析上的应用价值。

（二）研究俄罗斯传统价值现代命运的学术价值、应用价值

1. 本书首次对苏联解体后俄罗斯传统道德的现代转型展开研究，具有较高的学术价值。对于俄罗斯这个宗教色彩浓厚的国家，传统价值的现代转型主要体现在东正教伦理、保守主义、马克思主义等与俄罗斯现代化的互动关系中，这是研究俄罗斯社会发展不可或缺的维度。它不仅客观揭示了俄罗斯现代化的社会现实及其精神文化状况，而且可以填补中国学界20多年来对俄罗斯传统价值现代转型研究的缺位，对俄罗斯学界探索此问题也有启示作用，因此具有较高的学术价值。

2. 本书对于我国坚持中国共产党的领导和坚定走中国特色社会主义的现代化道路具有重大政治意义。苏联解体后，俄罗斯走过了30多年风雨兼程的改革道路，东正教伦理在这个过程中发挥了巨大的作用，俄罗斯向何处去？在多种思潮激荡中，俄罗斯的现代化还面临着诸多挑战。相比之下，我国注重现代化的精神动力问题研究，重视新时代中国特色社会主义理论体系和中国道路的研究，改革历经40余年取得阶段性成功，这对于我国坚持党的领导、坚定探索中国特色社会主义现代化之路具有重大政治意义。

3. 本书对于中国传统道德的现代转型、培育社会主义核心价值观具有一定启示意义。本书梳理了苏俄社会转型中的价值观变迁，分析了苏联社会主义核心价值观的确立与裂变，重点分析了多元化思潮对苏联核心价值观的解构作用和俄罗斯如何重建主流社会价值观及其困境，揭示了其中的经验教训。中俄两国同处于"二次现代化"的过程中，这就需要在本国的精神文化中培育出与本国现代化进程相适应的社会价值观念，适当改造本国的传统文化，使之与新的制度、体制相适应。国家的现代化要求人自身的现代化,目前以东正教伦理和保守主义价值为精神内核的俄罗斯传统价值正试图进行现代转型,以期为本国的现代化进程提供有民族特色的精神动力,这无疑对中国传统道德的现代转型、培育社会主义核心价值观具有启发意义。

4. 本书对于把握和研判俄罗斯政治发展趋势和普京执政理念具有重要意义。本书结合俄罗斯社会转型的现代化进程研究俄罗斯传统价值观现代转型及其具体哲学转向及政治转向。通过研究东正教哲学的现代化、保守主义哲学的再造、欧亚主义哲学的回归与发展、俄罗斯反击历史虚无主义重塑历史观、俄罗斯重塑国家身份认同、俄罗斯政党的政治实践等,揭示出俄罗斯政治领域的主流政治哲学将是新保守主义与新欧亚主义的联合,二者在重塑俄罗斯传统价值观和国家身份认同的基础上重塑俄罗斯文明,这将是普京执政的新思想基础。这对于我们把握和研判俄罗斯政治发展趋势和普京执政理念具有重要意义。

(三) 本书的不足之处

虽然本书做出了较多创新,具有较强的理论价值和现实意义,但同时存在许多不足,需要在今后的研究中完善。

1. 由于研究领域和阶段性成果的扩展,超出预期计划时间

由于本书超出了原定的研究计划,不仅扩展了研究范围和深度,阶段性研究成果也扩展到了决策咨询专报。由原来的纯哲学研究扩展到宗教学、历史学、政治学等学科的交叉领域,阶段性研究成果由原计划的3篇学术论文扩展到了10篇,并加入计划外的8篇专报,所以整体的研究时间超出了预期计划,这是本项目研究的缺憾之处。希望在今后的研究中尽量聚焦一个主题的某一方面,尽快完成工作。

2. 在涉及宗教学、历史学、政治学的论断时有不够严谨之处

由于本书涉及哲学、宗教学、历史学、政治学等交叉学科，限于课题负责人哲学研究的学理背景，虽然努力阅读和研究另外几个学科的科研成果，补足学科基础不足的劣势，但是在涉及宗教学、历史学、政治学的论断时仍有不够严谨之处。希望在今后的工作中不断加强这些交叉学科的学习，打下更坚实的研究基础。

3. 本书主题难度大，同时俄文资料的收集与翻译存在不足

目前，俄罗斯传统价值的现代转型在俄罗斯本国属于正在进行时的哲学主题，理论和实践层面都未形成定论，难度极大。所以本书只能在紧跟学术前沿动态的基础上进行自己的判断与思考。面对此研究领域浩如烟海的俄文资料，资料选取考验着研究者的学术视野与水平，而且选取的资料翻译成中文后能否完好地表达思想要义也是一个难题，这些都对接受公共课俄语学习的研究者提出了挑战，有待于加强俄语笔译学习来完善。

二 俄罗斯传统价值的历史生成及理论内核

俄罗斯传统价值依托保守主义的历史生成与发展，其理论内核明显区别于欧美西方国家的传统价值观。

（一）俄罗斯保守主义的独特性

什么是保守主义？苏联时期出版的《苏联百科辞典》对保守主义的解释是："信仰一切旧的、过时的东西，仇视一切新的、进步的东西。"[①] 可见，苏联时期对保守主义的界定基本上是将其等同于反动、守旧、落后的思想。但是，俄罗斯初期西方激进自

[①] 《苏联百科辞典》，莫斯科，1980年俄文版，第628页；转引自陈树林《俄罗斯新保守主义文化思潮及其影响》，《山东社会科学》2013年第11期。

导　言

由主义改革失败后，作为其对立面的保守主义成为俄罗斯人反思改革失败的思想武器，对俄罗斯传统保守主义的理论研究成为热点。这又重复了俄罗斯历史上自由主义和保守主义交替出现的规律。同时，作为一种政治实践，俄罗斯保守主义企图综合民族主义、爱国主义、新欧亚主义、新马克思主义、新东正教意识等，形成新保守主义，重塑俄罗斯的主流政治理念。究竟什么是保守主义？俄罗斯传统保守主义的理论内核是什么？俄罗斯传统保守主义与新保守主义有何异同？

西方保守主义从时间上划分为古典保守主义、现代保守主义和新保守主义。政治学上对保守主义的界定，根据不同的价值标准界定出的保守主义类型也不尽相同。① 由于各个国家不同的政治历史传统、对待传统的不同态度和不同精神文化特质，各国形成的保守主义各自具有不同风格，如：以正统主义为代表的法国保守主义，以浪漫主义为标志的德国保守主义，而以捍卫自由主义传统为特质的英国保守主义则被视为保守主义经典版本。虽然各国保守主义各自保守的对象不尽相同，但它们都有一个共同的价值追求，这就是捍卫传统的价值。

我们这里将保守主义作为政治思潮进行的基本界定，是一般意义上不同国家、不同文化对自己传统价值的保守，不能泛化为新保守主义对古典自由主义的保守与复活，它只是保守主义在一个特定国家的具体表现。以柏克为代表的英国保守主义被视为保守主义的经典版本，它所保守的价值是英国特有的自由主义之传统价值。保守主义尽管"保守"传统价值，但它并不是完全的因循守旧，而是在保守的基本价值中加入新元素，缓慢向前推进。

---

① 张昊琦：《俄罗斯保守主义与当代政治发展》，《俄罗斯中亚东欧研究》2009年第3期。

保守主义和自由主义相伴而生的关系,在美国著名政治学家亨廷顿学术思想和学术生涯中得到了集中体现。有的学者简单生动地描绘了亨廷顿的思想画像:保守主义者+自由主义者=亨廷顿。①

以此为参照,俄罗斯的保守主义显然是一个特定版本,它所保守的对象,捍卫的传统价值与德国、法国和英国都不尽相同。因而在分析当代俄罗斯保守主义的时候,有必要廓清俄罗斯传统保守主义的历史生成及理论内核是什么?它要保守的传统价值是什么?

(二)俄罗斯保守主义的历史生成

俄罗斯保守主义具有深厚的政治传统。俄罗斯的历史表明,自由主义和保守主义两大思潮往往是一种共生关系,每当俄罗斯处于重大社会变革期,急需回答"俄罗斯向何处去?"的时候,西化派自由主义思潮就会兴盛起来,与之相对的保守主义思想也会相应地对其进行批判反思,主张保守自己的传统价值,探索俄罗斯自身的独特道路。

自彼得一世改革以来,俄罗斯的现代化进程就不断地在自由主义和保守主义之间徘徊前进,其中有国家身份认同和国家发展模式的争论与思考。②俄国历史上不仅出现了亚历山大一世、亚历山大二世及尼古拉二世的政府自由主义时期,也出现了三个政府保守主义时期,③俄罗斯历史上的这几次政府保守主义时期尽管面临

---

① [美]塞缪尔·亨廷顿:《作为一种意识形态的保守主义》,王敏译,《政治思想史》2010年第1期。

② 张昊琦:《俄罗斯保守主义与当代政治发展》,《俄罗斯中亚东欧研究》2009年第3期。

③ 张树华、刘显忠:《当代俄罗斯的政治思潮》,新华出版社2003年版,第241页。

的形势各不相同，但是其寻求稳定发展的实质和建立强有力国家政权的政策内核是一致的，其主旨是要保守俄罗斯特有的传统价值。

俄罗斯传统保守主义总是在国家面临巨大社会转型中，激烈抗拒西化式的变革，在传统和现代化之间的复杂关系之中反思和探索俄罗斯的发展模式问题。俄罗斯保守主义的萌芽产生于叶卡捷琳娜二世时期，这位德国公主把欧洲的启蒙思想带到俄国，但她做女王后思想逐渐俄国化，非但没有彻底推行启蒙思想，反而加强了君主的权力。俄罗斯上层贵族出现了捍卫贵族权益和国家传统的保守主义。代表人物谢尔巴托夫（М. М. Щербатов）公爵在《论俄罗斯世风的败坏》中，强调俄国古老的贵族等级制度对君主专制的重要作用，强调传统性和继承性对国家秩序的重要作用。① 这是俄罗斯保守主义的典型观点，直到当代这种思想仍有较大影响。

俄罗斯第一次保守主义思潮出现在亚历山大一世时期，面对法国大革命，俄国成为欧洲维护保守主义的"国际宪兵"。以卡拉姆津（Н. М. Карамзин）等人为代表的专制保守主义，主张绝对君主制、国家主义和家长制，强烈反对自由主义。并延续俄罗斯东正教的政教合一传统，赋予君主以拯救全世界的神圣使命，维护保守主义价值观，把欧洲批判为被理性主义腐蚀了的世界。1832 年，乌瓦洛夫将亚历山大时期的保守主义系统化和理论化，提出"专制主义、东正教和人民性"三原则，这被当作保守主义的核心价值。他认为，专制君主制是俄罗斯国家管理的一种特殊类型，符合俄罗斯人民的历史特性。② 这种传统的政治国家观和好沙皇的观念，在苏联时期的价值观中得到了充分的体现，至今

---

① ［俄］К. А. 沙塔列夫：《俄罗斯保守主义的起源和特点》，《社会人文知识》2000 年第 3 期。
② 张昊琦：《俄罗斯保守主义与当代政治发展》，《俄罗斯中亚东欧研究》2009 年第 3 期。

仍被俄罗斯普通百姓所认同，国家和政府仍被视为秩序、道德、精神文化的源泉。

俄罗斯的第二次保守主义思潮出现在 19 世纪 60 年代到 20 世纪初，俄国的改革使其更加接近于欧洲，西方丰富的哲学思想也随之传入俄罗斯，这与俄国本土的斯拉夫哲学发生碰撞，产生了仅次于 19 世纪 30—40 年代被称作为"黄金时代"的"白银时代"①。西方思想与俄罗斯文化的碰撞在这一时期形成了俄国独特的哲学思想与宗教哲学，其思想至今仍被人们奉为哲思佳话。其中，斯拉夫保守主义孕育出了标志着俄罗斯灵魂的"俄罗斯思想"（Русская Идея）。亚历山大二世的自由主义改革激起了保守主义者的强烈反对，他们主张保护俄罗斯的传统价值，进行"保守主义改革"。其中哲学上的斯拉夫主义是其直接的思想来源，为保守主义思潮提供了坚实的理论基础。斯拉夫主义者在探索传统与现实、俄国与西方等问题上，都持斯拉夫保守主义立场，他们深刻地影响了俄国社会思想的走向和俄罗斯对发展道路的思考。其中最引人注目的是斯拉夫主义促进了"俄罗斯思想"的形成。

А. С. 霍米雅科夫是早期斯拉夫派最著名的代表人物之一，他以俄罗斯的精神独特性和文明优越论为根基，明确反对俄罗斯走西化道路。他从俄罗斯民族的独特性、俄罗斯的拜占庭文化特色和东正教信仰的独特性等方面，论证了俄罗斯与西方世界具有"内在因素"的差异，正是这些不同的"内在因素"决定了俄罗

---

① 白银时代：19 世纪与 20 世纪之交的近 30 年间，俄罗斯曾经历过一场范围广大、影响深远的思想文化运动。它的先导是一股新的诗歌潮流，紧随其后便出现由新诗潮所带动的包括散文创作、戏剧艺术、文学批评、音乐和绘画等在内的整个文学艺术领域的全面创新。同时，西方多种新的社会哲学思潮传入俄罗斯，与俄国哲学传统发生碰撞，造成哲学的空前繁荣和独特的俄国宗教哲学的勃兴。这是俄罗斯文化史上最辉煌的时期之一。这个时代即所谓"白银时代"，学界试图用它来标志出 19 世纪文学"黄金时代"之后的另一个文学和哲学时代。这一时期出现了许多著名的文学家、艺术家和哲学家。

斯不能按照西方的方式进行改革，走西方式的现代化道路。不仅如此，俄罗斯的东正教文明会改变世界的整个文明系统，俄罗斯将站在世界文明的前列。К. Н. 列昂季耶夫继承发展了 А. С. 霍米雅科夫关于俄罗斯拜占庭文化特色的研究，丰富和完善了俄罗斯保守主义思想。他反对自由主义的解放，认为那样会导致文明的老化和衰落，明确提出宗教性、君主主义和等级制的保守主义原则。在东西方道路的争论上，他认为，西方正在用自由主义来污染俄罗斯，俄罗斯只能用拜占庭的古老文明因素来对抗西方，面向东方是俄罗斯避免革命震荡的最好方式。①

俄罗斯第二个保守主义政府是在这股思潮的影响下产生的。1881年，亚历山大二世遇刺加剧了俄罗斯社会的分裂，政治保守主义思潮被继任者亚历山大三世所采纳，变为政府保守主义。保守派的代表之一波别多诺斯采夫被世人看作亚历山大三世的精神导师，他对这一时期俄罗斯政府的保守主义政策产生了特殊的影响。Л. А. 季霍米洛夫是这一时期保守主义的集大成者，他将一系列保守主义者的观点系统化、理论化，在《君主制国家体制》一书中提出了一套完整全面的保守主义理论。他将最高政权分为三种类型：君主制、贵族政体、民主制，认为俄罗斯最适合建立君主制的人民代表制度，以"人民杜马"的思想反抗西方的议会制，以社团原则取代政党制，按职业原则依司法程序组成农民、哥萨克、工人、记者等社团，在社团联合会的基础上改革地方自治体制和人民代表制度；他在综合俄罗斯村社制、集体主义倾向的劳动组合方式等因素的基础上，提出了通过建立工人村社的方式团结和发展工人的思想，与西方模式的工人联盟不

---

① 张树华、刘显忠：《当代俄罗斯的政治思潮》，新华出版社2003年版，第233—236页。

同，工人村社不应当是狭隘的经济机构，而是一种更发达的城市村社，公民从农村进入城市会自动融入其所习惯的村社。① 季霍米洛夫对后世的影响深远，备受普京推崇的著名俄侨思想家 И. А. 伊里因，其"人民君主制"理论和精英民主思想都源于季霍米洛夫。

俄罗斯的第三个保守主义的政府改革——斯托雷平改革是俄罗斯帝国挽救危局的最后一次努力，实现了自由主义和保守主义的结合。斯托雷平改革思路非常明确："先稳定，后改革"，强有力的政权加自由主义改革。他所要"保守"的是1905年革命所取得的成果，1905年以后所确立的立宪体制。虽然他采用俄罗斯传统的政治方式残酷镇压革命，推进改革，但他改革的措施中充满了自由主义色彩。② 他认为，要想对国家进行深刻的改革，稳定和法制都是必需条件。所以，他一方面通过"战地军事法庭"镇压革命，为大规模的改革创造必要的稳定条件；另一方面提出人身神圣不可侵犯、公民平等、宗教信仰自由等自由主义价值理念，并对伤残、年老工人等实行社会保护、医疗救助等人道主义改革措施。斯托雷平改革，在农村土地改革、经济发展和社会阶层分化方面的改革思路符合俄罗斯政治现代化进步的需要，受到了社会各界的支持，甚至赢得了曾反对他的、当时最大的自由派政党（立宪民主党）的支持，所以改革取得显著成效。斯托雷平通过"先稳定，后改革"的铁腕措施，创造了沙俄经济史上的黄金奇迹，人均粮食产量达到历史最高值，超过整个斯大林时期。改革瓦解了村社这一宗法制共同体，俄罗斯传统的文

---

① ［俄］尤·马克西缅科：《俄罗斯保守主义理论家研究中的"保守主义与民主"问题》，《政权》2002年第4期。
② ［俄］尤·阿法纳西耶夫主编：《俄国农民的命运》，莫斯科，1996年俄文版，第20—21页。

化基础受到了削弱,① 这触及俄罗斯此前传统体制存在的基础,引起保守派的不满。同时,斯托雷平的政治改革与经济改革背道而驰,既排斥革命,又反对"维特式"温和宪政改革,无法解决商品经济自由发展与政治专制、贵族专权的冲突,尤其是改革措施试图弱化阶层和等级色彩,直接触及了保守主义的底线,遭到了保守派和既得利益集团的强烈抵制,最后导致改革悲剧性失败。

(三) 俄罗斯传统价值的理论内核

在俄罗斯历史上每逢自由主义改革,国家在发展道路上向西方靠拢时,都会产生与之相伴的保守主义思潮,它所蕴含的俄罗斯传统价值的理论内核虽然在俄罗斯不同历史时期表现形式不一,但其基本价值原则和理论内核是稳固不变的。主要包括以下几个方面。

1. 专制制度和家长制是俄罗斯传统价值理论内核的核心

专制制度和家长制是俄国社会的基本特征和俄罗斯文明的政治核心,② 它是拜占庭文化的保守主义政治传统的延续。因而,君主专制制度和家长制一直是俄罗斯保守主义者捍卫的对象,他们认为,君主制是适合俄国国家特性、符合俄罗斯人民的历史特性和政治传统观念的特殊管理方式。东正教政教合一的传统政治观念给俄国的专制主义提供了神圣性与合法性,君主的神圣性体现为以国家的名义直接对上帝负责,成为俗世间上帝事业的代表,成为秩序、道德、信仰之源。专制者与人民的关系则从专制

---

① 金雁:《沙俄改革中的"第三种知识分子"》,《工会博览》(下旬刊) 2012年8月20日。
② 庞大鹏:《当代俄罗斯的保守主义》,《欧洲研究》2009年第3期。

特权变为父亲对孩子的责任与担当,人民则只有服从和感恩。即使面对20世纪初俄罗斯君主专制制度的瓦解,保守主义者仍将希望寄托于非制度因素的"强人"继承俄罗斯的专制传统。历史事实证明,俄罗斯专制主义的延续性不是历史的偶然,苏联马克思主义的俄国化和74年的苏联社会主义实践同样体现了一定程度上的专制和集权的因素,是俄罗斯专制制度和家长制这一传统价值内核在新思想、新制度中的应用。

2. 村社制是俄罗斯传统价值精神共同体的现实载体

村社制是把精神世界与物质世界连接成精神共同体的现实载体,是孕育集体主义的现实土壤。斯拉夫保守主义认为,村社制是俄罗斯特有的古老农村土地制度、社会管理方式基础和精神共同体的现实载体。它不仅仅是管理制度的物质形态,而且孕育出俄罗斯朴素的集体主义和平等主义精神。东正教特有的"聚合性"原则将村社自治、国家权力、个人权力相协调,并将东正教精神的聚合性内化为村社精神的集体性。村社制是一种符合俄罗斯国情、集中体现俄罗斯民族文化特点的制度。村社是俄罗斯农民创造物质财富赖以立身之地,同时也是他们的精神共同体。[1] 正是东正教聚合精神与村社集体生产方式的结合,孕育了集体主义,并使其成为俄罗斯精神,所以俄罗斯传统价值强调的是集体主义的团结性,而缺乏对个性和自由的重视。白银时代的思想家别尔嘉耶夫也曾深刻地认识到这一点,并以此为终生追求,重塑俄罗斯价值。源于村社集体生产方式的俄国集体主义传统构成了保守主义基本价值原则和理论内核。集体主义和爱国主义不仅在苏联74年的社会主义实践中成为其核心价值观的基础,而且也是当下俄罗斯团结人民、凝聚共识的主要社会价值原则。

---

[1] 董晓阳:《自由主义在俄罗斯的传播及其规律性》,《当代世界》2013年第1期。

3. 救世主义是俄罗斯传统价值帝国思想的根源

俄罗斯精神中所特有的反西化模式和帝国扩张思想,其根源就在于其传统价值观中的救世主义与"第三罗马"观念。

保守主义者认为,东正教的救世主义和"莫斯科即第三罗马"的观念,使俄罗斯文明优越于西方文明,是具有普世性的文明模式,是未来的文明发展方向。他们的根据在于,东正教是俄罗斯文明的精神支柱,"莫斯科即第三罗马",东正教的救世主义、精神第一性、非理性等特质,使俄罗斯相对于西方世界在精神和道德上具有优越性。俄罗斯人特有的救世思想,即弥赛亚观念,源自俄罗斯民族的深层意识,源自15世纪末莫斯科大公伊凡三世继承拜占庭正教传统,由此形成"莫斯科即第三罗马"观念。在16世纪俄罗斯出现了"莫斯科—第三罗马"的理论,赋予了俄罗斯人神圣化的使命和力量,将其作为上帝拯救全世界的唯一选民,继续上帝在尘世间的使命和事业。① 这源自1530年普斯科夫修道院修道士菲洛菲伊写给莫斯科大公瓦西里的一封信,信中说:"所有的基督教王国都统归于您的一个王国,两个罗马已经消失,而第三罗马正屹立不动,至于第四罗马则不会再有。"② 经过多年东正教的洗礼,救世主义思想深深地扎根于虔诚的俄罗斯人精神之中,正是第三罗马的古老概念赋予了他们拯救全世界的神圣使命和帝国扩张的合法性。在俄国与西方关系的问题上,保守主义坚持本土主义立场,从文明形态论出发,认为欧洲文明已历经兴盛阶段,代之而起的将是俄罗斯文明,这与俄罗

---

① 左凤荣:《俄罗斯的民族传统与普京的强国战略》,《中共中央党校学报》2007年第3期。

② [俄]索洛维约夫等:《俄罗斯思想》,贾泽林、李树柏译,浙江人民出版社2000年版,第5页;转引自左凤荣《俄罗斯的民族传统与普京的强国战略》,《中共中央党校学报》2007年第3期。

斯东正教"第三罗马"理论相融合,成为俄罗斯的精神传统,确立了反对西方的观念。东正教的救世主义与"莫斯科即第三罗马"观念,不仅表达了俄罗斯民族是上帝的唯一选民,担负着拯救基督教世界的使命的思想,① 而且影响了俄罗斯世俗政治观念与行动,它是俄罗斯"强国意识""大国沙文主义"等帝国扩张思想的根源和理论依据。

4. 等级制是俄罗斯传统价值观稳定的核心原则

等级制是俄罗斯保守王权和社会稳固秩序的重要保障,是俄罗斯传统价值观稳定的核心原则。等级制的核心思想是不同等级的人承担不同的责任,享受不同的社会地位和报酬,地位越高的人责任越大,报酬越丰厚。这类似于柏拉图理想国中基于不同天赋对四种类型人的划分,以先验理念来设定人的社会角色和政治地位,达到政治上各安其分之目的。对于哪个等级是保守王权的社会基础这个问题,各派/各界(学者们)存在不同看法。列昂季耶夫认为,等级制是社会稳固的重要保障,贵族是帝国的精英,是保守王权的基础。而波别多诺斯采夫则认为,欧洲自由的思想对俄罗斯上层贵族影响很大,他们绝大部分都成为欧洲自由主义的追随者,已经丧失了对俄罗斯专制制度合法性的认同。他们虽然身为上层贵族,但对等级制本身也持怀疑批判的态度,并为此陷入精神上的痛苦与迷茫。所以,波别多诺斯采夫认为俄罗斯上层贵族不仅不是保守王权的社会基础,而且是最大的批判者和破坏者。与此相反,农民这个等级受西方自由主义影响很小,依然认同俄罗斯专制制度的合法性。所以,农民才是东正教和专制制度最忠诚的社会基础,是保守王权最可靠的社会支柱。由此,波别多诺斯

---

① 李志忠:《社会转型时期俄罗斯民族主义产生的根源》,《俄罗斯研究》2002年第3期。

采夫主张实行愚民政策，反对全民教育，反对下层民众参与政治，以避免农民阶层像贵族阶层那样，接受西方自由主义的思想，否认俄罗斯专制制度的合法性，避免等级间的阶层流动。①

面对西化自由主义思潮导致的社会变革，俄罗斯传统保守主义思潮所要保守的传统价值是：专制主义与家长制、村社制、救世主义与等级制，它试图以此为根基确立自己独特文明范式和独特发展道路，反抗西化模式对俄罗斯的侵蚀。从文明论的视角看，以自己独特文明范式反抗西化普世文明论，这具有积极的建构意义；但从传统与现代、俄罗斯与世界的大格局看，俄罗斯传统保守主义社会思潮在吸纳其他文明积极元素方面，在与其他文明平等共处方面，还存在唯我独尊的局限性。在政治学保守主义的谱系里，由于文化和政治传统所致，俄罗斯保守主义所要保守的传统价值与西方政治学的经典范式不同，前者要保守的正是后者所反对的。但它们所要达成的目标基本相似，有力控制和有序自由的政治效果与现实约束，政治民主精英化是保守主义的理性底线与实现途径，②这与苏联解体以来俄罗斯保守主义社会思潮的复兴与发展较为契合，是俄罗斯传统价值观现代转型所追求的目标定位。

三 俄罗斯社会转型召唤新的精神价值

哲学乃时代精神之精华，当代俄罗斯社会转型急切地召唤与其相适应的新精神价值，为其现行的民主政治制度和市场经济体制营造出能保证其有效运行的文化环境。③ 由于社会、政治、经

---

① 张昊琦：《俄罗斯保守主义与当代政治发展》，《俄罗斯中亚东欧研究》2009年第3期。
② 庞大鹏：《当代俄罗斯的保守主义》，《欧洲研究》2009年第3期。
③ 郭丽双：《东正教伦理与俄罗斯的现代化进程研究述评》，《哲学动态》2011年第12期。

济、文化等因素的综合作用，斯拉夫主义哲学、欧亚主义哲学、自由主义哲学、东正教哲学、马克思主义哲学、保守主义哲学等都在通过自身的回归与发展，重塑俄罗斯独特的文明观和价值观，都在试图担当起为俄罗斯探寻新精神价值这一使命。这不仅是俄罗斯初期改革失败的应激性反应，是俄罗斯知识分子先知传统的体现，更是俄罗斯社会转型发出的时代召唤。

社会主流价值观作为一个国家的灵魂，对社会的精神价值导向、秩序维护运转起着统领整合的作用。苏联时期，由于对马克思主义意识形态与社会主义主流社会价值观的维护，过多地强调国家意志，施行严厉的书报检查制度，在很大程度上窒息了社会生活应有的思想空间和文化建设中应有的民主成分。① 对此，戈尔巴乔夫改革则走向绝对民主化的另一个极端，他试图通过公开性、民主化、意见多元化等新方针，调动人民的积极性，但他却开启了自己也无法掌控的文化信息公开化、思想多元化的大门。多元化思潮引发了价值观的多元化，直接动摇了苏联社会主义核心价值观和意识形态。② 人道主义思潮的兴起、俄罗斯思想的探寻与回归、东正教的复兴、新自由主义的蔓延、"非暴力伦理学"的建构与传播，从不同层面抨击和解构了苏联社会主义核心价值观，最终导致苏共意识形态堤坝全线崩溃。③

俄罗斯推行激进的自由资本主义改革——"休克疗法"——快速地打破苏联高度集中的政治经济体制，但在国家和人民付出

---

① 郭丽双：《俄罗斯主流社会价值观的重建及其困境》，《马克思主义与现实》2015年第1期。
② 郭丽双：《多元化思潮对苏联社会主义核心价值观的解构及教训》，《当代世界与社会主义》2014年第6期。
③ 郭丽双：《多元化思潮对苏联社会主义核心价值观的解构及教训》，《当代世界与社会主义》2014年第6期。

导 言

惨痛的代价后,不仅没有实现西方许诺的迅速成为发达欧洲国家的梦想,反而使俄罗斯遭受到了前所未有的损失,处于崩溃的边缘,陷入了全方位的困境中:政府面临信任危机、国家经济衰退、民众生活艰难、社会道德沦丧等。到目前为止,历经 30 余年的改革,俄罗斯已经初步建立了资产阶级民主政治体制的框架和市场经济体制。俄罗斯的改革在付出了巨大代价,经历了较长时期的痛苦、失望和期待后,虽初见成效,但总体上经济仍发展乏力,创新不足。最让俄罗斯人痛心的不是国力和经济衰退,而是精神文化中的道德沦丧和人心涣散。①

面对实践结果与期望值巨大反差的现实,人们开始质疑,俄罗斯选择西方自由主义是不是错了?如何整顿极度混乱的社会秩序,寻求什么样的精神价值来改变俄罗斯社会精神萎靡不振的困境,如何将俄罗斯带出迷雾?成为俄罗斯社会需要迫切解决的问题。于是,反思当下俄罗斯困境、探索国家未来发展方向的各种社会思潮非常活跃。

在一系列的追问与探索中,人们发现当前俄罗斯乱象丛生的根源在于缺乏与现行制度相适应的现代社会价值观和现代文化。由于缺乏与市场经济相应的规则意识、平等、守信等文化价值观念,当前俄罗斯的经济领域充斥着欺诈、假冒伪劣、三角债、偷税漏税等现象,经济运行的成本过高;同样,由于缺乏相应的民主、合作的政治文化,初期政治改革中各政党和政治派别互不相容,政局动荡不安,经历了近 10 年的努力,俄政局才渐趋平稳。② 一种相对成功的制度、体制背后总有相应的文化,一国在

---

① 郭丽双:《俄罗斯传统价值观的现代转型》,《第 22 次韩中伦理学国际学术大会论文集》,2014 年。
② 郭丽双:《俄罗斯传统价值观的现代转型》,《第 22 次韩中伦理学国际学术大会论文集》,2014 年。

搬用和模仿别国成功的制度时，不可能立即把相应的文化环境也搬过来，因而刚刚建立的新的制度和体制一般都缺乏合适的文化环境，或者与新的文化环境不相适应，难以发挥预期的功能和作用。[1] 俄罗斯再出发的资本主义实践中，这种制度失灵现象表现得尤为明显。

因此，俄罗斯的现代化进程需要与其相适应的社会价值观念，为民主政治制度和市场经济体制营造出能保证其有效运行的文化环境。文化是制度、体制和运行机制的观念基础。民主政治文化要求的是宽容、信任、合作、妥协、节制、调和、适度、平衡、认同等精神，市场经济文化要求的是讲求效率、积极进取、惜时守信、勇于创新、自由平等、独立自主等精神。俄罗斯处于模仿"二次现代化经验"的过程中，应在本国的精神文化中培育出与其现代化进程相适应的社会价值观念，适当改造本国的传统文化，使之与新的制度、体制相适应。[2] 如何整顿极度混乱的社会秩序，捍卫本国固有的精神价值，将俄罗斯带出迷雾，成为21世纪初俄罗斯社会迫切需要解决的问题。

四 俄罗斯传统价值在回归与重塑中回答时代课题

俄罗斯初期，多元化思潮在俄罗斯呈现错综复杂的状况，致使俄罗斯的社会价值观始终处于多元矛盾的境地。[3] 各派观点很难统一，价值失序造成极大的社会危害，对俄罗斯国家身份认同、政治决策、经济外交及普京执政理念的影响都产生了不同程

---

[1] 王立新：《俄罗斯改革的中国意义》，《战略与管理》2003年第6期。
[2] 郭丽双：《俄罗斯传统价值观的现代转型》，《第22次韩中伦理学国际学术大会论文集》，2014年。
[3] 郭丽双：《俄罗斯主流社会价值观的重建及其困境》，《马克思主义与现实》2015年第1期。

度的影响。

"我们是谁？我们信仰什么？我们要往哪里去？"这个俄罗斯人千百年来追问的"俄国斯芬克斯之谜"（сфинксрусскойжизни），再次响彻俄罗斯，西化派与斯拉夫派的传统争论再启。① 如何统领多元化思潮？什么是俄罗斯能够重新凝聚人心的精神力量？俄罗斯传统价值观在当代俄罗斯的意义何在？对此，俄罗斯学界、政界、宗教界都在不断探寻。

（一）宗教层面

宗教界层面，兴起一股重读马克斯·韦伯著作的热潮，马克斯·韦伯的著述及思想重新为学者们瞩目。因为俄罗斯再出发的资本主义并非人们想象中的西欧、北美的资本主义，市场经济似乎只是野蛮掠夺的"黑社会式的资本主义"。俄罗斯的资本主义市场经济只是单纯追求盈利，而且不遵守市场规则，这引起了俄国学者们对韦伯学说的质疑：同为信仰基督教的国家，为什么俄罗斯的资本主义中未见那种合乎理性的资本主义精神？为什么俄罗斯不能产生类似于新教伦理的精神动力？② 俄罗斯学者、宗教界人士在这场"韦伯热"中，有些沿着马克斯·韦伯的思路呼唤"俄罗斯的新教伦理和资本主义精神"，有些则质疑马克斯·韦伯对俄罗斯东正教和资本主义发展的看法。③

俄罗斯再出发的资本主义现代化实践是否需要类似于西方新

---

① 郭丽双：《多元化思潮对苏联社会主义核心价值观的解构及教训》，《当代世界与社会主义》2014年第6期。
② 孙传钊：《重温一个世纪前的革命——读马克斯·韦伯〈论俄国革命〉》，《中国图书评论》2011年第1期。
③ 郭丽双：《俄罗斯传统价值观的现代转型》，《第22次韩中伦理学国际学术大会论文集》，2014年。

教伦理的资本主义精神？当前俄罗斯的现代化需要怎样的精神文化动力？解决问题的关键在于，如何实现俄罗斯传统价值的现代转型。

宗教方面，俄罗斯传统价值的现代转型体现为东正教自身的现代化（世俗化）。20世纪90年代中期，西方自由主义改革失败后，大部分俄罗斯人经过切肤之痛的反思，选择了传统文化中的东正教作为精神支柱，期望通过回归东正教价值观来填补信仰真空并拯救俄罗斯的道德失序，东正教比以往更自觉地担负起拯救俄罗斯、拯救俄罗斯人道德状况的使命。① 苏联解体30多年来，东正教在俄罗斯社会发展中重新崛起，并得到了前所未有的发展。然而，21世纪东正教在俄罗斯现代化进程中面临着严峻挑战：是适应社会转型还是墨守成规？如果要适应社会转型，那么其伦理观念如何与市场经济相结合、与西方基督教展开对话、与俄罗斯的现代文化融合？为了回应这些问题，近年来俄罗斯学者、宗教界乃至政党召开了一系列的研讨会，并发表了大量相关文件和声明。② 这表明，东正教复兴初期的任务已经基本完成，新的历史形势迫切要求俄罗斯东正教实现自身的现代化。俄罗斯学者以及宗教界人士面对东正教的现实困境和新的时代要求，就东正教的现代化问题进行了一系列探索。③ 他们面临的尖锐问题是：东正教的现代化何以可能？东正教现代化的阻力来自何方？教会如何与国家合奏"交响乐"？

---

① 郭丽双：《东正教伦理与俄罗斯的现代化进程研究述评》，《哲学动态》2011年第12期。
② 郭丽双：《俄罗斯传统价值观的现代转型》，《第22次韩中伦理学国际学术大会论文集》，2014年。
③ 郭丽双：《俄罗斯传统价值观的现代转型》，《第22次韩中伦理学国际学术大会论文集》，2014年。

（二）哲学层面

哲学层面，俄罗斯传统价值的现代转型首先体现为保守主义哲学的回归与发展。这是俄罗斯现代化进程中特有的历史性循环现象，每当自由主义改革失败后，必然是保守主义的复兴阶段。俄罗斯的整个现代化进程的历史表明，自彼得一世改革以来，俄罗斯就一直在自由主义和保守主义之间纠结与徘徊。二者往往是一种共生关系，每当俄罗斯处于重大社会变革期，急需回答"俄罗斯向何处去？"的时候，主张学习西方、照搬西方经验的西化派自由主义思潮就会兴盛起来，随后，与之相对立的斯拉夫派保守主义思潮也会相应地对其进行批判反思，主张保守自己的传统价值，探索俄罗斯现代化的独特道路。早在俄罗斯的"黄金时代"，俄罗斯的西方派与斯拉夫派关于"俄罗斯向何处去？"的争论，鲜明地提出了俄国社会发展的道路问题，唤醒了俄国社会思想界的思考，俄国应如何实现文明与进步？以什么方式来实现？人们该如何行动？至今，他们争论的问题仍是俄罗斯在新时期面临的艰难抉择。20世纪90年代中期西方自由主义改革失败后，保守主义哲学成为批判西方自由主义改革、探寻俄罗斯新精神价值的主力军。学界大多数都认为俄罗斯保守主义的复兴是在西方自由主义改革失败后骤然开始的，其实在苏联解体前后，俄罗斯思想的回归和东正教的复兴，已是新保守主义兴起的前奏和思想准备。如果说俄罗斯思想的回归、东正教的复兴为新保守主义的兴起奏响了哲学思想和宗教信仰的前奏，那么自由主义激进改革的失败则是新保守主义兴起的直接契机。俄罗斯自由主义激进改革失败唤醒了保守主义。俄罗斯保守主义哲学的复兴包括俄罗斯思想的回归、东正教的复兴、保守主义的兴起，三者当前在社会价值观重塑、政治实践与宗教信仰等方面相互渗透，逐渐实现了俄罗斯保守主义传统的再造，形成了新保守主义。新保守主义通过再造俄罗斯文明，在俄罗斯传统价值的现代转型中发挥着重要作用。

其次，俄罗斯传统价值的现代转型体现为马克思主义哲学的自我修正与发展。当代俄罗斯马克思主义哲学已从苏联解体初期的低谷走出，进入了客观理性的理论研究和政治实践探索阶段。苏联马克思主义是马克思主义俄国化的产物，在这个俄国化的过程中，既有俄国民粹主义、朴素村社社会主义的影响，同时也有俄罗斯传统价值观的影响，其中国家主义、个人崇拜、救世主义、反西化等因素表现尤为突出。在当代俄罗斯，马克思主义哲学的复兴本身，就是传统价值复归的一个标志。在这个意义上而言，当前马克思主义哲学在三个方向上的自我修正与发展，也是俄罗斯传统价值观现代转型的一个方面。急剧的社会转型带来巨大的思想震荡，苏联马克思主义作为苏联74年社会主义实践的指导思想，在苏联解体初期由原来的意识形态统治地位降为被批判和抛弃的典型，遭到全面否定。但随着俄罗斯初期西方自由主义改革的失败，作为西方自由主义对立面的马克思主义哲学，在全社会思考历史与现实问题中悄然复兴，人们开始以马克思主义为思想武器反思批判俄罗斯野蛮的资本主义，马克思主义在当代重获生机。当前，俄罗斯的马克思主义已走过被抹黑和污化的低谷，通过对学理和现实问题的探索走向了客观理性的研究阶段。它以反思和批判苏联的马克思主义、西方模式的自由主义改革、当代俄罗斯野蛮的资本主义为己任，在思考历史与现实的问题中，对探索俄罗斯未来现代化之路提出了有意义的见解。由于马克思主义与俄罗斯民族历史命运之间的独特关联，由于实践中的挫折经历,当代俄罗斯的马克思主义研究者更加客观地审视马克思主义的理论实质与俄罗斯民族的历史命运、国家发展道路之间的关系。什么是真正的马克思主义?苏联的马克思主义存在什么问题?马克思主义在当下俄罗斯是否还有超越资本主义的意义?围绕这些问题,在经典马克思主义与当代俄罗斯哲学、现实问题的碰撞与融合中,当代俄罗斯马克思主义研究领域里形成了马克思主义哲学,并逐渐地分化为正统马克思主义、反思马克思主义、创新马克思主义三大学派,他们分别站在对马克思主义坚决捍卫、重新解读与批判创新的不同立场上著书立说,在批判和超越资本主义的向度上发挥着重要作用。当前俄罗斯马克思主义研究强调俄罗斯传统价值的同时,还注重批判现实问题,呈现出既注重理论批判又面向实践,具有强烈问题意识和高度使命感的特征。俄罗斯马克思主义哲学作为传统价值的复兴和发展,不仅有马克思主义哲学的理论思考和阐述,而且还有俄罗斯马克思主义政党和政治组织的积极政治实践,具体表现为学术界马克思主义哲学流派的形成与发展、多个马克思主义政党和社会组织的成立、一系列的马克思主义学术研讨会和著作陆续出版等方面。

综上,当代俄罗斯马克思主义哲学作为传统价值复兴的一部分,在 21 世纪以来取得新发展,在理论层面,它追问什么是真正的马克思主义?有的主张捍卫苏联官方的马克思主义,有的主张把马克思同苏联作为政治意识形态的马克思主义进行划界、重新回到真正的马克思那里,有的则主张在批判的基础上创新发展马克思主义;在现实层面,俄罗斯马克思主义研究者和马克思主义政党,面对俄罗斯资本主义再出发的多重困境,从现代视角探索马克思主义的当代价值,探索如何在 21 世纪资本主义全球化背景下,重新树立民众对社会主义的价值信念,为俄罗斯民族的复兴寻找超越资本主义的独特道路。这些探索使马克思主义对当今俄罗斯社会和政治产生了重要影响，恢复和发展了俄罗斯的马克思主义传统。

最后，俄罗斯传统价值的现代转型还体现为欧亚主义哲学的回归与发展。在当代俄罗斯多元化思潮中，欧亚主义在与人道主义、新自由主义、斯拉夫主义、保守主义、马克思主义等众多思潮的激荡中，汲取各方观点的有益成分孕育出新欧亚主义，并逐渐从默默无闻的边缘地带上升为主流政治哲学。其原因在于它继承和发展了古典欧亚主义深厚的哲学建构和政治关怀，以地缘政治学作为世界观、文明观的必要前提，以欧亚文明论恰当地回答了俄罗斯千百年来对国家身份认同的追问，在逻辑上令人信服地理顺了长期困扰俄罗斯的政治与文化、国家与民族等复杂问题，旗帜鲜明地反抗西化道路，反抗美国主导的单极世界及其自由主义意识形态，提出重塑俄罗斯文明定位与国家发展定位的价值基础，提出重塑新俄罗斯文化共同体和国际政治新秩序的目标。古典欧亚主义汲取斯拉夫主义的有益养分，从诞生之初就具有反抗欧洲文化和政治垄断的基因，其主要观点是：反对西方文明普世论、主张俄罗斯文明的欧亚性、认为苏联社会主义是超越西方文明优越论的成功实践。新欧亚主义则在此基础上，用现代地缘政治学、人类学、传统主义、"保守的革命"新方法论和"第三条道路"经济模式等发展了欧亚主义，提出只有新欧亚主义才能振兴俄罗斯、才能拯救世界的主张，使新欧亚主义从反对派转变为当前政府维护派，在新的语境之下实现了古典欧亚主义的第二次重生。① 其基本观点是：在文明观上，主张世界文明的多样性和

---

① 郭丽双：《俄罗斯新欧亚主义的理论建构及其政治实践》，《当代世界与社会主义》2017年第4期。

欧亚文明的独特性，以文明多元论反抗西方普世论，"第四政治理论"是用保守主义作为代替20世纪三大主要意识形态，以最大限度团结不同文明价值共同反抗自由主义；在价值观上，主张"新欧亚的民族主义"，高举反抗美国价值秩序和政治秩序的新理论旗帜，或基于文明多元论或基于第三类的世界秩序，构造地缘政治基础上的超民族认同，构造反抗美国主导的单极世界及其自由主义意识形态的新欧亚价值体系。① 虽然，当前新欧亚主义因俄乌冲突遭受各方指责，处于分化过程中，但它在批判文明进化论基础上，确证了俄罗斯文明与西方文明存在固有矛盾，并主张通过将俄罗斯传统哲学与地缘政治学相结合，从理论到实践层面全方位地解决两种文明的矛盾，这种强烈的政治关怀对俄罗斯的国家身份认同、主流价值观、经济外交策略等产生了重要影响。新欧亚主义是俄罗斯传统政治价值观的延续，而地缘政治理论赋予了其更高的政治价值和精神凝聚力。新欧亚主义用俄罗斯独特地缘突出俄罗斯文明超越东西方的对立、连接东西方的优势，在传承俄罗斯民族历史传统和肯定俄罗斯固有民族心理的基础上，推论出俄罗斯自己独特的社会政治制度体系，提出"'精神主义'、'人民政权'和'大国思想'新三位一体"②的国家主义建构，为俄罗斯现行的总统体制提供了学理基础和世俗心理基础。③

（三）政界层面

政界层面，俄罗斯新一届领导人普京执政之初，俄罗斯的内

---

① 郭丽双：《俄罗斯新欧亚主义的理论建构及其政治实践》，《当代世界与社会主义》2017年第4期。

② 孙勇军：《时事分析：欧亚主义思潮在俄罗斯再度兴起》，新浪网，2001年8月17日，https://news.sina.cn/sa/2001-08-17/detail-ikkntiak6842786.d.html? from=wap。

③ 郭丽双：《俄罗斯新欧亚主义的理论建构及其政治实践》，《当代世界与社会主义》2017年第4期。

政和外交都面临着严峻的形势,但随着他的执政理念日渐清晰明朗,更加实用的社会价值观导向给俄罗斯社会思想领域带来了新的曙光。① 普京提出俄罗斯新思想——主权民主——普京计划,并依托东正教和俄罗斯传统价值观(其中包含着苏联的社会主义价值观),确定了重构俄罗斯主流社会价值观的基本框架,得到了当时社会各界一定程度上的认同。但随着俄罗斯社会进入急剧转型期,各种矛盾和问题相互交错,俄罗斯身份认同的复杂性凸显、东正教现代化陷入瓶颈、价值观方面各派主张针锋相对、青年人价值观倾向于个人主义等因素,俄罗斯主流社会价值观的重建陷入了新的困境,这引起了俄罗斯社会各界忧虑和关切。如2013年9月瓦尔代会议②,其主题是"现代世界条件下的俄罗斯多样化",而实质上讨论的是俄罗斯社会的"身份认同"及如何构建主流社会价值观的问题。③ 再如,2017年俄罗斯在重塑历史观和价值观的基础上,官方宣布纪念"十月革命"一百周年和普京为"悲伤墙"纪念碑揭幕等,都可以看作是俄罗斯传统价值现代转型的典型政治实践。俄罗斯在入欧受挫和俄乌冲突后,再次提出"俄罗斯向何处去?"这个问题,在叙利亚问题和普京第四次开启总统任期后,更加急切地呼唤和建构新的精神价值支撑,俄罗斯理论界和政

---

① 郭丽双:《俄罗斯主流社会价值观的重建及其困境》,《马克思主义与现实》2015年第1期。

② 瓦尔代会议:"瓦尔代"国际辩论俱乐部会议2004年成立,以其第一次举办地点而得名,是由俄罗斯国际新闻社与俄罗斯对外政策和国防政策委员会、《莫斯科新闻报》等机构发起。它是俄罗斯为国际知名的俄问题专家和学者举办的一个专业聚会。该俱乐部每年邀请世界顶级俄罗斯问题专家,到俄罗斯参加年度定期会议,就俄罗斯政治、经济、社会和文化发展问题进行对话交流。届时,俄罗斯总统亲自接见与会者,并回答与会者感兴趣的问题。瓦尔代国际会议已成为国际俄罗斯学界了解俄罗斯最新政治走向、俄精英阶层决策构思的重要窗口。

③ 郭丽双:《俄罗斯主流社会价值观的重建及其困境》,《马克思主义与现实》2015年第1期。

治界都在围绕这个问题探索各种可能的路向。

俄罗斯政治领域的各党派在实践层面以不同方式探索该问题。统一俄罗斯党是俄罗斯的第一大党，是俄罗斯政府最重要的政治资源。该党从2012年起，党内分成的三个政治平台实质上代表了新保守主义的三个方向：自由主义平台代表的自由保守主义，是中右意识形态倾向；社会平台代表的是社会保守主义，中左意识形态；爱国主义平台，则保持新保守主义的中派立场。统一俄罗斯党内部分设这三个政治平台的用意是更好地发挥党内民主，允许党内的不同声音从自己的立场阐明问题，这正符合新保守主义通过自身现代化再造传统的主张。统一俄罗斯党作为新保守主义政治实践的主要载体，实现了理论成果向现实转化的过程。

目前俄罗斯新自由主义的政治实践，主要表现在统一俄罗斯党的自由主义平台和纳瓦利内（А. А. Навальный）领导的自由主义反对派活动中。统一俄罗斯党的自由主义平台以温和的方式进行自由主义政治实践。它以自由、私有制、公正、团结、主权等自由主义价值观为意识形态指导思想，在右翼保守主义方向上捍卫自由主义意识形态，与统一俄罗斯党的中右立场保持一致。自由主义平台宣称：只有通过有能力保卫自由不受内部和外部威胁的强大国家，才能实现自由思想。[①] 以纳瓦利内为首的自由主义反对派，以激进批判的方式进行自由主义政治实践。近几年俄罗斯的自由主义反对派逐渐成长起来，吸引了大量年轻人加入，这可以视为新自由主义精神的萌芽。在政治理念上，这支反对派与西方一致，提倡民主、自由、人权等，但它更多是以反腐败和捍卫言论自由为切入点，以网络舆论的方式组织俄罗斯社会的自由

---

① 李兴耕：《统一俄罗斯党内的三个政治平台》，《学习时报》2014年8月25日。

主义政治力量，频繁地批判俄罗斯政府的腐败现象并举行示威游行，成为俄罗斯和全世界最为关注的俄罗斯反对派。

俄罗斯联邦共产党属于左翼政党，它是新马克思主义政治实践的主要载体。21世纪以来，俄罗斯联邦共产党虽然经历了外部打压和内部分化，力量被削弱了很多，但仍是俄罗斯第二大党，仍以"争取俄罗斯的社会主义"为思想纲领。它肯定苏联的成就，总结苏联失败的教训，批判当下俄罗斯的资本主义弊端，更新对社会主义的认识，汲取欧洲社会民主党的成功经验，勾画未来的社会主义蓝图，主张恢复"十月革命"时期的政治使命，将社会主义运动与俄罗斯的民族解放运动相结合，复兴俄罗斯的社会主义事业。① 俄共同时也是"爱国主义反对派"，作为苏共社会主义事业的继承者，主张在忠实于马克思主义理论的基础上，在俄罗斯重新建立自由、公正的社会主义。

什么是俄罗斯能够重新凝聚人心的精神力量？俄罗斯社会各界以各自的方式在理论和实践中探寻，即使俄罗斯的新自由主义也反对俄罗斯完全模仿西方，主张恢复俄罗斯自身传统的自由主义。虽然各派的主张各有不同，但都珍视俄罗斯的历史和传统，都希望通过传统的再造，俄罗斯传统价值在回归与重塑中回答时代课题。

---

① 刘淑春等：《当代俄罗斯政党》，中央编译出版社2006年版。

第一章　俄罗斯社会转型的精神召唤

转型作为社会发展中的过渡阶段，常常体现出不同发展理念与发展模式的冲突与碰撞，其中不仅有制度、法律等器物层面的内容，还有文化、观念等精神层面的内容。社会转型成功的关键性要素是拥有相应的精神文化价值支撑。每一种类型的社会都有自己独特的发展模式和一定的历史变迁轨迹。俄罗斯社会转型是伴随着追赶西方现代化进程展开的，但这种转型始终伴随着传统价值观与西化价值观的斗争与较量。当前俄罗斯的社会转型仍未跳出此谜团，什么样的精神价值才能团结和引领俄罗斯国民推进现代化进程？这是俄罗斯社会转型的精神召唤。本章将从历史的维度分析俄罗斯社会转型的阶段及特征、苏联后期多元化思潮对苏联核心价值观的解构、俄罗斯改革初期的思想混乱与价值失序，以此来揭示这一精神召唤。

俄罗斯的社会转型总体上是追赶型、被动式的，在追赶西方现代化进程中由上而下地实现。关于俄罗斯政治现代化进程起点问题，由于划分标准不同，学者间略有分歧。克柳切夫斯基、索洛维约夫、沙波瓦洛夫、王云龙、沈治华、左凤荣等学者认为，从18世纪初彼得一世改革开始，俄罗斯就开启了艰难的现代化历程。在国内为人民生活奠定了政治制度和社会秩序的新基础，在世界历史上传播斯拉夫文明,提高了俄罗斯人民的地位,这个过程延续了两百多年,至今仍在持续之中。① 也有学者指出,俄国自 17 世纪始就已经积蕴起实力,开始走上资本主义发展道路。② 周尚文、陆南泉、张建华等学者则认为,1861 年的农奴制改革是俄罗斯由传统性封建主义向现代化资本主义进行全面社会转型的起点,主要体现为其政治制度变革和工业化。③ 本书从文明比较的视域研究俄罗斯政治现代化,以现代俄罗斯文明的确立和政治制度的变革为标准,认同第一种观点,18 世纪初彼得一世改革是俄罗斯政治现代化历程的起点,是现代俄罗斯文明的起源。

"现代化"是一个内容广泛的概念。按照学术界普遍接受的定义,现代化是指以现代工业和科学技术为推动力,实现由传统农业社会向现代工业社会的大转变。现代化的核心是工业化,但它不仅仅指经济层面的现代化,而且包括文化、政治、宗教的现代化。现代化的社会应具备工业化、民主化、法制化、福利化、社会阶层流动化、宗教世俗化、教育普及化、知识科学化、信息传播化和人口控制化等诸多特征。④ 这种全方位的现代化必然要求与之相适应的政治制度及其社会价值观念。从发生学的角度来看,各国的现代化类型大体可分为自发型内生性的现代化和后发

---

① 乔桂娟:《俄罗斯教育现代化区域推进模式研究》,博士学位论文,东北师范大学,2013 年;王云龙:《现代化的特殊性道路——沙皇俄国最后 60 年社会转型历程解析》,商务印书馆 2004 年版,序言;[俄] 瓦·奥·克柳切夫斯基:《俄国史》第四卷,张咏白等译,商务印书馆 2013 年版,第 171 页;[俄] 维·费·沙波瓦洛夫:《俄罗斯文明的起源与意义》,胡学星、王加兴、范洁清译,南京大学出版社 2014 年版,第 11 页;左凤荣、沈治华:《俄罗斯现代化的曲折历程》,社会科学文献出版社 2012 年版,第 4 页。
② 孙友晋、朱柳:《论俄罗斯现代化道路的特殊性》,《俄罗斯研究》2005 年第 4 期。
③ 周尚文:《苏联兴亡史》,上海人民出版社 2002 年版,第 5 页;陆南泉等主编:《苏联兴亡史论》,人民出版社 2002 年版,第 1 页;张建华:《俄国史》,人民出版社 2004 年版,第 87 页。
④ 郭丽双:《东正教伦理与俄罗斯的现代化进程研究述评》,《哲学动态》2011 年第 12 期。

第一章　俄罗斯社会转型的精神召唤

型外源性的现代化，欧美等发达国家属于前一种类型，亚非拉等发展中国家则属于后一种类型。俄罗斯的现代化源于外因，起步较晚，且道路曲折，属于后发型外源性现代化国家。这种类型国家的共同特征是：发展动因来自外部先进国家的压迫，效仿发达国家，从制度到文化都采用拿来主义的思路，① 市场发育不成熟，市场规则无法正常运转，政治权力和灰色运作成为超经济的组织力量。因此，在这种后发型现代化进程中往往发生外来的异质文明与本土文明、传统文化与现代文化冲突与碰撞，陷于现代化断裂的困境中。② 受不同文化传统的影响，世界各国政治现代化的道路也有所不同。在俄语中，现代化一词（Модернизация）与"时髦""时兴"（Мода）是同根词。然而，从历史发展看，除了彼得一世时期和苏联时期，俄罗斯都不是引领时代潮流的国家，而是远远落后于西方发达国家的国家。

俄罗斯作为后发型外源性现代化国家，其现代化进程具有以上类型的一般特点，但同时也具有显著的俄罗斯民族性格和鲜明的俄罗斯文明特殊性。它在效仿西方现代化的同时，又强调保持自身文明的独特性，以俄罗斯化的方式推进现代化，避免西方化。因为俄罗斯具有专制制度、家长制、村社制、等级制、东正教救世主义等深厚的保守主义政治传统，使得俄罗斯自沙俄时代开启的现代化模式延续至今，经历了一系列自上而下强制性与动员性的现代化进程，其中夹杂着自由主义改革和保守主义改革的交替演进，使俄罗斯政治现代化进程的目标一直是自上而下"赶超"西方发达国家，呈现出间断性和跳跃性的特点。其中的政治

---

① 孙友晋、朱柳：《论俄罗斯现代化道路的特殊性》，《俄罗斯研究》2005年第4期。
② 罗荣渠：《现代化新论——世界与中国的现代化进程》，商务印书馆2004年版，第132页。

实践有成功，也有失败，当下俄罗斯仍在探寻现代化的新发展模式。如果以西方政治现代化为参照，显而易见，俄罗斯是一个特定的版本，它所保守的对象、捍卫的传统价值与德国、法国和英国都不尽相同。纵观俄罗斯社会转型的各个阶段，可以从历史与现实的碰撞中更加清晰地看到，当代俄罗斯社会转型如何迫切地要求俄罗斯传统价值完成现代转型。

第一节　俄罗斯社会转型的阶段

俄罗斯社会转型主要包括帝国时期、苏联时期和当代俄罗斯三个阶段。

一　俄罗斯社会转型的帝国时期

（一）彼得一世改革开启俄罗斯的西方化方向

18世纪以前，沙皇俄国是一个保守封闭的落后国家，彼得一世改革开启了俄罗斯的"欧化"之路，欧洲的自由主义启蒙思想也随之传入。彼得一世主张按照西方模式改造俄国社会，以其政治高压措施强力推进改革。彼得一世改革的思路是在强权政治的前提下效仿西方文明，他在政治、经济、军事、教育和文化等方面大刀阔斧地推行改革。彼得一世改革是一种以强权政治方式实行的全方位"欧化"改革：军事上，建立正规陆军和海军，实行普遍招募制，扩大军队编制和提高作战能力，加强对外扩张；政治上，实行绝对君主制，建立中央集权垂直权力体系，削弱贵族权力和社会地位，使其适合服兵役；经济上，采取增加国家收入的措施，向更多阶层扩展纳税，鼓励发展商业贸易，提高商人政

第一章　俄罗斯社会转型的精神召唤

治地位；文化上，创办学校、图书馆、博物馆、报社等，为军事改革和经济改革培养管理人才。据俄罗斯著名历史学家克柳切夫斯基分析，彼得一世改革以军事改革为开端，战争是其改革的主要推动力。各方面改革的顺序和步骤都以战争的需要为中心，军事改革直接为其提供强有力的军队保障，经济和社会方面的改革为其提供必要的财力，政治改革和文化改革则为其他所有改革提供了必要前提。"战争决定改革的顺序、速度和具体办法……战争首先要求改革本国的军队。军事改革又需要两套保障措施：一套旨在支持已经改编了的陆军和新建立的海军的正规制度；另外一套就是保障军队的供给。"①

彼得一世改革取得了成功，其最为成功之处在于以帝国形式确立了现代俄罗斯文明，打破了俄罗斯人长期封闭守旧的思维方式和价值观念，为俄罗斯文化注入开放态势的新鲜血液，②为以后的俄罗斯政治现代化过程中的叶卡捷琳娜二世改革和亚历山大二世改革创立了必要的前提条件。但是，彼得一世改革没有吸纳自由主义的主张，没有触及俄罗斯的农奴制和根本的政治体制，反而加强了中央集权和皇权，这源于俄罗斯政教合一和皇权至上的传统。所以，在彼得一世改革中，俄罗斯的政治现代化探索没有任何的民主因素。马克思将其评价为"他用野蛮制服了俄罗斯的野蛮"，改革期间，彼得一世利用手中的皇权直接消灭反对改革的人，这样死去的人占当时国家人口的三分之一。从客观上看，彼得一世改革改变了俄罗斯人对西方模式和改革的认识，对俄罗斯人观念影响最大的是，确证了欧化改革是俄罗斯的强国之路。

---

① ［俄］瓦·奥·克柳切夫斯基：《俄国史》第四卷，张咏白等译，商务印书馆2013年版，第50—51页。
② 左凤荣：《充满曲折的俄罗斯崛起之路》，《当代世界》2011年第11期。

彼得一世的欧化改革是俄罗斯历史发展的重要转折，是其现代化道路的开端，也是实现其帝国梦想的起点，这对俄罗斯民众形成大国心态起到了重要作用。学界通常把彼得一世改革确立为俄罗斯现代化进程的开端、现代俄罗斯文明的起源，这是因为彼得改革摆脱了俄国的旧模式，并创建了新的独立模式，汲取西方先进科技和文化成果，为俄罗斯的进一步发展奠定了基础，但又不同于西方。在文明论方面，彼得一世以帝国的形式确立了新的俄罗斯文明，"俄罗斯第一次明确宣称，不愿意仅仅充当拜占庭这一祖先的接班人和继承者。莫斯科罗斯在模仿拜占庭并继承其事业上获得了自身存在的意义"。① 彼得一世改革是以帝国形式确立了现代俄罗斯文明，但其中包含着俄罗斯政治现代化与民主的悖论，即专制传统与自由主义的悖论。

（二）叶卡捷琳娜二世改革促成俄国自由主义产生

叶卡捷琳娜二世继承了彼得一世的事业，使俄罗斯的现代化进入了快速发展期，以"开明君主制"为标志将俄罗斯的政治现代化向前推进。她是俄国历史上第一个自由主义宣传者，对自由主义在俄国的传播和发展起到了积极推动作用。身为德国公主的叶卡捷琳娜二世，生活于"开明专制"流行的时代，这一时代发生了震撼世界的法国大革命，这使她深受西欧启蒙思想影响。她本人尊崇孟德斯鸠、伏尔泰和狄德罗的启蒙思想，是自由主义思想的追随者。叶卡捷琳娜二世有选择地吸收启蒙思想家的思想，希望实现"君主与哲学家的结合"，形成自己的开明专制思想，并且积极实践。② 伏尔泰把她比

---

① ［俄］维·费·沙波瓦洛夫：《俄罗斯文明的起源与意义》，胡学星、王加兴、范洁清译，南京大学出版社2014年版，第9页。
② 张建华：《现代化之准备：叶卡捷琳娜二世的开明专制改革》，《学习时报》2004年1月5日。

作欧洲上空最耀眼的明星。在政治上，叶卡捷琳娜二世推行"开明君主制"，设置六院制和总检察官、强化贵族特权，召集从各个等级中选举产生的"新法典编纂委员会"，讨论在法律面前人人平等、尊重公民财产与荣誉等问题；在经济上，采取鼓励资本主义工商业的政策，取消对贸易的限制，鼓励对外贸易发展；在文化上，拨巨款发展俄国科学院和鼓励兴办各类学校，对贵族阶层进行欧化的启蒙教育；在军事上，推行对外扩张政策，制定了侵略他国夺取出海口的军事外交策略，[①] 如今举世闻名的美丽城市圣彼得堡就是她从别国抢夺而来。叶卡捷琳娜二世改革也取得了成功，直接促进了俄国资本主义经济迅速发展，沙皇更直接有力地控制中央和地方，以帝国侵略扩张的方式推动了俄国的现代化进程。

在政治现代化和社会观念方面，叶卡捷琳娜二世开启了俄国官方自由主义的先河。但身为俄国女沙皇，她在这个专制主义宝座上的地位稳固之后，她自身也被俄国化了，她在行动上与自己尊崇的自由启蒙思想不完全相符，出于专制和帝国的野心，她强化了贵族控制农奴的权力，并开疆拓土，没有将自由、平等、博爱等自由主义理念贯彻到底。总体上看，叶卡捷琳娜二世开创了官方自由主义——"开明君主制"，推动了俄国政治现代化的进程，促使俄罗斯走向欧洲的现代化，但同时，她用俄国专制和扩展的方式完成使俄罗斯快速发展的使命，既体现了自由与专制的矛盾，也体现了现代文明价值理念与野蛮掠夺的矛盾。

（三）亚历山大二世改革

由于亚历山大一世改革意志不坚定，导致斯佩兰斯基自由主

[①] 于芹芹：《吞并克里米亚：叶卡捷琳娜女皇时代的两次俄土战争》，《西安社会科学》2014年第3期，中华网。

义改革中断，错过了俄罗斯改革的最佳时机，到尼古拉一世继位保守倒退，到克里木战争结束，形成了俄国历史上第一个保守主义政权，①造成了俄国社会转型的中断，使俄国陷入危机，激起了进步人士的愤慨。克里木战争惨败后，亚历山大二世再次启动了现代化进程，废除农奴制，初步完成了俄国由封建君主制向资产阶级君主制的转化。

亚历山大二世也是俄罗斯历史上以改革成功著称的沙皇，但由于遇刺身亡而打断了其改革，人们称他为俄罗斯现代化进程中的先驱。亚历山大二世于1861年废除农奴制，随后开展了一系列具有现代意义的改革。经济上，废除农奴制和保税制，使农奴获得人身自由变为农民，农民在村社制中可以赎买供长期使用的土地；政治上，确立司法制度，制定了把俄罗斯君主制改造为君主立宪制的改革计划，1864年1月颁布地方自治机构法令，实行了地方自治机构改革，地方自治机构由省和县两级机关组成，议员由各级居民选出；②文化上，恢复大学自治，取消书报检查制度，允许引进西方书籍，废止了只有贵族才能接受高等教育的传统；军事上，实行平等的兵役制，以军事扩张带动工业的发展。

亚历山大二世的一系列改革取得了成效，加速了俄国资本主义的发展，提高了政府财政收入，促使俄国的封建君主制向资产阶级君主制的转化。但改革并未触及君主专制本身，君主立宪制的计划还没实行就被打断了，改革很不彻底，实际上贵族仍处于优势地位，这一时期的政治现代化进程中不平等、不公平的社会矛盾仍很突出。改革中没有废除中世纪以来的村社组织，反而加

---

① 张树华、刘显忠：《当代俄罗斯的政治思潮》，新华出版社2003年版，第241页。
② [俄] 瓦·奥·克柳切夫斯基：《俄国史》第五卷，张蓉初译，商务印书馆2013年版，第226页。

强了其经济职能，类似于土地公有的村社制严重限制了个人的积极性和创造性，也遏制了劳动力的自由流动。总体上看，亚历山大二世敏锐地意识到了欧洲政治现代化潮流的挑战，被迫进行了资产阶级性质的改革，使俄国步入政治现代化之路，揭开了俄国工业革命的序幕，但他却始终抱着专制制度不放，政治民主化进程步履维艰。俄罗斯传统政治价值观与民主的矛盾，这正是俄国政治现代化进程缓慢、曲折的根源，也是俄罗斯社会转型难以逾越的壁垒。

（四）斯托雷平改革

俄国1905年革命是斯托雷平改革的直接诱因。1905年，俄国首都圣彼得堡发生流血星期日事件，史称1905年革命。为了稳定国内形势，尼古拉二世政府于1906年通过《整顿国家秩序宣言》，宣布俄罗斯帝国实行君主立宪制，制定等同于宪法的基本法、成立国家杜马立法议会、施行多党制。尼古拉二世任用斯托雷平为首相兼内务大臣开始改革。[①] 斯托雷平改革是俄罗斯帝国最后挽救危局的一次努力。政治上，铁腕打击立宪派，1907年发动"六三政变"，解散第二届国家杜马；建立军事法庭残酷镇压工农群众，止息了俄国第一次民主革命（1905—1907）；拒绝向追求宪政的自由派妥协，扩大省和县行政机构的权力和权威。经济上，实行土地私有化改革，瓦解传统的村社土地公有制，强制性地把没有财力赎买土地的农民赶出村社，将其变为城市里的自由劳动力。斯托雷平改革的鲜明特点是：强制原则，政府坚决与"公社世界"一刀两断，大规模地以强迫动员的方式推进配套政策来瓦解公社；保守原则，"扶强抑弱"，把好地分给富农，只拿农民村社开刀，不触及

---

① 张建华：《尼古拉二世的改革与反改革》，《学习时报》2004年4月12日。

地主权贵的既得利益,人为的起点不平等加剧了改革结果的不平等;"少数决定原则",否定了"村社民主"的多数决定原则,培植了地头蛇式的恶霸。①

斯托雷平改革在农村土地改革、经济发展和社会阶层分化等方面取得了显著成效,使俄国的封建君主制转向资产阶级君主制,人均粮食产量达到历史最高值,加速了俄国资本主义的发展。但斯托雷平的政治改革与经济改革背道而驰,既排斥革命,又反对"维特式"温和宪政改革,无法解决商品经济自由发展与政治专制、贵族专权的冲突。改革中拟加强地方自治管理,却遭到了保守派和既得利益集团的强烈抵制,最后导致改革悲剧性地失败。另外,斯托雷平改革是"父夺子利"的不公正改革,导致消极的政治后果,激化了阶级矛盾,逼迫农民走上革命道路。最消极的政治后果是,使沙皇从"公社之父"变成"公社破坏者",声誉扫地,传统皇权主义的心理基础被破坏,大众不仅对沙皇产生敌意,而且痛恨富农阶层并抢夺其土地。在一定意义上可以说,斯托雷平改革所导致的消极政治后果是俄国社会主义革命的导火索。

综上,俄罗斯帝国时期现代化道路探索,完成了俄罗斯从传统农业国向工业国转型的基本任务,但同时伴随着是选择保留东方因素还是选择完全走西方化道路的纠结。从彼得一世"欧化"改革以来,俄国总体上是在加速政治现代化进程。而从19世纪开始,俄国徘徊于"东方"与"西方"之间,这首先表现在亚历山大一世既支持斯佩兰斯基西方式改革,也支持阿拉克切耶夫典型东方式"军屯制"的矛盾中,② 其次表现在亚历山大二世解放农

---

① 金雁:《苏俄现代化与改革研究》,东方出版社2013年版,第192—194页。
② 张建华:《恋女与情郎的永恒对话——俄国近代知识分子的觉醒与群体特征》,《俄罗斯文艺》2002年第3期。

奴、赋予其人身自由的农奴制改革，但又试图以"东方式"的农村村社禁锢农民的矛盾中。① 如果说俄帝国时期，自由主义反对俄国政治的传统专制以推进现代化进程，那么斯托雷平改革则激起了传统多元主义反对现代化专制的斗争。斯托雷平改革以政治专制的方式推进各项改革，为发展俄国资本主义提供私有化经济基础和自由劳动力要素，但他以铁腕措施强力摧毁俄罗斯传统的公社世界和公社精神，使国家的性质从"抑强扶弱"变为了"恃强凌弱"，加剧了国家失去合法性和道德性的政治危机。这陷入了以东方式政治专制推行西方的资本主义经济改革的悖论。这些矛盾的原因在于，俄罗斯帝国时期的政治现代化伴随着自由主义和保守主义的斗争。哲学乃时代之精华，"黄金时代"和"白银时代"的思想家们敏锐地捕捉到了这一时代问题，透过他们的思考和争论，能使我们更加清晰地看到俄罗斯政治现代化的思想基础和发展脉络。

1825年"十二月党人"起义遭镇压，1836年彼·恰达耶夫发表《哲学通信》，其中对俄国专制制度展开了犀利的批判，因此，他遭到沙皇迫害，这激起了知识分子对俄国命运的思考。以恰达耶夫的《哲学通信》为契机，俄国知识分子围绕以下问题展开了争论：俄国向何处去？谁将引领国家向正确方向发展？随着争论的不断深入，19世纪30、40年代之交，在莫斯科形成了西方派（Западничество）与斯拉夫派（Славянофильство）两大营垒，这标志着俄罗斯知识分子阶层的形成。至今这两派争论的问题对俄罗斯的道路选择仍具现实意义。斯拉夫派的主要代表人物有霍米雅科夫、阿克萨科夫兄弟、基列耶夫斯基兄弟、尤·萨玛

---

① 张建华：《新旧俄罗斯的相遇与歧路——欧亚主义视野下俄罗斯复兴之历史思考》，《学习与探索》2006年第8期。

林等人,① 他们从民族性、宗教性、历史性等方面得出结论,认为俄国的农村村社、东正教和专制制度是俄国独有的特性,主张俄国完全可以根据俄国的历史特点,走迥异于西欧的发展道路。②与此相对立,西方派主张俄国无法孤立于欧洲,故步于自己的传统,俄国必将走与西欧一样的发展道路。其代表人物有季·格拉诺夫斯基、斯·索洛维约夫、康·卡维林、弗·契切林、弗·鲍特金、弗·科尔什、彼·安年科夫、伊·巴纳耶夫、赫尔岑、别林斯基等人。③

斯拉夫派和西方派既是论敌也是朋友,他们基于同样为俄罗斯寻找最好发展方向的愿望,在不同的道路上探索。对此,西方派是启蒙主义者,是西方文明的传播者,但过于照搬西方的形式,缺乏独立见解,过于简单化。相比之下,斯拉夫派的思想更加深刻一些,它揭示了俄罗斯文明的独特性要素和特征,并以此为根据推论出俄罗斯应该走符合自身特性的发展道路,而不是去效仿西方。西方派在论战中思考斯拉夫派提出的问题,在此过程中也汲取到了有益的思想。这两派的争论虽然没有结论,但对赫尔岑和车尔尼雪夫斯基产生了巨大影响,他们综合两派的争论,尤其是从斯拉夫派所看重的俄国村社独特性中发展出了"农民社会主义"理论。西方派与斯拉夫派关于"俄罗斯向何处去?"的争论,鲜明地提出了俄国社会发展的道路问题,唤醒了俄国思想界的思考,俄国应如何实现文明与进步?以什么方式来实现?人

---

① 曹维安:《俄国的斯拉夫派与西方派》,《陕西师范大学学报》(哲学社会科学版) 1996 年第 6 期。

② 张建华:《欧亚主义的诱惑:从民间思潮到国家战略》,《人民论坛·学术前沿》2013 年第 10 期。

③ 曹维安:《俄国的斯拉夫派与西方派》,《陕西师范大学学报》(哲学社会科学版) 1996 年第 6 期。

们该去如何行动？至今，他们争论的问题仍是俄罗斯在新时期面临的艰难抉择。

二 俄罗斯社会转型的苏联时期

与现有的一般研究成果不同，本研究认为，十月革命及其开创的苏联社会主义道路是超越俄罗斯发展道路东西方争论的实践探索，苏联时期所形成的社会主义价值观，是当前俄罗斯传统价值观的一个重要组成部分。因而，当代俄罗斯传统价值的现代转型，包含着苏联时期形成的社会主义价值观如何与现代文化、现代价值相融合的问题。

（一）十月革命开启俄罗斯政治现代化的新方向

列宁领导布尔什维克发动的社会主义"十月革命"，是历史发展的必然选择，自此开启了俄罗斯在社会主义道路上探索政治现代化的新方向。关于"十月革命是什么"？一百年来，这个问题在不同时期存在许多争议，现在的观点与传统观点相去甚远，有时甚至完全背离。"十月革命"对于俄罗斯及全世界来说，不仅仅是历史，而且是我们思考现实的基础，因此，对"十月革命"的再认识尤为重要。如何客观评价"十月革命"？如何正确辨析争论的焦点问题？"十月革命"是血腥的政变，还是伟大的革命？"十月革命"是偶然还是必然？"十月革命"是不是可以不发生？"十月革命"与"二月革命"是否无必然联系且性质相反？"十月革命"是不是俄国现代化的断裂？苏联解体是否证明了"十月革命"开创的社会主义道路错了？今天我们纪念"十月革命"的意义何在？历史？思想资源？道路？2017年正值纪念"十月革命"100周年之际，俄罗斯在政界和学界的双重作用下，基于当时的历史主客观条件，破除了对"十月革命"左倾、右倾两个神话的争论，通过逐一回答争论的焦点问题，推动了对"十月革命"理性、客观地再认识，将其定性为伟大的革命，形成了以中间立场为主的格局。主张在政治和意识形态之外，将"二月革命"与"十月革命"视为一个互相关联的历史进程来客观地、历史地评价1917年革命的得失。① 这为本书从文明比较的视角将"十月革命"和苏联社会主义理解为俄罗斯政治现代化的尝试，提供了良好的认识基础。

只有基于当时的历史主客观条件和科学的分析方法，将"二月革命"与"十月革命"视为一个互相关联的历史进程，才能破除对"十月革命"神话和污化的两个极端，理性、客观地认识"十月革命"和列宁主义，才能认清俄罗斯在1917年选择社会主义道路、开启政治现代化新方向是历史发展的客观选择。无论是"十月革命"以武装起义夺取政权的形式取得胜利，还是"十月革命"后的一党制，都是基于当时俄国革命历史发展进程和政党派别斗争的最终结果。

俄国史学界和国际史学界，几乎都不存在对"二月革命"的质疑，那么，为什么"二月革命"以后短短几个月时间又会发生"十月革命"？为什么俄国政权从沙皇手里转移到资产阶级手里，再转移到无产阶级手里呢？②

"二月革命"突然爆发，没有成熟经验的资产阶级仓促掌权，新成立的临时政府无法应付革命后混乱的局面，整个控制系统处于无组织状态，政府多次发生危机，短短的几个月中先后存在过

---

① 郭丽双：《十月革命是中国革命成功道路的起点》，《毛泽东邓小平理论研究》2017年第7期。

② 徐向梅：《究竟什么是十月革命道路——有关十月革命性质的探讨》，《当代世界与社会主义》2007年第6期。

第一章 俄罗斯社会转型的精神召唤

五届政府。① 当时除布尔什维克以外的各政党主张不一,无力解决当时的主要社会矛盾。孟什维克力量很强大,但该党的领袖们如普列汉诺夫、齐赫泽等都认为"二月革命"是资产阶级性质的,无产阶级还没有能力执政去实现社会主义。正是由于对革命性质和时局的错误判断,孟什维克派在二月到十月期间有几次大的失误,在"二月革命"胜利之初和"四月危机"后,都把已经掌握在手的政权转归给资产阶级临时政府,一次次错失和平过渡到苏维埃的机会,同时也失去了底层民众的支持。②

从二月到十月期间,由于资产阶级的不成熟致使临时政府的政策接连失误,它无力满足人民对和平、土地和面包的迫切要求,这是布尔什维克发动"十月革命"的客观历史条件。③ 与此相反,布尔什维克党既满足人民群众的利益需求,又抓住了革命的契机,力量迅速壮大。其政治影响力已经达到了涉足政权的程度。④

"二月革命"后列宁回国坚决驳斥了考茨基、普列汉诺夫等人的论调,在著名的《四月提纲》中明确提出革命的两阶段说。⑤ 随着革命形势的发展和布尔什维克党的壮大,列宁认为夺权的时机已到,坚决而果断地提出了武装起义夺取政权的任务。在9月30日的《告工人、农民、士兵书》中列宁主张通过武装起义夺取政权,以达到解决当时主要社会矛盾的目的——缔结和约以实现

---

① 徐向梅:《究竟什么是十月革命道路——有关十月革命性质的探讨》,《当代世界与社会主义》2007年第6期。
② 徐向梅:《究竟什么是十月革命道路——有关十月革命性质的探讨》,《当代世界与社会主义》2007年第6期。
③ 徐向梅:《究竟什么是十月革命道路——有关十月革命性质的探讨》,《当代世界与社会主义》2007年第6期。
④ 徐向梅:《究竟什么是十月革命道路——有关十月革命性质的探讨》,《当代世界与社会主义》2007年第6期。
⑤ 《列宁全集》第29卷,人民出版社1985年版,第114页。

和平、夺取地主土地分配给农民,这得到了底层群众的响应与支持,为革命取得成功赢得了良好的社会基础。

"十月革命"具有划时代的意义,它在世界帝国主义的链条上打开了缺口,使俄国有机会超越西方道路,探索具有自身特色的社会主义道路。1917年的俄国革命是从外部强加的吗?它甚至是可能会推迟或根本不发生吗?对此,正如当代俄罗斯马克思主义哲学家布兹加林所指出的那样,在第一次世界大战中内忧外患促使了一小部分贵族和知识分子发动了"二月革命",但当时"二月革命"后的政权只代表贵族和知识分子的利益,他们不关心也无力解决底层民众极度的痛苦煎熬和利益诉求。布尔什维克正是抓住当时俄国这样的现实,并号召解决这些尖锐问题,顺应了历史的必然。①

苏联实行一党制有一个发展变化过程。"十月革命"后,实行的不是一党制,而是多党制。在一次次的政治实践中孟什维克、社会革命党和其他无政府主义集团不断触犯国家法律及核心利益,直到经历了1921年3月孟什维克、社会革命党参加柯琅施塔德叛乱而遭审判,最终在1922春俄罗斯共产党第十一次代表大会宣布,布尔什维克党是苏维埃俄国唯一合法的政党。②

综上可知,无论是"十月革命"选择在社会主义道路上开启俄罗斯政治现代化的新方向,还是"十月革命"后党建国家的政治组织方式和一党制,都是俄国当时政党派别斗争的结果和历史发展的必然选择。自此,布尔什维克领导俄国开始探索超越西方资本主义的社会主义现代化新道路。

---

① 郭丽双:《十月革命是中国革命成功道路的起点》,《毛泽东邓小平理论研究》2017年第7期;А. Бузгалин:《1917年"十月革命":只意味着过去的历史、非神话的存在吗?》(访谈), Октябрьская революция 1917: как это было. Демифологизация http://www.orel.kp.ru/radio/26511/3524485/2015, 11, 18。

② 李兴耕:《关于十月革命道路问题的若干思考》,《科学社会主义》2007年第4期。

从文明论的视角看,"俄国'十月革命'和苏联的社会主义道路是摆脱西方制造的一般人类(общечеловеческие)哲学话语和实践模式、创造尊重各民族独特发展道路的全人类(всечеловеческие)话语逻辑和实践模式的最新尝试。苏联早期和中国的社会主义实践证明了这种尝试是正确的和成功的。"① 正如古典欧亚主义者所评论的,"十月革命"所开创的社会主义是俄罗斯超越西方文明优越论的政治实践。"十月革命"之所以能取得胜利,关键在于,布尔什维克不是抽象的理论家,而是努力在现实行动中实现共产主义的活动家,他们准确地抓住了当时俄国的现实,适时地发动革命踩上了历史的节拍,并反映了大多数底层民众的利益,完全否定了欧洲文明论的立场,第一次尝试按照俄罗斯特有的文明理念探索自己国家的发展道路。因而,"十月革命"开创的是带有自己文明特点的社会主义道路。在当时的所有党派中只有布尔什维克能拯救俄罗斯,将俄罗斯从西方世界中隔离冷冻起来,继承俄罗斯固有的文明特色,以求新的发展。② 从这个侧面,我们也可以得出一个基本的结论,"十月革命"所开创的社会主义道路,是俄罗斯传统价值观因素作用于当时政治道路选择的理性结果。

(二)列宁对政治现代化道路的探索

俄国是封建专制主义传统深厚的国家,迫于现代化的压力,"十月革命"后建立起了世界上第一个社会主义国家,如何在政

---

① 郭丽双:《十月革命是中国革命成功道路的起点》,《毛泽东邓小平理论研究》2017年第7期;[俄]斯米尔诺夫:《欧亚主义与现代化》,"十月革命与马克思主义"国际学术研讨会发言,2017年5月20日。

② 郭丽双:《十月革命是中国革命成功道路的起点》,《毛泽东邓小平理论研究》2017年第7期;[俄]旺秋科夫:《古典欧亚主义背景下的马克思主义"十月革命"与国家转型》,"十月革命与马克思主义"国际学术研讨会发言,2017年5月20日。

治、经济、文化落后的国家建设社会主义,如何实现现代化是当时最大的难题。马克思、恩格斯去世后世界发生了许多新变化,在经典著作中,不可能找到实现社会主义的现成答案,特别是在落后国家如何建设社会主义,只能在实践中通过试错进行探索。列宁对此进行了一系列的理论思考和实践探索:创造性地提出了"一国胜利"说,解决了落后国家如何跨越"卡夫丁峡谷"的理论问题;他在深刻总结实施战时共产主义政策经验教训的基础上,提出了新经济政策。[①] 自此,在现代化的道路上,俄国不再走保留封建专制制度仅从技术层面上效仿西方的老路,而是开启了探索社会主义现代化的崭新道路。

1. 由战时共产主义向新经济政策转变的体制转换

如何在一个经济落后、文盲充斥的东方农业大国开创社会主义道路?这是"十月革命"胜利后苏维埃俄国要急切解决的难题。在没有现成的理论和前人经验的前提下,列宁善于反思和自我纠错,他在深刻认识到"战时共产主义"是错误的直接过渡方式后,毅然决定实行新经济政策,第一次领导了苏维埃俄国的体制转换,即由战时共产主义向新经济政策转变的体制转换。[②]

既然直接过渡的方法走不通,列宁就开始探索采用迂回的办法间接地过渡到社会主义。对农民问题和工农关系,对社会主义和资本主义的关系,究竟应当怎样正确认识和正确处理?列宁和俄共(布)通过反复实践和反复认识,一步步接近真理。1922年3月,根据列宁的建议,俄共(布)第十次代表大会决定结束粮食征集制,而改行实物税制,这标志着新经济政策的正式实施。

---

① 宋保民、张加明:《论苏联模式与苏东剧变》,《全国商情》(理论研究)2011年第2期。

② 宋才发:《论列宁从"战时共产主义"到新经济政策思想的嬗变》,《固原师专学报》1996年第4期。

这在苏联社会主义建设史上，是一个重大的方针政策的转变，是纠正直接过渡方式，采取迂回过渡办法间接向社会主义过渡的一次战略转变，列宁曾形象地称它为"换过一次车"。① 列宁高度地评价了这一战略转变，新经济政策是对战时共产主义政策错误的纠正，极大地促进了生产力的恢复与发展。

同时，列宁在实践探索中不断克服主客观错误倾向，改变错误政策，从根本上改变了对社会主义的整个看法，最终才取得重大理论突破。列宁在探索中，批判反思了由"直接过渡"引出的"战时共产主义"政策，最后得出的结论是，在欧洲革命推迟爆发的情况下，苏联完全可以通过新经济政策这一长期的、曲折的、渐进的、缓慢的特殊道路，独自走向社会主义。② 在这一系列体制转换过程中，展现了列宁根据实际情况勇于发现错误和改正错误的态度和政治能力。

2. 意识形态灌输的教育方式

在对国民的政治教育方面，列宁发明了一种新的政治教育方式——意识形态的灌输，这是苏联和中国都一直沿用的政治教育的方式，此方式对苏联和中国的政治走向都发生了重要影响。

苏联时期虽然没有明确提出马克思主义的核心价值观这一概念，但在研究其意识形态和社会价值观中，不难发现苏联所倡导和宣传的核心价值观就是"大家为一人，一人为大家"的共产主义道德，其主要内容包括：团结互助的集体主义，不计报酬的劳动态度，爱国主义和国际主义。苏联从苏维埃政权建立初期开始就非常重视核心价值观的构建，在苏共中央的倡导下，在伦理学

---

① 宋才发：《论列宁从"战时共产主义"到新经济政策思想的嬗变》，《固原师专学报》1996年第4期。
② 邢广程：《列宁体制转换的思路演进》，《中国党政干部论坛》2006年第12期。

界研究与争论的过程中,苏联的核心价值观在 74 年的时间里不断发展,为国家发展建设提供了强大精神动力。①

列宁在充分、细致地研究马克思主义理论的基础上,经过实践探索,第一次提出了建设"共产主义道德"的观点,丰富和发展了马克思主义的伦理思想。他对共产主义道德的论述和主张,对当时的俄国产生了很大影响,奠定了苏联核心价值观的思想基础和政治基础。②

列宁在批判旧道德、个人主义、无政府主义、道德虚无主义等思潮的同时,积极总结"十月革命"及社会主义建设初期的经验,倡导加强共产主义理想和道德的教育宣传。1920 年 10 月,列宁在《共青团的任务》中首次提出了"共产主义道德"的概念及其理论。列宁把无产阶级道德正式命名为共产主义道德,创立了共产主义道德学说,这是马克思主义伦理学的重大发展,也标志着人类历史上出现了一种崭新的道德类型。③

列宁称赞喀山铁路工人自 1919 年开始的"星期六义务劳动"是"伟大的创举",是共产主义思想觉悟的道德实践,号召全国人民向他们学习。列宁批判了"人人为自己,上帝为大家"的旧道德,提倡"大家为一人,一人为大家"和"各尽所能,按需分配"的共产主义道德基本原则。他指出:"将努力消灭'人人为自己,上帝为大家'这个可诅咒的准则","努力把'大家为一人,一人为大家'和'各尽所能,按需分配'的准则渗透到群众的意识中去,渗透到他们的习惯中去,渗透到他们的生活常规中

---

① 郭丽双、崔立颖:《苏联核心价值观的裂变与启示》,《毛泽东邓小平理论研究》2013 年第 10 期。

② 郭丽双、崔立颖:《苏联核心价值观的裂变与启示》,《毛泽东邓小平理论研究》2013 年第 10 期。

③ 郭丽双、崔立颖:《苏联核心价值观的裂变与启示》,《毛泽东邓小平理论研究》2013 年第 10 期。

去，要逐步推行共产主义纪律和共产主义劳动"。① 可见，共产主义道德是反对利己主义，提倡团结互助、热爱劳动的集体主义精神，其中"各尽所能，按需分配"是共产主义社会高级形态的理想分配模式，此处作为共产主义理想的道德追求而出现，这是一种全新的道德样式。列宁意识到，只有在共产主义道德的激励下，在共产主义的学习和实践中，工人阶级和劳动人民才能逐渐摆脱旧社会的思想影响，不断改造自己，逐步提高共产主义觉悟。②

进而，列宁号召全国开展共产主义道德教育，强调要勤于学习共产主义理论，鼓舞人们满怀共产主义的崇高理想，投身社会主义建设事业；注重道德的实践性，传授道德知识的目的在于提升道德认识和道德品质，不能只停留于口头的、形式的宣传教育，而应在实践中加强锻炼，实践道德行为；注重榜样的示范作用，共产党员要成为共产主义劳动的模范，成为学习社会主义建设本领的模范，成为自我改造的模范③；发挥党员的模范作用，给非党工人"做出真正的共产主义劳动即无报酬劳动的榜样"④。

列宁的共产主义道德，反映的是建立在社会主义公有制基础上新型的社会关系，其基本原则是"大家为一人，一人为大家"和"各尽所能，按需分配"，强调共产主义的集体主义精神，不计报酬的劳动态度和与国际主义相结合的爱国主义精神。它为当时的社会主义革命和建设提供了强有力的伦理支撑和精神动力，并被后来的苏联伦理学家所发展。⑤

---

① 《列宁全集》第39卷，人民出版社1986年版，第101页。
② 郭丽双、崔立颖：《苏联核心价值观的裂变与启示》，《毛泽东邓小平理论研究》2013年第10期。
③ 《列宁选集》第4卷，人民出版社1995年版，第365页。
④ 《列宁选集》第4卷，人民出版社1995年版，第371页。
⑤ 郭丽双、崔立颖：《苏联核心价值观的裂变与启示》，《毛泽东邓小平理论研究》2013年第10期。

(三) 斯大林对政治现代化道路的探索

在列宁去世后，以斯大林提出的"一国可以建成社会主义"为标志，苏联的国家发展方向和模式发生了重大变化，背离了列宁的新经济政策为苏联确立的发展模式。在中央全会和政治局会议上，党自身建设的问题所占比重由原来的63.6%下降到7%，经济问题所占比重由原来的4.5%上升到26.8%。[①] 从这些统计数字上看，很明显是加强了党对行政事务的管理，党日益变成了国家行政机关，大量精力用在了管理行政和经济事务上。以1925年4月俄共（布）第十四次全国代表会议确立斯大林的"一国可以建成社会主义"这一指导思想为标志，斯大林悄然结束列宁所主张的新经济政策，逐步在各个领域确立了高度集中的"斯大林模式"，这是苏联社会转型的重要节点。

"斯大林模式"形成于20世纪30年代斯大林领导时期建立的苏联社会主义社会基本框架，1936年通过宪法规定了其基本原则，并向其他社会主义国家输出，所以斯大林模式又称苏联模式。苏联模式是一种特殊的社会主义模式，是苏联实现现代化的主要形式，在历史上曾取得过成就，但也有许多缺陷和错误。在斯大林去世后，苏联的国情已经发生了变化，但依然沿袭这种模式，直到20世纪80年代中期。这种模式不仅对苏联本国产生了深远影响，而且影响了整个20世纪的社会主义国家。

对于什么是苏联模式？学界和政界虽然有争论，但基本能够达成共识，所谓苏联模式就是指实行高度集中的计划经济体制，高度集权的政治体制，高度统一的思想文化体制、社会管理体制。其主要内容包括：实行高度集中的计划经济体制，实行单一

[①] А. Ф. Киселев, Э. М. Щагин: Новейшая история отечества, Т.1, с. 425.

第一章　俄罗斯社会转型的精神召唤

的生产资料公有制和分配制，排斥市场经济，实施"赶超"战略，强调优先发展重工业特别是国防工业，盘剥农业为发展工业实现原始积累；实行高度集权的政治体制，党对国家实行统一领导，民主集中制被严重扭曲，权力从下而上一步步地集中到最高领袖一人手中；实行高度统一的思想文化体制，通过思想政治教育和严格的社会舆论控制，以政治性统一各种思想主张，不允许多元化思想发展，全党、全社会的思想和舆论都高度统一于苏共中央，最后发展为对领袖的个人崇拜，把领袖当作真理和法律的化身，学术问题政治化，社会科学研究基本上成了对领袖著作的阐释；高度集中的社会管理体制，对公民生活的全方位控制，一个人的生老病死、教育、就业和各项福利保障都离不开国家，并对社会团体严格控制。[①]

苏联模式以俄国特有的方式实现了社会转型，其中俄罗斯传统价值在其中发挥了重要作用，如中央集权的传统政治价值观、对沙皇的爱戴与崇拜转化为对国家领袖的崇拜、国家主义价值至上等。苏联作为后发现代化国家而言，其发展初期需要从内部挖掘资源完成原始积累，所以苏联模式有一定的历史合理性。当前，对苏联模式政治现代化道路实践的利弊评价争议很大，能达成共识的观点如下：苏联模式是俄国社会主义探索中的特殊模式，它虽然有政治高度集权和计划经济的弊端，但它在短短的20多年时间里成功地实现了把俄国从一个经济和文化落后的农业国转变为工业强国的任务。

苏联模式的成就主要表现为：第一，苏联模式的最大优点是，

[①] 赵宏：《苏联剧变20年再认识——社会主义理论前沿问题（二）》，《科学社会主义》2011年第8期；[美]伊曼努尔·华勒斯坦等：《自由主义的终结》，郝名玮等译，社会科学文献出版社2002年版，第218页。

它能集中全国的物力和人力在短时间内完成资本主义国家几十年、上百年才能完成的任务。第二，该模式具有高度集中调动资源和力量的有效性，保证苏联在第二次世界大战时期迅速动员和组织全国各种资源进行备战和参战，它是苏联在第二次世界大战取得胜利的重要制度基础。

但苏联模式有很严重的弊端，以剥削农民、政治动员和强迫劳动为代价实现国家工业化，并长期只注重发展重工业和国防工业，使国民经济发展比例失调，社会生活长期贫困；高度集中的党政领导体制，以人治代替法治，无法真正实行民主，导致特权官僚队伍的形成；以政治性优先的文化管理体制导致学术性的丧失，人民丧失精神上的自由度和创造性；斯大林大量枪杀政见不同者、大量逮捕属于人民内部矛盾的国民投入劳改集中营强制进行无偿劳动等做法，具有极其片面的反人类的性质，以迫害人民的手段达到集权和工业化目的，这与人类文明发展背道而驰。

斯大林模式是 20 世纪社会主义国家兴衰成败、是非得失的历史和逻辑起点，成为社会主义改革兴起的深层原因。[1] 撇开历史条件抽象地看，苏联模式限制商品经济，强调国家对市场的调节作用，实行单一的公有制，提倡共产主义道德等，确立了社会主义牢固的经济基础和政治基础，这些似乎符合马克思、恩格斯的理论，也极大地推动了苏联的现代化进程，但这种模式在经济发展的初期阶段是依靠大量地消耗资源使经济高速增长，但经济发展到一定程度，需要技术手段和经营手段作为有力支撑的时候，它就明显的后劲不足，官僚腐败问题引起群众的不满和抗议。[2]

---

[1] 孙振坤：《浅评斯大林社会主义建设模式》，《魅力中国》2010 年第 6 期。
[2] 宋保民、张加明：《论苏联模式与苏东剧变》，《全国商情》（理论研究）2011 年第 2 期。

第一章 俄罗斯社会转型的精神召唤

目前，俄罗斯社会与戈尔巴乔夫时期对斯大林模式的全盘否定不同，俄罗斯学界和政界通过重塑新的历史观与价值观，从污化苏联走向了客观理性的评价。近年来，普京深刻意识到争夺历史话语权是国家意识形态和政治发展道路的关键性因素，他曾多次召集历史学家座谈，共同讨论如何净化人们的历史记忆、反击历史虚无主义。在政界的倡导下，俄罗斯历史学界确立了客观理性的"新历史观"，为还原历史真相、重新客观评价重大历史事件提供了价值标准。梅德韦杰夫曾多次谴责抹黑历史的错误行为，强调任何人都不可以抹掉苏联在卫国战争中创立的伟大功绩。他宣布将2012年定为"俄罗斯历史年"，号召俄罗斯公民确立真实的历史记忆，认清历史虚无主义的虚假性与危害性。中俄两国领导人达成共识，坚决反对历史虚无主义歪曲第二次世界大战历史，并于2015年共同纪念反法西斯战争胜利70周年，习近平主席和普京总统共同参加了俄罗斯5月9日和中国10月1日的隆重纪念活动，这向世界宣誓了中俄两国捍卫历史的坚决立场，被誉为成功的世界历史公开课。① 2016年1月25日普京在"全俄人民统一阵线"会议上还明确地肯定了苏联共产党和共产主义思想的正确性，他说，自己至今仍然保留有苏共党证，仍然非常热爱共产主义思想和社会主义思想，因为它们像《圣经》一样，其中很多原理是正确的；同时他也肯定了苏维埃制度在当时具有不可替代的合理性：苏联计划经济具有确定的优势、苏联工业化对提高国防能力有重要贡献、苏联解决了人民的健康保障和教育问题等。②

---

① 郭丽双、崔立颖：《重塑历史观与价值观：俄罗斯高校思想政治教育的理性回归及启示》，《马克思主义与现实》2018年第3期。
② 郭丽双：《十月革命是中国革命成功道路的起点》，《毛泽东邓小平理论研究》2017年第7期；吴恩远：《列宁领导的十月革命是"伟大的革命"——评对普京讲话断章取义引发的争论》，《红旗文稿》2016年第6期。

综上，俄罗斯学界和政界对"十月革命"和苏联确立的社会主义道路的评价，都趋向于更加理性客观的立场。有肯定也有否定，但总体上肯定这种现代化模式的贡献，否定的一面恰恰是俄罗斯学者所指出的列宁具有革命极端主义的倾向和做法[①]，斯大林模式有其时代局限性和错误的做法。

"十月革命"及其所开创的苏联模式实现了俄国在东西方道路争论中的第三条道路探索，其社会转型的意义在于：追求公正平等的价值目标，以"世界革命"的理想，追寻着国际主义的实现道路，消除阶层间的界限与区别；以苏联特有的国家主义方式，以国家意志为主导，实现了工业化的原始积累，将俄国由落后的农业大国转变为"发达"的工业大国。但在实现这些目标的过程中，处处体现了俄罗斯传统价值的影响。如苏联模式的高度集中体制是俄罗斯帝国同构体制特征的延续，苏联在共产国际中的霸权、侵略周边国家等行为，都是俄罗斯自彼得一世以来的传统帝国意识的表现。因此，从这个分析中可以得到一个基本的结论：苏联的社会主义道路探索及其社会主义价值观，是俄罗斯传统价值观在苏联时期的一种特殊表现形式。

三 当代俄罗斯社会转型的新时期

（一）戈尔巴乔夫改革

经过74年社会主义建设，苏联在歌舞升平中掩盖的问题越来越多，长期得不到解决，矛盾不断激化。尤其是勃列日涅夫当政时期，延误了改革时机，矛盾积累到一触即发的程度。20世纪80年代苏联的改革一开始是谨慎的、渐进的，但在实践中却引起剧

---

① 郭丽双：《十月革命是中国革命成功道路的起点》，《毛泽东邓小平理论研究》2017年第7期。

烈的变动。1985年3月,戈尔巴乔夫当选为苏联共产党总书记后为改革积蓄力量,为转变观念和调整政策准备必要的前提条件。他1987年才明确提出"改革"这一概念,并使之进入国家的实践中。先后的改革内容包括:从加速战略到国有资产分散化和私有化,走"混合经济"的道路;实行民主社会主义改革,重建社会主义的价值观念和政治体制;实行多党制,以议会制度取代苏维埃制度;实行党政分开,恢复一切权力归人民代表苏维埃的原则;实行国家军队非党化、非政治化,这使苏共丧失了实际的领导权。

东欧剧变,苏联解体不是偶然的,戈尔巴乔夫实行的"改革与新思维"也不是一下子产生的,历史自身发展的内在逻辑导致苏联必须与斯大林模式告别,经历勃列日涅夫时期的停滞与倒退,苏联原有的僵化体制无法继续有效运行,苏联处于内外交困状态,改革已成为共识。1985—1986年,戈尔巴乔夫最初相信苏联制度的优越性,改革也像赫鲁晓夫、柯西金、安德罗波夫一样,着眼于发掘苏维埃的社会潜力,完善原有的苏联体制,在苏联原有体制内通过传统的行政手段进行了"加速战略",结果以失败告终。

在危机不断积累、矛盾日益激化的情况下,戈尔巴乔夫修修补补的改革已经无济于事。因为他的许多改革措施与赫鲁晓夫、柯西金改革相类似,这种缓慢和过分谨慎的改革,在现有制度框架内实行点滴改革,引起了民众的不满。向市场经济过渡的呼声越来越高,戈尔巴乔夫只能改变原来的改革方向和初衷,抛弃斯大林模式,开启了苏联政治民主化、经济市场化、意识形态多元化之路。

"加速战略"的失败使苏共高层认识到,问题的根源在于政治体制本身。1988年在苏共的二月全会上,苏共高层对进行根本性的政治体制改革达成共识,不是改变旧体制,而是赋予旧体制以新的内容和结构，进行根本性的变革。戈尔巴乔夫认为，要打破旧体制，首先必须调动起群众的积极性和热情，使其成为改革的积极参加者和支持者。所以，他大力提倡公开性、政治自由，允许思想的多元化，实行差额的民主选举。① 这种改革引起了政治高层尖锐的思想和政治斗争。戈尔巴乔夫得以借机从保守派那里夺得一个又一个阵地，其结果是保守派失利。

1990年2月，苏共二十大通过了《走向人道主义的社会主义》纲领性草案，确定了民主化和政治多元化的原则，紧接着，3月的苏联第三次"非常"人代会决定实行多党制、总统制、三权分立制，苏联模式向"强总统，弱议会"的体制转变。但这些并没有化解苏联的危机，旧体制被打破，新体制刚刚建立起来，还没有产生与新体制相应的文化观念，新体制无法正常运行。政治秩序一片混乱，街头政治成风，过热的政治气氛使人们失去了理性思考的空间。1990年戈尔巴乔夫的支持率下降了一半，而鼓吹自由市场经济和私有化的叶利钦等人的威信急剧上升，苏共的权力逐渐被激进民主派人士所抢夺。

1990年，苏共二十大提出"改革与新思维"，力图通过"人道的、民主的社会主义"重构社会主义的价值观念和政治体制；试图通过党政分开，把权力从苏共手中转到人民政权手中，恢复列宁时期的"议行合一"与"普遍选举"相结合的原则，恢复立法与行政合一的苏维埃全权制。但以上改革的美好设想在实践中却纷纷失败。1989年3月，进行了新的国家权力机关——人民代表大会代表的选举，这是苏联历史上第一次不受限制的差额选举，俄罗斯联邦选举结果中有72%是知识分子，78%的高层领导

---

① [俄] O.T. 博戈莫洛夫：《俄罗斯改革的教训与前景》，张仁德译，《经济社会体制比较》2004年第5期。

第一章 俄罗斯社会转型的精神召唤

落选,这一做法导致了权力真空,苏共不得不宣告这一做法的失败。1990年2月,苏共二十八大确立了民主化和政治多元化原则,3月通过修改宪法转向了加强行政权力的总统制,这标志着苏联在法律上完成了政治体制的转变,苏共不再是政治体制的核心,苏维埃体制向"强总统、弱议会"的体制转变。这种缺乏缜密计划的激进式政治体制改革使苏共骤然间丧失了领导权,其权力被激进民主派所抢夺,这导致的直接后果是全面政治化和无序化,街头政治成风。1991年6月,俄罗斯举行了历史上第一次公民直接投票选举总统,叶利钦以57.3%当选,激进派取得了决定性胜利,这标志着苏共失去了执政地位。1991年8月19日,保守的强硬派发动政变,试图强行打断20日即将签署的新联盟条约,挽救联盟国家的完整,结果却导致了苏联解体。①

(二) 叶利钦的休克疗法

叶利钦时期是俄罗斯第三次社会转型的转折点,是破旧立新时期。只可惜他以辣手摧花之势迅急地破坏了旧制度,而所建立的新制度却无法正常运转。苏联宣告解体,15个加盟共和国组成的苏维埃社会主义共和国联盟正式瓦解。②

在政治斗争中获胜的叶利钦大权在握,领导俄罗斯向新体制快速转型。叶利钦为克服苏联模式的弊端而全面否定社会主义制度,抛弃了社会主义制度所具有的优越性,开始实行资本主义的社会制度和市场经济体制。

20世纪90年代初,俄罗斯经济濒临崩溃,叶利钦在经济学

---

① 左凤荣:《戈尔巴乔夫政治体制改革的教训》,《当代世界社会主义问题》2011年第2期。
② 朱杰:《不同的改革思维不同的改革结果》,《贵阳师范高等专科学校学报》(社会科学版)2004年第2期。

家盖达尔的协助下,开始了被西方赞为神奇改革方案的"休克疗法",领导俄罗斯向新体制快速转型。叶利钦的一些支持者虽然对"休克疗法"如何才能有效运行抱有怀疑态度,但西方经济学家和权威性的国际货币基金组织却高度评价"休克疗法",当时俄罗斯激进民主派过于相信西方的建议和他们推荐的"休克疗法"具有神奇的治疗属性。① 但实践结果证明,俄罗斯激进民主派错了,"休克疗法"产生了一系列的不良后果,给俄罗斯造成了灾难性的后果。新当权者的所有美好预言和许诺,都沉没在冰水中。

(三) 普京开启俄罗斯社会转型的稳定期

叶利钦改革的失败使俄罗斯联邦陷入极混乱的社会状况,国家随时都有进一步分裂的危险。在叶利钦无法控制局面的情况下,普京临危受命,开始了新一轮的改革。

从普京执政后,开启了俄罗斯社会转型的稳定期。自此,俄罗斯经历了从危机到复兴、从稳定到发展的历史进程。其中也存在着一些有待解决的问题。但总体上,普京的改革措施重建了俄罗斯的政治经济新秩序。

1. 政治方面:实行可控民主、改革政党制度

21世纪伊始,普京接管权力后,政治方面,实行铁腕整肃政策,恢复政治权威和理顺政治秩序,实行可控民主,加强垂直权力体系。针对叶利钦时期的乱象,首先,他收回地方权力,实行"新中央集权"政策,取消了地方行政长官的直选制,改行地方行政长官由总统提名、由地方立法机构确认的产生机制,制止了外高加索和其他一些边远地区的分离主义倾向;其次,普京改革

---

① 黄苇町:《俄罗斯"休克疗法"的悲剧》,《中国社会导刊》2002年第6期。

第一章 俄罗斯社会转型的精神召唤

了政党制度，组建统一俄罗斯党为"政权党"，又推动公正俄罗斯党的建立，把它作为主导政党的"第二种"政治力量，并提高议会党门槛，将得票率由5%提高到7%，避免了小党对议会的介入。他改变了叶利钦时期总统不加入政党，凌驾各党之上的做法，他本人加入统一俄罗斯党，并担任该党党首。自此，俄罗斯形成了一党独大，多党并存的政党体制。

普京政府努力团结国内各种政治力量，维护社会稳定，恢复生产，取得了令人瞩目的成绩。虽然生活改善程度还未达到以前的水平，但一直在漫长的黑暗里艰难行进的俄罗斯改革列车，似乎望到了隧道的尽头。此外，普京还进一步把叶利钦推行的西方式自由民主改变为"可控民主"，取消了诸多方面不成熟的民主机制。这一系列政策措施，被反对派指责为改革的倒退和专制体制的"复归"，但客观来看，这对俄罗斯政治社会秩序的好转起到了积极作用。

"梅普组合"联手执政后，有迹象表明，梅德韦杰夫与普京在执政理念上逐渐出现分歧，这与梅德韦杰夫又重新强调"政治民主化"，主张经济现代化与政治民主化密不可分。同时，还提出改善多党制，加强政党竞争。这些主张的提出，使梅德韦杰夫在2010年10月公布的民调中几近追平普京，前者的民意支持率为76%，后者为77%。这在某种程度上表明，俄罗斯的政治走向又开始向政治民主化的方向摆动。①

梅德韦杰夫强调建设俄罗斯"民主国家"的方针，把"政治民主"提上了重要日程。他口头上虽然不同意有关俄罗斯"没有民主"、"独裁主义"仍然"占统治地位"的言论，实际上又向政治民主化一边移动。2010年9月，在雅罗斯拉夫尔举行的主题为"现代国家：民主标准和效率准则"的世界政治论坛上，梅德韦

---

① 马龙闪：《俄罗斯三位总统如何因应苏联解体》，《决策与信息》2012年第1期。

杰夫发表讲话，阐述了他对民主的深刻见解，指出：俄罗斯"正在转向民主的新水平"，"改善民主制度问题"，始终是摆在人们面前的问题，必须由人们自己解决。

数百年专制主义的历史传统，决定俄罗斯民主探索的道路是崎岖不平的。种种情况表明，俄罗斯走上民主化的正常轨道，必将不是一帆风顺的，还会有遥远曲折的道路要走。①

俄罗斯总统大选一直是国际政治关注的热点，2018年普京胜选的得票率在77%左右，可见，俄罗斯现行的政治模式仍得到大多数民众的认可。在2020年俄罗斯的国家议事日程上，有关宪法修正案的全俄公投是重中之重。7月1日晚间8点，为期一周的俄罗斯修宪公投结束。次日，俄罗斯中央选举委员会宣布，已完成宪法修正案全民投票全部计票，结果显示77.92%的选民投票赞成修宪，21.27%的人反对。俄联邦此前的历次总统选举投票率都没有超过70%，21世纪以来的历次总统大选投票率分别在69%左右、65%左右和67%左右，而此次公投77.92%的选民赞成修宪。从相似的数据比例来说，俄罗斯的基本民意波动有限。此次修宪公投之所以有如此高的关注度和话题度，除了其结果将会使2024年普京是否有资格再次竞选总统一事尘埃落定，客观而言，此次修宪的内容的确还会对普通民众多年来的诉求和关切产生影响。俄罗斯国家杜马网站上对此次修改涉及的各条款内容专门列出对比表格。宪法9个章节中的6个都被提出修改，分别是联邦体制、总统、联邦会议、联邦政府、法院和检察院以及地方自治，共涉及46项条款。②

---

① 马龙闪：《俄罗斯三位总统如何因应苏联解体》，《决策与信息》2012年第1期。
② 廉晓敏：《俄罗斯修宪终极目标是什么？即使普京不在国家也要继续强大》，澎湃新闻，https://m.thepaper.cn/news Detail-forward-8093070，2020年7月3日。

可见，俄罗斯在以继承发展自己传统政治价值的方式为国家的未来谋划可持续的、稳定的政治模式。

2. 经济方面：整顿经济秩序、打击垄断寡头

普京抛弃了叶利钦时期照搬西方市场经济模式的做法，反对将所有经济部门私有化，推动关系到国民经济命脉的行业重新国有化。从本国具体国情出发，以建立强大经济为出发点，对经济战略、经济政策进行了全面调整，形成以经济增长为导向的混合市场经济模式。强力打击垄断寡头，夺回被他们侵吞的国有资产。一些企业被国家或国家控股企业兼并，国家对关系国民经济命脉的行业或企业的加强控制，这一进程被学者称为是"国有化"或"再国有化"。

普京将政治天平剑指垄断寡头。古辛斯基通过他控制的媒体诋毁新政府，别列佐夫斯基更兴风作浪。在司法部门对他们犯罪活动的严厉追究下，古辛斯基、别列佐夫斯基等人被迫流亡国外。[①] 普京宣布不会更改私有化的结果，但要求寡头们从此远离政权机关，警告他们必须停止利用同政权内部人员搞腐败交易继续攫取国有资产的行为。普京通过打寡头、治腐败，整顿经济秩序、营造市场经济环境，加强国有制企业和国家对经济的主导作用等一系列举措，不仅制止了经济下滑的势头，还实现了经济持续增长，8年间GDP翻了一番，2000—2007年俄罗斯年均增长达7%，2007年甚至加速到8.1%。经济形势的好转，特别是世界油价的飙升，使得俄罗斯的财政收入激增。[②]

21世纪初俄罗斯经济回升企稳后没有及时调整其经济结构和

[①] 韩强：《前车之鉴：美国高参献计"休克疗法"坑倒俄罗斯》，搜狐网，http://m.sohn.com/a/223476827-425345.

[②] 郭丽双：《普京的民意来自何处？》，《解放日报》2012年3月3日。

发展模式，目前其经济形势很不乐观，处于经济危机之中。从2014年11月到2016年6月，俄罗斯的经济一直处于负增长状态。俄罗斯GDP从20790亿美元跌至12907.31亿美元。其原因非常复杂，内因是经济结构不合理：第一产业和第三产业的产值远低于第二产业；而在第二产业内部结构也不合理，重工业发达，轻工业发展缓慢，民用工业落后。外因则是西方国家对俄罗斯实施制裁，在克里米亚回归俄罗斯以后，西方国家对俄罗斯实施全面制裁导致卢布贬值，国际油价下跌是另一个重要的外因。从2016年第三季度起，俄罗斯国内生产总值已实现连续4个季度的正增长，俄罗斯经济2018年的预计增长为1.6%，扩大出口与带动消费是主要原因，尤其是能源出口，占到总额的61%，份额还在上升。而且2018年俄罗斯国民薪资增长了约3%。[1]但是俄罗斯经济发展没有实质性的突破，仍是严重依赖能源出口。根据俄罗斯统计局的数据，2018年上半年收入低于最低生活水平（目前为10444卢布）的俄罗斯人达到约2000万人，占总人口的13.6%。[2]

俄罗斯目前仍处于经济危机之中，在危机期间表现出效率低下的旧经济模式继续存在，公共行政机构效率低下，这些都对经济激励措施产生不利影响。2020年的新冠肺炎疫情给本已脆弱的俄罗斯经济带来了沉重的打击。

3. 社会方面：大幅度提高福利、改善民生

居民收入稳定增长，居民的生活明显好转，代表进步方向的中产阶级迅速发展。国家大幅度提高了养老金和工资额度，改善了居民生活；同时，在教育、住房、医疗改革上加大投入，基本做到了

---

[1]《2018年俄罗斯经济现状及经济走向趋势分析》，中国产业信息网，http://m.chyxx.com/view//603049.html。

[2] 陶丽：《俄罗斯经济现状、问题以及未来发展趋势研究》，《现代交际》2019年第16期。

第一章　俄罗斯社会转型的精神召唤

普京在国情咨文中所许诺的让人们"有学上，有房住，看得起病"。①

目前，俄罗斯联邦领取养老退休金的人数每年约为3900万人，其中有95%的人，生活的主要甚至唯一的资金来源就是抚恤养老金。由此可见，养老退休制度在俄罗斯国家社会保障制度中的重要地位。② 近年来，俄罗斯经济的衰退影响了政府对医疗保障政策改革资金的实际投入。从2004年开始，为国家政策的优先事项创造有效的财政管理，俄罗斯着手对预算过程进行大规模的改革。根据预算预测，2014年、2015年和2016年俄罗斯政府对医疗政策改革的资金投入占总预算的比率分别是3.5%、3.4%、3.3%。③

综上，俄罗斯社会转型与现代化进程的历史表明，自沙俄时期开始俄罗斯就一直在自由主义和保守主义之间进行着选择，二者往往是一种共生关系，每当俄罗斯处于重大社会变革期，急需回答"俄罗斯向何处去？"的时候，主张学习西方、照搬西方经验的西化派自由主义思潮就会兴盛起来，随后与之相对立的斯拉夫派保守主义思潮也会相应地对其批判反思，主张保守自己的传统价值，探索俄罗斯现代化的独特道路。从彼得大帝到叶卡捷琳娜二世、亚历山大二世，他们都是利用强有力的国家政权，效仿西方以加快国家的现代化进程，虽然取得了显著成效，但由于封建专制主义成为俄国现代化难以突破的障碍，俄国仍是落后的国家。迫于现代化的压力，1917年俄国爆发了"十月革命"，建立起了世界上第一个社会主义国家，超越了传统上的东西方争论，阻断了俄国效仿西方模式的发展道路，开启了社会主义现代化之

---

① 马龙闪：《俄罗斯三位总统如何因应苏联解体》，《决策与信息》2012年第1期。
② 巴哈林·叶甫盖尼：《俄罗斯的社会保障体系与社会福利水平研究》，硕士学位论文，黑龙江大学，2014年。
③ 巴哈林·叶甫盖尼：《俄罗斯的社会保障体系与社会福利水平研究》，硕士学位论文，黑龙江大学，2014年。

路。"十月革命"所开创的苏联社会主义道路，是在超越西化派自由主义与斯拉夫派保守主义对立的基础上而展开的政治现代化之路。但这时遇到了难题，马克思、恩格斯去世后世界发生了许多新变化，在经典著作中，不可能找到实现社会主义的现成答案，特别是落后国家如何建设社会主义，只能在实践中通过试错进行探索。苏联就是在这样的探索中走过了74个春秋，社会主义究竟应该怎样搞、建立什么样的体制，在个别落后的国家率先革命取得政权后如何建设的问题，马克思、恩格斯并没有解决，在当时也没有任何现成经验可资借鉴。[①] 列宁对什么是社会主义和怎样建设社会主义等一系列重大问题进行了艰辛的思考、探索与实践。自此，在现代化的道路上俄国不再从技术层面上效仿西方，而是开启了通过建设社会主义实现现代化的道路。后来的苏联模式也是在这种探索中产生的，它是探索社会主义道路的特殊模式。由于苏联模式所具有的历史局限性，当以革命与战争为特征的时代主题变为以和平与发展为特征的主题后，勃列日涅夫领导集团贻误了改革的时机，把苏联引向了危机的边缘。继任者戈尔巴乔夫上台后，经历一系列渐进改革失败后，于1990年2月抛出"人道的、民主的社会主义"理论，确定了民主化和政治多元化的原则。紧接着，苏联第三次"非常"人代会决定实行多党制、总统制、三权分立制，苏联模式向"强总统，弱议会"的体制转变，这标志着苏联模式的终结。

苏联解体后，俄罗斯接受了民主、平等、自由、多元等价值观，又重新开始了被共产主义打断的效仿西方的现代化之路，但却没有取得预想的成功。叶利钦的西方自由主义改革失败后，俄罗斯再度陷入西化派自由主义与斯拉夫派保守主义的争论与对立中，在

---

① 李桂英：《关于苏联模式的若干思考》，《长春大学学报》2002年第2期。

20、21世纪之交，总理普京临危受命，采取了一系列改革措施，重建了俄罗斯的稳定秩序，使俄罗斯重获生机，赢得了世界尊重。

继任者梅德韦杰夫提出全面现代化的问题，包括政治、经济、文化、社会和人文等各个方面，并采取了推进现代化的一系列举措：重启私有化鼓励竞争、建立技术开发区作典范、改革政体促进民主、改革机构抑制腐败、与西方建立现代化联盟以谋求发展。梅德韦杰夫的全面现代化观念得到了民众（特别是中产阶级和知识分子）的广泛认可与支持，对俄罗斯的发展起到了巨大的推动作用。虽然他任总统只有四年的时间，但这期间俄罗斯社会发生了实质性的变化，特别是中产阶级的发展壮大与民主意识的增强，正在改变着俄罗斯个人专制的传统，2011年年底的杜马选举和2012年3月的总统大选充分证明了这一点。受过良好教育、自主意识日益增强的年轻人和中产阶级，通过示威抗议活动和总统选举投票表达了对梅普"王车易位"的不满、要求进行诚实、公正的选举，反对腐败和被愚弄的诉求。最可贵的是，政府和民众达到了有效的沟通，在这些抗议活动中，政府从最初抓捕未获批准参加抗议活动的数百人，看到民众的不满与抗议后，改变了强硬态度与政策，允许民众举行申报的集会，[①] 自此至选举结束再也没有发生任何冲突。

2018年3月18日俄罗斯总统大选，普京以高投票率、高得票率毫无悬念地第四次当选总统，但当选后他将面临严峻的挑战和艰巨的任务，如何实现竞选中许诺的消除贫困人口、更新基础设施、改变经济模式应对技术革命？这些都涉及一个无法回避的问题：如何进行改革？如何实现俄罗斯全方位的现代化？此时俄罗斯的状况跟20、21世纪之初相比发生了巨大变化，俄罗斯学界

---

① 左凤荣：《普京回归：面临"俄罗斯之冬"？》，《世界知识》2012年第1期。

普遍达成共识，认为，俄罗斯面临着重新的道路抉择。市场经济日渐成熟，新一代俄罗斯年轻人民主意识增强，社会力量不断发展壮大，加入WTO后的俄罗斯更深地融入世界，但国家身份认同与民族身份认同问题发生冲突，俄罗斯文化共同体的重塑遭到东欧中亚地区国家的反对，国际上"去俄化"的声音越来越高，欧美国家对其制裁和打压越来越严重，俄罗斯本国经济持续低迷，国家发展转型仍未启动，这些都使普京前三个任期实行的国家资本主义政策和加强中央集权的政治主张难以为继。俄罗斯能否继续推进其全面现代化计划，能否成为一流的现代化国家，还有很长的路要走，还有待观察。

但随着俄罗斯入欧受阻、俄乌冲突使其遭受一系列制裁，而国内的民主呼声又日益高涨，这些使俄罗斯面临艰难的道路抉择，它正呼唤新的政治现代化模式和新的现代价值观。以上，我们从俄罗斯的三次重大社会转型中可以看到，国家主义、中央集权等俄罗斯传统价值观无论在沙俄帝国时期、苏联时期，还是在当代俄罗斯都以不同的方式表现出来，并在俄罗斯社会转型的各个阶段发挥了不可替代的作用。

第二节　俄罗斯社会转型的特征

由于俄罗斯传统价值观与其社会转型的交互作用，使得俄罗斯各时期社会转型在政治、经济、社会等方面呈现出一系列的共同特征，这对我们研究当代俄罗斯传统价值的现代转型提供了一个清晰的线索。

第一章 俄罗斯社会转型的精神召唤

一 俄罗斯社会转型的政治方面特征

(一) 社会转型的动因来自西方世界的挑战

由于俄罗斯是东西方文明结合部,加之其特殊的地缘政治,所以它在与西方世界碰撞中,数次遭受到后者的挑战。俄罗斯政治现代化是应激性的反应,其动因来自西方世界的挑战,往往在效仿西方、保存自身特色、超越西方间徘徊。无论是俄罗斯帝国时期政治现代化进程中自由主义和保守主义的斗争,苏俄"跨跃卡夫丁峡谷"以社会主义方式超越资本主义的政治现代化,还是当前俄罗斯政府提出的新欧亚主义和保守主义对西方政治秩序的评判,都是在回应来自西方世界的挑战。

俄罗斯帝国时期的政治现代化探索其动因主要是应对外部挑战,其特点在于:沙皇是政治现代化进程的主导者,其见识和能力决定了俄罗斯政治现代化进程方向和结果,与一般大众关系不大;其政治现代化进程靠专制性的皇权来推进,几乎没有民主自由的因素;同时也更强化了民众对国家的依赖感,大多民众缺少自主意识和批判力。统治与被统治阶层社会价值观分裂为:上层——西方化的自由,下层——东方化的家长制和国家主义。

俄罗斯帝国时期的政治现代化伴随着自由主义和保守主义的斗争。哲学乃时代精神之精华,"黄金时代"和"白银时代"的思想家们敏锐地捕捉到了这一时代问题,透过他们的思考和争论,能使我们更加清晰地看到俄罗斯政治现代化的思想基础和发展脉络。19世纪30、40年代之交,在莫斯科形成了西方派(Западничество)与斯拉夫派(Славянофильство)两大营垒,这标志着俄罗斯知识分子的形成。至今这两派争论的问题对俄罗斯的道路选择仍具现实意义。俄罗斯属于东方?还是西方?俄罗斯的发展路在何方？这些问题仍是俄罗斯在新时期面临的艰难抉择。

（二）自上而下的政治现代化依靠绝对权威

俄罗斯的政治现代化主要是由国家领导人或政治精英主导，自上而下的政治改革依靠专制性的皇权或强大的政府权力推进，这种政治现代化模式具有见效快、力度大的特点，但与俄罗斯全面的政治现代化相矛盾、与民主政治相矛盾，威权主义传统只对民主政治做出有限让步。彼得一世"欧化"改革以帝国形式确立现代俄罗斯文明，苏联时期党和国家领导人对政治现代化进程起决定性作用，当前俄罗斯政治现代化在威权政治与民主政治之间的纠结都体现了这一特征。自由主义的精神追求与加强专制的政治实践相矛盾，贯穿于整个俄罗斯的政治现代化进程中。

从彼得一世"欧化"改革以来，俄国帝国时期总体上是在加速政治现代化进程。而从19世纪开始，俄国开始迟疑于"东方"与"西方"之间，这既表现在亚历山大一世支持斯佩兰斯基西方式改革，也同样支持阿拉克切耶夫典型东方式的"军屯制"的矛盾中，还表现在亚历山大二世解放农奴、赋予其人身自由的农奴制改革，但又试图以"东方式"的农村村社禁锢农民的矛盾中。[①]如果说俄帝国时期，自由主义反对俄国政治的传统专制以推进现代化进程，那么斯托雷平改革则激起了传统多元主义反对现代化专制的斗争。斯托雷平改革以政治专制的方式推进各项改革，为发展俄国资本主义提供私有化经济基础和自由劳动力要素，但他以铁腕措施强力摧毁俄罗斯传统的公社世界和公社精神，使国家的性质从"抑强扶弱"变为了"恃强凌弱"，加剧了国家失去合

---

① 张建华：《新旧俄罗斯的相遇与歧路——欧亚主义视野下俄罗斯复兴之历史思考》，《学习与探索》2006年第2期。

第一章 俄罗斯社会转型的精神召唤

法性和道德性的政治危机。这陷入了以东方式政治专制推行西方资本主义经济改革的悖论。

当代俄罗斯学者大都认为，苏联社会主义实践是"跨跃卡夫丁峡谷"超越资本主义的政治现代化道路的探索，计划经济挑战了当时经济学最高的思维。俄国当时建立苏联这套制度的时候，被认为是很现代的一种制度，它超越资本主义。这个东西在今天看来好像是很落后的，但是在当时看来它是很先进的，包括现代性、总体性的政党，一套完备的计划制度。计划经济体系是超越西化道路的另外一条经济道路，和资本主义完全不一样的道路，是人类理性和知识的一种创造性试验，但在实践过程中它没有与苏联发展变动的客观现实相结合，没能持续发挥其应有的作用，这也是一直困扰我国国有经济改革的问题——公有制如何与市场经济相结合，发挥其应有的作用。

苏联时期党和国家领导人对政治现代化进程起决定性作用，由于俄罗斯的政治文化里缺乏民主传统，在苏俄政治现代化实践探索中，党和国家最高领导人的个人意志最终成为党的意志、国家的意志和指导思想，并由这种一元政治决定国家各个领域的政策。强力的领导人进行自上而下的改革多借助于绝对权力和行政高压手段在短时期内推动国家迅速发展，但造成的严重后果是，抑制个人的主动性和创造性，使社会失去了持续发展的动力。使得俄罗斯政治现代化进程呈现出大起大落的特点，从列宁到斯大林，再到赫鲁晓夫和勃列日涅夫都是以个人意志和对政治现代化模式的理解，制订和推行改革方案，这使苏联的政治现代化道路探索缺乏一致性、持续性。

政治制度缺乏民主化、个人专权色彩浓重。"十月革命"后的布尔什维克政权建立的苏维埃体制是一种直接民主制，党和群众共同创造出来的工农兵代表苏维埃的思想曾发挥过积极的民主作用，各个阶级代表通过委托书直接表达民意。列宁的新经济政策时期是苏联74年社会主义实践中民主色彩最浓的时期，1921年夏天提出法制国家的思想，不断改革和缩减全俄肃反委员会的权限和职能，于1922年2月取消了全俄肃反委员会，将审判权和定罪权交给法院。由列宁这样有威望、有民主作风的领导人主持工作，俄共能对国家的重大问题进行坦诚不公的讨论，最后集体决定。但由于没有根本制度的保障，一旦更换党的最高领导人，干部体制就容易随之改变。具有个人专权倾向的斯大林上台后，用干部任命制取代了直接选举制，党内民主无从谈起。这也是苏联解体的重要原因。

苏联解体后，俄罗斯的总统普京吸取历史经验教训，试图寻找适合俄罗斯国情的现代化之路，解决了俄罗斯向何处去的问题。在政治上，他通过建立垂直权力体系，实行可控民主和主权民主，建立和完善政党制度，将现代政治的普遍性与俄罗斯政治文化传统的特殊性相结合，[①] 把重建俄罗斯的主流社会价值观作为良性政治秩序的先导，使社会实现了安定有序。普京在得到俄罗斯民众认可的同时，遭到西方政界激烈批判，因为他拒绝听从西方，提出了维护本国主权的"可控民主"和"主权民主"。这被西方学界和政界称为普京的"新中央集权"，指责其为民主的"倒退"和向专制主义的"复归"。但这是俄罗斯的政治传统，不能只按照西方政治传统和评判标准加以界定。"普京现象"背后真正起作用的就是俄罗斯传统的政治价值观——政治领导人具有绝对权威。

（三）向外扩张的强国意识和"第三罗马"帝国梦想

俄罗斯向外扩张的强国意识和帝国梦想源于东正教的救世主

---

① 郭丽双：《普京的民意来自何处？》，《解放日报》2012年3月3日。

第一章 俄罗斯社会转型的精神召唤

义和"莫斯科即第三罗马"的观念。它认为俄罗斯东正教是唯一真正的基督教,这使俄罗斯文明优越于西方文明,是具有普世性的文明方向,这是其强国意识和帝国梦想的宗教政治价值观的理论基础。他们的根据在于,东正教是俄罗斯文明的精神支柱,"莫斯科即第三罗马",东正教的救世主义、精神第一性、非理性等特质,使俄罗斯相对于西方世界在精神和道德上具有优越性。俄罗斯人特有的救世思想,即弥赛亚观念,是俄罗斯民族深层意识里的东西,与俄罗斯宗教信仰中的"莫斯科即第三罗马"观念直接相联。它源自1530年普斯科夫修道院修道士菲洛菲伊写给莫斯科大公瓦西里的一封信,信中说:"所有的基督教王国都统归于您的一个王国,两个罗马已经消失,而第三罗马正屹立不动,至于第四罗马则不会再有。"[①] 自此,俄罗斯人的救世主义思想不断发展,他们将自己作为神选定拯救世界的唯一民族。在俄国与西方关系的问题上,保守主义坚持本土主义立场,主要从斯拉夫派和东正教的主张中确立自己在精神拯救和道德灵修方面相对于西方物质性和工具理性的优越性。[②] 他们从文明形态论出发,认为欧洲文明已历经兴盛阶段,代之而起的将是俄罗斯文明,这与俄罗斯东正教"第三罗马"理论相融合,成为俄罗斯的精神传统,确立了反对西方的思想观念和现代化模式应用于俄罗斯的观念。同时,东正教的救世主义与"莫斯科即第三罗马"观念,反映的不仅是俄罗斯民族的一个宏愿,俄罗斯人是上帝的选民,担负着统一和拯救基督教世界的使命,[③] 而且,它以更深刻的方式

[①] [俄] 索洛维约夫等:《俄罗斯思想》,贾泽林、李树柏译,浙江人民出版社2000年版,第5页。

[②] 张昊琦:《俄罗斯保守主义与当代政治发展》,《俄罗斯中亚东欧研究》2009年第3期。

[③] 李志忠:《社会转型时期俄罗斯民族主义产生的根源》,《俄罗斯研究》2002年第3期。

影响了俄罗斯世俗政治观念与行动，它是俄罗斯"强国意识""大国沙文主义"等帝国扩张思想的根源和理论依据。

二 俄罗斯社会转型的经济方面特征

18世纪以来的300年间，经济现代化作为一个世界潮流成为世界经济发展变化的主旋律。但在世界经济格局中，每个国家的经济表现差别很大。自18世纪以来，广义经济现代化经历了经典经济现代化和第二次经济现代化两大阶段。与西方发达国家相比，俄罗斯作为后发现代化国家，其经济现代化肩负着双重艰巨任务：既要完成经典经济现代化，同时又要推进第二次经济现代化。① 俄罗斯的经济现代化呈现出自身的一系列特征：经济改革与军事扩张密切相关，产业结构畸形，过度依赖能源，科技创新不足。

（一）经济改革与军事扩张密切相关

俄罗斯帝国时期，彼得一世、叶卡捷琳娜二世、亚历山大二世、斯托雷平等以各自的方式推进了俄罗斯的经济发展，但他们经济改革的共同目标不是富民，而是强国，是为国家的军事扩张服务。

18世纪以前沙皇俄国封闭保守且经济落后。彼得一世在强权政治的前提下进行了经济改革，主要集中在经济和军事等器物层面。鼓励发展商业贸易，提高商人政治地位，建立正规陆军和海军，为对外扩张活动奠定基础。② 18世纪初期，叶卡捷琳娜二世在彼得一世改革成果的基础上，进一步推动了俄罗斯的现代化进程。经济与军事更加紧密结合，大力发展军工业，大规模向周边

---

① 关雪凌、刘可佳：《后危机时代俄罗斯经济现代化探析》，《经济理论与经济管理》2011年第1期。
② 陆南泉：《俄罗斯转型与经济现代化》，《中国中小企业》2014年第5期。

第一章 俄罗斯社会转型的精神召唤

国家发起侵略行动。

彼得一世和叶卡捷琳娜二世时期俄罗斯经济发展的一大特点是经济改革与军事扩张密切相关。据俄罗斯著名历史学家克柳切夫斯基分析，彼得改革以军事改革为开端，战争是其改革的主要推动力。各方面改革的顺序和步骤都以战争的需要为中心，军事改革直接为其提供强有力的军队保障，经济和社会方面的改革为其提供必要的财力，政治改革和文化改革则为其他所有改革提供了必要前提。叶卡捷琳娜二世改革更是直接促进了俄国资本主义经济迅速发展，沙皇以帝国侵略扩张的方式，更直接有力地控制中央和地方。

亚历山大二世被称为俄罗斯现代化进程中的先驱。他意识到了俄罗斯经济政治体制改革迫在眉睫。他废除了农奴制和保税制，农奴不用赎买、无条件地获得人身自由变为农民，农民在村社制中可以赎买供长期使用的土地。这为俄国的工业发展提供了自由劳动力这个必要条件。同时实行了平等的兵役制，通过军事扩张带动工业发展。亚历山大二世进行的资产阶级性质的改革，揭开了俄国工业革命的序幕。俄国 1905 年革命后，斯托雷平改革大规模地以强迫动员的方式推进配套政策来瓦解公社，强制性地瓦解了俄国传统的村社土地公有制，把农民从土地上赶出去，推动他们进城成为工人。① 这些不公平的改革政策使俄国农民阶层开始分化，自然经济受到商品经济冲击，它在创造沙俄经济史上黄金奇迹的同时，也带来革命的政治危机。

很明显，俄罗斯帝国时期的经济改革动因也是迫于外在的压力，改革的主体是沙皇和大臣，改革的目标是强国，往往以牺牲农民及下层民众的利益为代价发展重点的军工业。苏联时期的现

---

① 陆南泉：《俄罗斯转型与经济现代化》，《中国中小企业》2014 年第 5 期。

代化进程也有类似特征,尤其是斯大林模式的经济现代化,以盘剥农业实现原始积累,大部分经济投入用于军工业。第二次世界大战胜利后,苏联更是加大对军工业的投入,与美国展开军备竞赛,并不断向周边国家扩张领土。

(二) 经济结构畸形

苏联时期,俄罗斯的经济结构畸形从彼得一世的西化改革开始就已有端倪,发展重工业和军工制造业追赶西方工业化的步伐。由于面临西方资本主义国家的压制与竞争,苏联政府更加强化了重工业,举全国之力重点发展。

列宁去世后,斯大林没有继续按照新经济政策间接过渡路线前进,开始了社会主义改造和社会主义建设的新时期,形成了斯大林模式。斯大林模式又称苏联模式。苏联模式的形成不是偶然的,它是特定历史条件下俄罗斯传统政治价值的产物。①

苏联模式实行高度集中的计划经济体制,实行单一的生产资料公有制和分配制,排斥市场经济,实施"赶超"战略,强调优先发展重工业特别是国防工业,以盘剥农业的方式为发展工业实现原始积累。根据当时苏联的特殊国情,在其发展初期采取从内部挖掘资源完成原始积累这一形式具有一定的合理性,同时存在严重弊端。1953年斯大林去世之后,赫鲁晓夫试图通过改革挽救苏联。但是赫鲁晓夫没有从根本上改革高度集权的政治领导体制和畸形的经济结构。戈尔巴乔夫在1987年提出了一系列的改革措施,但他坚信苏联制度的优越性,不愿放弃计划经济,提出了"计划的市场经济",试图以行政手段促进经济现代化,但收效甚微。1988—1989年,相比20世纪80年代初期,苏联的经济状况

---

① 刘建武:《苏联模式衰败的缘由与启示》,《当代世界与社会主义》2011年第4期。

更加恶化了。20世纪80年代末出现了粮食供应危机，这加剧了群众对人民政府及社会主义制度的否定。在1974年社会主义建设中，苏共领导人片面地把现代化理解和宣传为工业化和重工业化，其现代化成就大多体现在先进的武器上，远离了人们的生活。苏联的危机实质上是体制的危机，在一定程度上可以说是苏联社会主义现代化模式的危机。80年代初期，苏联的经济增长乏力，居民消费品在工业中的比重逐年下降，从1928年的60.5%下降到1987年的24.9%，苏联社会商品短缺的状况严重恶化，排长队购物成了苏联最大的特色。① 至今，经济结构畸形发展仍是俄罗斯经济发展的重大障碍。

正如陆南泉研究员所指出的：主要由于结构性问题，俄罗斯经济发展经历了十分复杂与艰难的过程。经济结构的突出问题体现为重工业过重、轻工业过轻、农业长期落后。俄罗斯经济发展的前景主要取决于今后经济结构在多大程度得到调整。② 俄罗斯学者弗拉基斯洛夫·伊诺泽姆采夫认为，初入亚太地区的俄罗斯目前还只是一个观察者，想要成为一名重要的参与者，还需要努力。分析称，俄罗斯经济结构畸形，尤其是能源原材料比重过大的特征自苏联时代起便未有根本性改变，在如此前提下的经济增长实则质量堪忧，政府在产业结构优化方面仍旧任重而道远。③

（三）能源依赖型经济发展模式

当代俄罗斯经济仍举步维艰的另一个重要原因就在于，无法

---

① 左凤荣、沈志华：《俄国现代化的曲折历程》（上），社会科学文献出版社2012年版，第7页。
② 陆南泉：《从经济结构分析俄罗斯经济发展前景》，《中国浦东干部学院学报》2017年第5期。
③ 雷蕾：《俄罗斯能否潇洒"东进"》，《人民日报》（海外版）2012年12月25日。

改变能源依赖型经济发展模式。在全球化产业升级中，过度依赖于能源的经济发展模式处于国际化分工的底端经济附加值少，而且易受国际能源价格波动的影响。

普京当政后的前两个任期内，取得的一系列经济成就不得不说正好赶上了当时国际油价处于高位期。普京通过实施一系列举措，不仅制止了经济下滑的势头，还促进经济连年发展，实现了经济持续增长，8年间GDP翻了一番，2000—2007年俄罗斯GDP年均增长达7%，2007年甚至加速到8.1%。经济形势的好转，特别是世界油价的飙升，使得俄罗斯的财政收入激增。① 居民收入稳定增长，居民的生活明显好转，代表进步方向的中产阶级也有了很大的发展。国家大幅度提高了养老金和工资额度，改善了居民生活；同时，在教育、住房、医疗改革上加大投入。

2008年的国际金融经济危机沉重打击了俄罗斯经济。俄罗斯下决心必须加快经济增长方式转变，但至今仍未改善。② 2008年2月8日，即将卸去俄罗斯总统职务的普京在国务委员会扩大会议上做了《俄罗斯2020年发展战略》的报告，第一次正式确立了国家的创新发展战略，其根本是人的问题。③ 但这距离现在已过十余年，俄罗斯在此方面仍未有实质性的进步。

2018年总统大选后的俄罗斯社会政治形势存在着潜在的不确定性，俄罗斯经济现代化模式的前景仍不容乐观。因为俄罗斯的经济发展模式没有发生根本改变，其经济发展前景仍主要受能源价格等传统因素的影响。④ 从普京第三个任期以来，俄罗

---

① 李新:《俄罗斯经济现代化战略评析》,《俄罗斯中亚东欧研究》2011年第1期。
② 李新:《俄罗斯经济现代化战略评析》,《俄罗斯中亚东欧研究》2011年第1期。
③ 李新:《俄罗斯经济现代化战略评析》,《俄罗斯中亚东欧研究》2011年第1期。
④ 徐坡岭:《决定俄罗斯2012年后经济前景的两个关键因素：社会政治改革与经济现代化模式》,《辽宁大学学报》(哲学社会科学版)2012年第1期。

斯的经济更是每况愈下，乌克兰危机后俄罗斯经济走势更加低迷。普京的第四个任期已开始，仍未见关于经济结构转型实质性的举措。①

时至今日，普京20年前已经意识到的俄罗斯经济发展中的关键性问题仍然是问题，不仅没有将问题代入到解决的进展中，反而使情况变得更加糟糕。俄罗斯未来将怎样解决尴尬的经济难题，我们拭目以待。

三　俄罗斯社会转型的社会方面特征

（一）社会上层与下层脱节

在俄罗斯帝国时代，社会上层与下层就开始表现出明显的脱节，统治与被统治阶层社会价值观分裂为：上层—西方化的自由主义，下层—东方化的家长制和国家主义。无论是被称为俄国第一个知识分子的拉吉舍夫，还是忧国忧民的恰达耶夫，抑或是呼唤自由的伟大诗人普希金，都无法得到下层社会的理解。这也被称为俄国知识分子的先知传统。俄罗斯知识分子的特质是有强烈的政治实践诉求，以国家发展和民族独立为己任，将人生理想定位在思考、探索国家发展道路中，以智者或先知的形象来影响俄罗斯的社会思想，但又与政权保持距离，保持自己的独立人格、独立思考，这是俄罗斯知识分子的存在方式和历史命运。这体现在19世纪的索洛维约夫、丹尼列夫斯基、赫尔岑，20世纪的别尔嘉耶夫、伊里因、萨维茨基、布尔加科夫、古米廖夫等一代代思想家不朽的精神中。当前俄罗斯各社会思潮的代表人物索尔仁尼琴、杜金、奥伊泽尔曼、布兹加林等，他们对俄罗斯道路、俄罗斯命运的孜孜以求正是俄罗斯知识分子的先知传统在现代的延

---

① 陆南泉：《俄罗斯转型与经济现代化》，《中国中小企业》2014年第5期。

续与发展。

俄国民粹派的失败是社会上层与下层脱节的典型事例。"十月革命"前，俄国民粹派到民间去向民众疾呼革命主张，号召民众起来争取自己的利益，但得不到下层民众的响应。民粹派自称是人民的精粹，由代表农民利益的平民知识分子组成，主张俄国可以通过农民村社直接过渡到社会主义。该派把激进的资产阶级民主主义同空想社会主义结合在一起，反对农奴制残余，但否认俄国资本主义发展的必然性，将俄国村社视为社会主义的基础，认为俄国可以绕过资本主义直接由村社过渡到社会主义；认为知识分子领导的农民是革命的主要力量，是"本能的社会主义者"和"天生的革命者"；主张通过知识分子领导的农民革命，推翻专制制度。在反抗不公正改革的呼声中，俄国平民知识分子民粹派发起了"到民间去"的运动，他们积极充当农民利益的代言人，为民请命，反对这种非人道的改革，要求恢复原有"抑强扶弱"和社会平等的传统。他们认为，资本主义在俄国的萌芽不是历史的必然，只是一种偶然现象，而俄国传统中的"平均"和"民主"的村社集体主义所孕育的"社会主义"因素是对抗西化、自由化、资本主义的积极因素，农民则是实现俄国社会主义革命的主要力量，而不是工人阶级。

民粹主义的"村社社会主义"反映了俄国农民反对农奴制和沙皇专制制度的要求，争取土地和平等的朴素愿望，民粹派为了实现政治理想在"到民间去"的运动中进行了一系列的宣传鼓动，"人民的精粹"胸怀高昂的革命斗志，动员理想中的革命主体——农民与其一道通过革命推翻沙皇统治，实现俄国的村社社会主义，但收效甚微。除了对少部分农民产生了一定影响外，大多数农民没有跟他们一起革命。加之沙皇政府的残酷镇压，"到民间去"的运动以失败告终。

综观整个苏联时期的发展历程，由于国家发展策略的定位直接导致了社会上层与下层的严重脱节。苏联时期的国家主义与沙皇专制制度相类似，都强调对国家本身治理体制的重视，而忽视现实生活中个人的利益与诉求。以社会主义的新形式，"世界革命"的理想继续着彼得一世以来的帝国意识，并努力对外扩张。① 这就不难理解，面对苏联解体这么重大的事件，当时的俄罗斯民众没有强烈抗争和集体性挽救的原因，这正是社会上层与下层脱节的典型事例。

（二）社会舆论控制严格

俄罗斯自沙皇时期便实行政教合一的社会控制方式。988年，弗拉基米尔大公和安娜公主正式成亲并且接受了希腊正教的洗礼，其中的一个原因就是想借用东正教统一多神教的俄国，实行政教合一，对社会思想进行严格控制。弗拉基米尔回到基辅后，特下诏书晓谕全国接受希腊神父的洗礼。从思想上完成了古代俄罗斯历史上的第一次社会转型，强化了俄罗斯是拜占庭继承者的民族意识，使宗教的神权与大公的世俗权紧密结合，② 从信仰和世俗两个层面加强对民众思想的控制。

苏联实行高度集中的思想文化管理体系和严格的社会舆论控制，尤其是斯大林时期对思想文化管控的手段十分严厉，全党、全社会的思想和舆论都高度统一于苏共中央，把领袖当作真理和法律的化身，制造对领袖的个人崇拜；民众没有思考自由，学术问题政治化，在学术、理论方面缺少正常的探讨和争

---

① 赵定东：《俄罗斯社会转型的历史动态轨迹》，《辽东学院学报》2006年第5期。
② 赵定东：《俄罗斯社会转型的历史动态轨迹》，《辽东学院学报》2006年第5期。

鸣，通过几乎不间断地开展大批判运动和严格的书报检查制度，使有思考能力的知识分子和文化界人士小心翼翼地沿着斯大林规定的教条主义路线走，毫无探讨问题、进行创新的空间和自由，只宣传成绩，看不到缺点和问题，社会思想完全被禁锢。经过几场大规模的学术批判，到20世纪30年代末，苏联95.5%的人文社科团体停止了活动，① 取而代之的是官方直接管理的统一的文化和学术团体。

高度集中的社会管理体制严重侵害了公民自治权利。② 国家包办一切社会功能，忽视公民自治权利，窒息民主，改革势在必行。对公民生活的全方位控制，使个人的社会生活和社会活动严重呈现出政治化倾向，缺乏正常的、自由的社会生活，缺乏不受苏共控制的社会组织和社会活动。理论上缺乏创新与反思，教条主义盛行，思想僵化，无法回应时代提出的新课题，进而丧失了对各种错误思潮的识别和批判能力。③

21世纪以来，俄罗斯结束了叶利钦时代对舆论的放任，不断加强约束。近几年，俄罗斯进一步加强了控制网络舆论的步伐，2017年7月21日，俄国家杜马（议会下院）在同一天通过了两项法案，第一项法案宣布禁止通过技术手段在俄联邦境内访问被政府封禁的网站；第二项法案则要求包括网络平台在内的所有信息交换业务均以实名电话卡作为注册门槛，杜绝匿名网络用户，同时要求所有运营商向政府提供信息或封禁特定内容。因为这些法案最初是由雅洛瓦亚提出的，所以被称作"雅洛瓦亚法案"。

---

① 马龙闪：《苏联文化体制沿革史》，中国社会科学出版社1996年版，第180页。
② 王书会：《中国特色社会主义是对苏联模式的根本否定》，《探索与争鸣》2007年第12期。
③ 宋保民、张加明：《论苏联模式与苏东剧变》，《全国商情》（理论研究）2011年第2期。

2017年7月，在国家杜马审议这两项法案的同时，车臣又有大约10人因在通信软件中对车臣总统卡德罗夫表示过不满而遭到逮捕。7月23日莫斯科市中心的抗议集会的内容仍包括反对2016年"雅洛瓦亚法案"。2016年7月，在普京签署"雅洛瓦亚法案"第2天，曾有俄罗斯网友在网上发起请愿要求废除该法案，当天就收到了超过10万人签名，4天后签名人数突破了50万人，而后也曾发生示威游行。2017年7月23日的这次游行不仅获得了市政府批准，也得到了官方媒体的低调报道，参与者们在游行现场打出了"老大哥正在看着你""真相比审查更有力量"等口号，要求废除最近通过的一系列网络监控法案，更多人则要求信监局局长扎科夫引咎辞职。只有两名参与者被警方强制带离：其中一人穿着支持纳瓦利内的声援T恤；另一人则仿照2011年游行口号"没有普京的俄罗斯"，自己印刷了"没有普京的互联网"标语。① 从这次政府对示威游行的处理方式上可以看到，只要反对派的活动不触及要求普京下台和支持纳瓦利内竞选总统这两条底线，就判定抗议本身为非政治性，这表明俄罗斯在不断加强舆论和社会思想控制的同时，给公民保留了合法集会和发表不同意见的空间。

（三）社会转型存在着间断性与跳跃性

俄罗斯社会转型的间断性与跳跃性与其历史发展的突变性和民族性格的极端性直接相关。俄罗斯历史上的三个典型时期可以充分说明，其社会转型在东西方之间的跳跃。一是，882年罗斯国家形成，以基辅为中心，号称"罗斯大公"，当时的公国也称

---

① 世界说：《俄罗斯要建"墙"？千人游行抗议封禁网络，有用吗？》，凤凰网，2017年7月28日，http://news.ifeng.com/a/20170728/51524447_0.shtml。

为"基辅罗斯"。988年,弗拉基米尔大公受洗,定希腊正教为国教,这加强了俄国的西方属性,所以至今俄罗斯都自豪地称自己是"第三罗马"。二是,到12—15世纪基辅罗斯大公的政权已经名存实亡,蒙古对其近300年的统治,加强了其东方的属性,尤其是政治方面的中央集权。三是,20世纪初,在俄国"二月革命"后学习西方政治模式刚刚确立立宪政权后,发生了"十月革命",它是要超越斯拉夫派和西方派争论的两个道路,探寻俄罗斯现代化的第三条道路,这是俄罗斯社会发展道路在历史上的又一次跳跃。

正如学者赵定东所指出的,俄罗斯的社会转型存在着间断性与跳跃性,其原因就在于:第一,治理体制与社会结构之间一直存在着无法弥补的张力。第二,社会发展道路上存在着"西化"与"东方化"的矛盾。第三,在国家定位上存在着帝国意识膨胀与自身实力欠缺的冲突。因此俄罗斯社会转型存在着间断性与跳跃性共存的特征。[①]

988年弗拉基米尔大公受洗,全国接受正教,这标志着俄罗斯历史上社会转型的第一次跳跃。由于当时基辅罗斯的迅速发展壮大,经济上瓦解了氏族公社,形成了农村公社,同时出现了私有财产和商业萌芽;[②] 在社会思想方面,随着基辅罗斯版图的不断扩展,在东西方文化交汇中产生了自我认同的危机,虽然大部分版图在东方,但精神文化像东欧平原各条河流的流向一样,大部分来自欧洲,这就与东方的文化产生冲突,基督教以拜占庭正教的形式传入罗斯,成为当时多神教中的一支;在政治方面,公元980年弗拉基米尔继任大公后,对外不断扩大罗斯的版图,对

---

① 赵定东:《俄罗斯社会转型的历史动态轨迹》,《辽东学院学报》2006年第5期。
② 赵定东:《俄罗斯社会转型的历史动态轨迹》,《辽东学院学报》2006年第5期。

第一章　俄罗斯社会转型的精神召唤

内平定叛乱，在加强统治权的过程中急需统治罗斯的全民思想，以追求绝对真理的形式取代多神教不同政治价值观的冲突，加强其统治的政治合法性。① 弗拉基米尔受洗接受希腊正教，完成了俄罗斯社会转型的第一次跳跃，不仅形成了统一的全俄思想，强化了民族意识，以延续拜占庭帝国的光辉形象为精神动力和支柱，还形成了政教合一的社会结构，② 于此而言，俄罗斯第一次对西方文化的接受就是以跳跃性和断裂性方式进行的。受蒙古金帐汗国影响，中央集权制的建立和发展也是俄罗斯历史上社会转型间断性与跳跃性的典型事例。

"二月革命"与"十月革命"的历史关联近几年成为俄罗斯哲学界研究的一个热点，它不仅关系到当前俄罗斯对待苏联和社会主义的态度、立场，而且关系到当代俄罗斯人对自己国家社会转型和发展道路的思考。俄罗斯科学院哲学所切尔尼亚耶夫教授和莫斯科大学哲学系旺秋科夫教授则从哲学视角阐释了二者的关联与质的差异。旺秋科夫教授更强调二者革命基础和立场间的联系与区别，他指出，"二月革命"与"十月革命"既相关联，又有不同："二月革命"是知识分子抽象的革命，"十月革命"是大众的革命，前者为后者转变成大众的革命提供了基础条件和教训；"二月革命"是仿照西方文明逻辑进行的，"十月革命"则完全否定欧洲文明论立场，主张俄罗斯文明独特论。切尔尼亚耶夫教授则从20世纪最有影响的俄罗斯哲学家别尔嘉耶夫哲学视角出发，肯定了"十月革命"的必然性，并指出"二月革命"的不彻底性。切尔尼亚耶夫指出，虽然别尔嘉耶夫最早对革命持批判态

---

① ［俄］埃科诺姆采夫：《东正教、拜占庭、俄罗斯》，莫斯科，1997年；转引自吴克礼主编《当代俄罗斯社会与文化》，上海外语教育出版社2001年版，第323页。
② 赵定东：《俄罗斯社会转型的历史动态轨迹》，《辽东学院学报》2006年第5期。

度，但在《俄国共产主义的根源》等作品中逐渐变为肯定态度，1907 年别尔嘉耶夫在《俄罗斯社会精神基础》一文中曾预言了"十月革命"的胜利，如果俄国发生革命，获得胜利的将不是资产阶级中间派，而是激进的布尔什维克。在"二月革命"发生后，别尔嘉耶夫曾非常具有先见地指出，历史的发展必然推动布尔什维克收拾历史的残局，"二月革命"不可能稳固长久。他认为"十月革命"是时代的产物，是俄国社会过程发展的必然结果，"十月革命"的建设性作用大于破坏作用。"十月革命"本身是俄国精神危机的表现，具有不可避免的历史必然性，它终结了俄国旧体制的腐烂状况，是对历史中罪恶的审判。① 欧亚主义学者也认为"十月革命"超越了东西方道路争论，开创了俄罗斯走自己发展道路的先河。②

---

① 郭丽双：《十月革命是中国革命成功道路的起点》，《毛泽东邓小平理论研究》2017 年第 7 期；[俄] 切尔尼亚耶夫：《别尔嘉耶夫关于俄罗斯革命》，"十月革命与马克思主义"国际学术研讨会发言，2017 年 5 月 20 日。

② 郭丽双：《十月革命是中国革命成功道路的起点》，《毛泽东邓小平理论研究》2017 年第 7 期。

第二章　苏俄社会转型中的价值观变迁

从分析俄罗斯社会转型的各个阶段及其特征中，我们看到俄罗斯传统价值在其中发挥重要作用。俄罗斯传统价值在与西化价值观的冲突融合中发展自身，它在不同阶段和不同领域中以重塑自身的方式、以不同的外在形式表现出来。为了廓清在苏联解体后俄罗斯传统价值的现代转型，本章将从苏俄价值观变迁的线索上凸显俄罗斯社会转型的精神召唤。

第一节　苏联社会主义核心价值观的确立与裂变

在第一章研究苏联时期的社会转型中，我们明确了一个鲜明的论点——苏联社会主义核心价值观是俄罗斯传统价值在特定时期的一种表现形式，是当前俄罗斯传统价值的一个重要组成部分。因而，我们有必要从价值观维度厘清苏联社会主义核心价值观是如何确立的，又是怎样发生裂变的，这样才能准确把握当代俄罗斯传统价值的现代转型，需要如何重塑苏联社会主义核心价值观的哪些要素。

第一个社会主义国家苏联的解体已经过去30年，但由于社会制度和意识形态的相关性，中国对苏联解体研究的热度始终未减，并且日渐深入，出现了大量的优秀研究成果，① 这些成果揭示了苏联解体的原因，主要包括政治经济体制、民族分裂、苏共个别领导背叛、西方和平演变等。一些文章和著作强调西方自由主义价值观的侵入瓦解了苏联的马克思主义价值观，导致了苏联解体。不可否认，这的确是苏联解体的重要外因，但一向注重马克思主义价值观建设和思想政治教育的苏联，怎么会在西方价值观的渗透中解体呢？

核心价值观作为国家意识形态的基础，对国家的稳定与发展起着至关重要的作用。以马克思主义伦理学为主要内容的苏联核心价值观的裂变，以惨痛的事实验证了这一点。苏联核心价值观自身裂变的直接原因是意识形态领域对马克思主义的偏离，这是研究苏联解体不可或缺的视角。苏联时期虽然没有明确提出马克思主义的核心价值观这一概念，但在研究其意识形态和社会价值观中，不难发现苏联所倡导和宣传的核心价值观就是"大家为一人，一人为大家"的共产主义道德，其主要内容包括：团结互助的集体主义，不计报酬的劳动态度，爱国主义和国际主义。苏联从苏维埃政权建立初期开始就非常重视核心价值观的构建，在苏共中央的倡导下，在伦理学界研究与争论的过程中，苏联的核心价值观在74年里不断发展，为国家发展建设提供了强大精神动力。但由于苏共后期对马克思主义本质的偏离，加之伦理学研究一步步地偏离马克思主义，最终导致苏联核心价值观自身发生裂变而达到空心化程度，其中存在许多发人深省的深刻教训。②

---

① 郭丽双、崔立颖：《苏联核心价值观的裂变与启示》，《毛泽东邓小平理论研究》2013年第10期。

② 郭丽双、崔立颖：《苏联核心价值观的裂变与启示》，《毛泽东邓小平理论研究》2013年第10期；崔立颖：《道德的阶级性与马克思对现代正义观念的超越》，硕士学位论文，上海社会科学院，2014年。此篇论文写作于笔者论文发表之后一年，观点引自笔者的论文；

第二章　苏俄社会转型中的价值观变迁

一　苏联核心价值观的确立

20世纪20年代中期以前是苏联马克思主义伦理学的萌芽时期。1917年10月，列宁领导布尔什维克夺取政权后，在世界上建立起了第一个社会主义国家，它不同于过去的沙皇俄国，也不同于资本主义社会，苏俄进入了一个史无前例的探索时期。过去俄国一直存在着的村社制、专制主义、政教合一等传统制度中包含的落后思想观念，明显不适应彼时建设社会主义的需要。苏联的思想家、政治家对此进行了思考与探索，马克思主义伦理学这一术语最初在俄国是以对道德进行本体论否定的方式出现的，最初的马克思主义者对道德和伦理概念本身持一种怀疑态度。当时，伦理学还不是一个独立的学科，道德价值只作为哲学研究中的一个方向。社会思想家、政治家对道德和伦理纷纷发表了不同的见解，波格丹诺夫主张马克思主义伦理学是以道德批判的方式来克服社会主义条件下盲目的意识形式；普列奥布拉任斯基把道德理解为合理的普遍原则；列宁把道德解释成为共产主义而奋斗的需要；托洛茨基则认为道德是进行政治斗争、论证政治合理性的要求。[①] 这一时期，在学术界，考茨基的观点影响最大，其著作《伦理学和唯物史观》一书在1906—1922年的16年间共出版了11次。[②]

在政界和社会层面，列宁的影响最大。列宁在充分、细致地研究马克思主义的基础上，并经过实践探索，第一次提出了建设

[①] 郭丽双、崔立颖：《苏联核心价值观的裂变与启示》，《毛泽东邓小平理论研究》2013年第10期；崔立颖：《道德的阶级性与马克思对现代正义观念的超越》，硕士学位论文，上海社会科学院，2014年。

[②] 武卉昕：《苏联马克思主义伦理学的萌芽及道德本质问题的争论回溯》，《理论月刊》2006年第11期。

"共产主义道德"的观点,丰富和发展了马克思主义伦理思想。他对共产主义道德的论述和主张,无论在深度和广度上的影响都远远超出了伦理学家的作用,对苏联核心价值观的确立奠定了思想基础和政治基础。

列宁在批判私有制旧道德、个人主义、无政府主义、道德虚无主义等思潮的同时,积极总结"十月革命"及社会主义初期建设的经验,倡导加强共产主义理想和道德的教育宣传。1920年10月,列宁在《共青团的任务》中首次提出了"共产主义道德"的概念及其理论。① 列宁把无产阶级道德正式命名为共产主义道德,创立了关于无产阶级的共产主义道德学说,其内容简要而目的明确,这是马克思主义伦理学的重大发展,也标志着人类历史上的一种崭新道德类型的出现。②

列宁称赞喀山铁路工人自1919年开始的"星期六义务劳动"是"伟大的创举",是共产主义思想觉悟的道德实践,号召全国人民向他们学习。③ 进而,列宁号召全国开展共产主义道德教育,强调要勤于学习共产主义理论,鼓舞人们满怀共产主义的崇高理想,并注重道德的实践性,在实践中加强锻炼,实践道德行为;注重榜样的示范作用,共产党员要成为共产主义劳动的模范,成为学习社会主义建设本领的模范,成为自我改造的模范。④

---

① 《列宁全集》第39卷,人民出版社1986年版,第305页。
② 郭丽双、崔立颖:《苏联核心价值观的裂变与启示》,《毛泽东邓小平理论研究》2013年第10期;崔立颖:《道德的阶级性与马克思对现代正义观念的超越》,硕士学位论文,上海社会科学院,2014年。
③ 郭丽双、崔立颖:《苏联核心价值观的裂变与启示》,《毛泽东邓小平理论研究》2013年第10期;崔立颖:《道德的阶级性与马克思对现代正义观念的超越》,硕士学位论文,上海社会科学院,2014年。
④ 《列宁选集》第4卷,人民出版社1995年版,第371页。

第二章　苏俄社会转型中的价值观变迁

列宁创立的共产主义道德，实质上反映的是建立在社会主义公有制基础上新型的社会关系，共产主义道德的基本原则是"大家为一人，一人为大家"和"各尽所能，按需分配"，强调共产主义的集体主义精神，倡导具备为社会造福、不计报酬的劳动态度和与国际主义相结合的爱国主义精神。它为当时的社会革命和建设提供了强有力的伦理支撑和精神动力，并被后来的苏联伦理学家所发展。

基于苏联社会实际发展的需要，20世纪20年代后期至30年代初期苏联伦理学界进行了关于道德的阶级性和全人类性的大讨论。最后，以德波林派的胜利而告终，道德不具有任何全人类性质，而只具有纯粹阶级性的观点占了优势，它从指导思想上确定了苏联伦理学发展的方向，标志着苏联马克思主义伦理学的初步确立。① 这为苏共所倡导的核心价值观的确立与发展扫清了障碍，奠定了伦理学的理论基础。②

应该肯定，苏联确立以共产主义道德为主要内容的核心价值观，得到了民众的广泛认同和响应，在苏联工业化进程和卫国战争中发挥了巨大的作用。但在发展共产主义道德过程中，特别是斯大林时期，所采取的手段和方式不当，甚至有些内容严重偏离了马克思主义的本质，致使苏联的核心价值观扭曲变形。在进入20世纪30年代后的和平建设时期，道德本应成为解决人民内部矛盾的重要方式，但斯大林和伦理学界仍将伦理学观点归结为阶级斗争，将道德的阶级性绝对化、普遍化，甚至扩展到非阶级斗争性质的贸易、科技、文化交往等实践领域，长时期、大规模地

---

① 郭丽双、崔立颖：《苏联核心价值观的裂变与启示》，《毛泽东邓小平理论研究》2013年第10期。

② 郭丽双、崔立颖：《苏联核心价值观的裂变与启示》，《毛泽东邓小平理论研究》2013年第10期；崔立颖：《道德的阶级性与马克思对现代正义观念的超越》，硕士学位论文，上海社会科学院，2014年。

搞阶级斗争扩大化，给国家和人民带来了沉痛的灾难。这严重偏离了马克思主义人民性的本质，使苏联的核心价值观朝畸形方向发展。同时，在斯大林时期，共产主义道德的集体主义精神走向"国家至上"的极端，以无限大的国家利益湮没了个人的利益和价值，没有为个人充分发挥积极性和创造性预留自由的思考空间。这也无意中为斯大林肆意践踏人权和法制，搞阶级斗争扩大化准备了思想土壤。另外，斯大林在和平的建设时期实行严厉的书报检查制度，过滤掉一切不符合斯大林思想的书刊，将教条化的马克思列宁主义作为唯一的真理向人民群众封闭式灌输，加强对社会的思想管控，并利用此方法，在列宁逝世后开始造神运动，搞极端化的个人崇拜。

斯大林当政时期，思想路线严重偏离了马克思主义的本质，使苏联的核心价值观处于严重扭曲状态，走向"国家至上"的极端。斯大林正是利用民众向往共产主义的热情，利用民众对苏联核心价值观的认可和奉献精神，利用绝大多数民众都能理解的沙俄帝国式的政治文化，把国家的所有权力都集中到自己的手里，"成功"地制造了对领袖的个人崇拜，开启了斯大林模式的森严统治时代。苏联初期所确立的核心价值观，在斯大林时代变成了"国家至上""斯大林至上"的价值观，要求每个人把人生价值投射到领袖身上，民众的思想被禁锢，失去了主动性和创造力。"尽管有许多人对社会主义、对苏维埃国家十分忠诚，但只是在对领袖崇拜上稍有疏漏，就立即被降职、免职，甚至置于人民公敌的位置，并从肉体上加以消灭，一大批久经考验的老布尔什维克因此死于非命。"[①] 斯大林对思想文化管控的手段十分严厉，民

---

① 左凤荣、沈志华：《俄国现代化的曲折历程》（上），社会科学文献出版社2012年版，第92页。

第二章 苏俄社会转型中的价值观变迁

众没有思考自由,通过几乎不间断地开展大批判运动和严格的书报检查制度,使有思考能力的知识分子和文化界人士小心翼翼地沿着斯大林规定的教条主义路线走,毫无探讨问题、进行创新的空间和自由,只宣传成绩,看不到缺点和问题,社会思想完全被禁锢。①

苏联确立以共产主义道德为主要内容的核心价值观,是对马克思主义伦理学的重大发展,为苏联的国家建设提供了强大的精神动力。但在斯大林时期,由于斯大林主义对马克思主义的错误理解,对苏联核心价值观的扭曲,使其走向"国家至上"的极端,在理论基础上只强调马克思主义伦理学的阶级性,偏离马克思主义科学性、人民性、批判性的本质,为后来政界和伦理学界的去马克思主义化,最终导致苏联核心价值观的裂变埋下了阴影。②

二 偏离马克思主义

1953年随着斯大林去世,苏联社会积蓄已久的严重社会矛盾全部暴露出来。斯大林模式违背经济和社会发展规律,苏联为此付出了惨重的代价:产业结构严重失调,片面发展军工业,压制国民消费导致社会生活长期贫困;强化集体农庄致使农业濒于破产,仅1946—1948年苏联大约有两百万人死于饥饿和饥饿引起的疾病,国家的食品供应处于危机之中;思想文化领域中形式主义占上风,苏联的核心价值观被严重扭曲。③ 斯大林逝

---

① 郭丽双、崔立颖:《苏联核心价值观的裂变与启示》,《毛泽东邓小平理论研究》2013年第10期。
② 郭丽双、崔立颖:《苏联核心价值观的裂变与启示》,《毛泽东邓小平理论研究》2013年第10期。
③ 郭丽双、崔立颖:《苏联核心价值观的裂变与启示》,《毛泽东邓小平理论研究》2013年第10期。

世后，苏共开始停止政治迫害，恢复和健全了法制，进行了大规模平反和恢复名誉的工作，这对苏联社会产生了积极影响。①

苏联伦理学的"去马克思主义化"是随着揭批斯大林主义展开的。1956年2月苏共二十大召开，这是斯大林死后召开的第一次党代会。会后赫鲁晓夫作了《关于个人崇拜及其后果》的"秘密报告"，打破了斯大林是列宁继承人的神话，用文献证明了列宁对斯大林的不满，集中揭露了斯大林搞个人崇拜和破坏法制的错误。②斯大林无视人权与法制，制造"人民公敌"的概念，从精神到肉体上消灭与他意见不同者，迫害许多少数民族，残害无辜。苏共二十大以反对斯大林的个人迷信为切入点，突破了僵化的斯大林模式对人们思想的禁锢，这是苏联核心价值观裂变的转折点和突破口。

苏联伦理学的"去马克思主义化"以哲学界对人道主义的争论为转折点。随着赫鲁晓夫揭批斯大林个人崇拜和平反冤假错案，思想文化领域开始活跃，出现了"解冻"。这场发端于文艺界的思想"解冻"，逐渐深入哲学界对人道主义的激烈争论，并导致了哲学研究的深刻变革。③苏联哲学界从最初对资产阶级人道主义的批判中总结出了社会主义的人道主义原则。基本哲学原理和自然辩证法研究都发生人道主义转向。最具代表性的有施什金的《人性与道德》，阿尔汉格尔斯基的《人性的社会伦理学理论问题》等。施什金被公认为苏联当代伦理学的奠基人，他在代

---

① 关于苏共二十大及批判斯大林的情况，详见沈志华《苏共二十大、非斯大林化及其对中苏关系的影响——根据俄国最近披露的档案文献》，《国际冷战史研究》第1辑（2004年冬季号）。

② 左凤荣：《赫鲁晓夫反对个人崇拜与中苏在斯大林问题上的分歧》，《马克思主义与现实》2010年第4期。

③ 郭丽双：《多元化思潮对苏联社会主义核心价值观的解构及教训》，《当代世界与社会主义》2014年第6期。

第二章　苏俄社会转型中的价值观变迁

表作《共产主义道德概论》中，第一次明确提出了共产主义道德的原则和规范的概念，1961年6月，其论文《马克思主义伦理学原理》的发表，标志着苏联马克思主义伦理学在学科意义上的诞生。20世纪50—60年代的苏联马克思主义伦理学开始把社会主义的人道主义作为共产主义道德的重要原则。①

苏联伦理学领域对人道主义和个性价值的初探，是"去马克思主义化"的起点。苏联的社会科学界通过对斯大林时期个人迷信的批判，获得了思想上的解放。② 同时，随着苏联社会的发展，思想解放程度的提高，阶级矛盾的逐渐缓和，人自身的创造性和主体性越来越受到重视，尊重人性和个性的要求日益凸显。这些伦理学领域对人道主义和个性价值的初探，作为"去马克思主义化"起点，对走向"国家至上"极端的核心价值观产生了一定的冲击，畸形单一的价值观已经不能满足人们的精神需求和价值评判。③

苏联伦理学的"去马克思主义化"，在与苏共官方政策互动的过程中进一步发展。如果说苏共二十大在人民中间引起过巨大反响，那么就核心价值观方面的变化而言，苏共二十二大激起的反响更为深刻。④ 苏共进一步从理论和法制化两个方面，推动了"去马克思主义化"的过程，进一步否定原有的核心价值观。1962年1月，苏联意识形态首脑、中央书记苏斯洛夫在《苏共二十二大与社会科学教研室的任务》这一报告中，批判了在斯大林执政

---

① Этика. А. А Гусейнов Р. Г апресян 1998. Москва.
② 张鸿燕：《俄罗斯传统道德的现代转型与反思》，《首都师范大学学报》（社会科学版）2001年第5期。
③ 郭丽双、崔立颖：《苏联核心价值观的裂变与启示》，《毛泽东邓小平理论研究》2013年第10期。
④ 郭丽双、崔立颖：《苏联核心价值观的裂变与启示》，《毛泽东邓小平理论研究》2013年第10期。

时期被全体苏联人民奉为经典文本的三部书。① 同年 4 月赫鲁晓夫所作的新宪法报告,其实质是对苏共二十二大关于全民民主、全民党、人道主义原则的诠释,它对走向"国家至上"极端的核心价值观的冲击,无疑产生了强烈的社会反响。②

20 世纪 60 年代前集体主义原则作为苏联核心价值观的基本元素是苏联伦理学研究的灵魂,个体的道德价值只体现在集体道德价值中。③ 随着苏联伦理学人道化转向,并得到政治上的认可和支持后,伦理学界对个体道德研究日益深入系统。这一时期的研究与思考为苏联伦理学"去马克思主义化"奠定了基石,从学理上撼动了走向"国家至上"极端的核心价值观的理论基础。

苏联的核心价值观是通过政治号召与伦理学界的争论而确立的。在赫鲁晓夫执政时期,苏联核心价值观的裂变,同样以伦理学界的争论与转变为先导。在政界和伦理学界的推动下,④ 这一时期"去马克思主义化"以苏联伦理学的人道主义转向为标志,实际上"去"的是斯大林主义对马克思主义的错误理解,对马克思主义本质的偏离,这在反对教条主义、反对个人崇拜和探究马克思主义的本质等方面具有积极的意义。⑤

三 苏联核心价值观的裂变

由于赫鲁晓夫在经济和政治领域的改革触动了官僚集团的利

---

① 郭丽双、崔立颖:《苏联核心价值观的裂变与启示》,《毛泽东邓小平理论研究》2013 年第 10 期。
② 秦维宪:《苏联社会价值观演变的历史教训》,《浙江社会科学》2001 年第 4 期。
③ 郭丽双、崔立颖:《苏联核心价值观的裂变与启示》,《毛泽东邓小平理论研究》2013 年第 10 期。
④ 郭丽双、崔立颖:《苏联核心价值观的裂变与启示》,《毛泽东邓小平理论研究》2013 年第 10 期。
⑤ 郭丽双、崔立颖:《苏联核心价值观的裂变与启示》,《毛泽东邓小平理论研究》2013 年第 10 期。

第二章 苏俄社会转型中的价值观变迁

益,被官僚们赶下了台。在苏共二十大破除了对斯大林的个人崇拜后,人们的自主意识增强了,思想文化领域开始朝着健康的方向发展。① 20世纪60年代勃列日涅夫上台初期,表面上保持着与柯西金、波德戈尔内"三驾马车"的集体领导格局,并一再重申继续执行苏共二十大、二十一大、二十二大的政治路线,但实际上却悄悄复活斯大林主义,强化对社会的政治思想控制,迫害一些坚持真理、捍卫公民权利的学者。这使苏共指导思想再次背离了马克思主义的人民性本质。

勃列日涅夫的倒退激起了苏联人民的不满,并质疑斯大林模式的马克思主义。"解冻"时期,已经有成熟思想意识、深受人道主义精神洗礼的人们敢于面对强权,他们掀起了持不同政见者的抗争活动。他们公开反对复活个人崇拜,反对为斯大林恢复名誉,反对破坏法制、滥用权力,主张言论自由、尊重宪法,抗议对持不同政见者的迫害。② 对于苏联出现的与官方不同的观点,苏共不是认真研究,从中汲取有益的教训,而是采取惯用的高压大棒政策,压制和迫害这些有良知的知识分子,这种做法招致了民众的普遍反感,民众对苏共的认可度日益降低,民间也出现了"去马克思主义化"的倾向。③

针对苏联各高校大学生集体主义观念日益淡漠的问题,勃列日涅夫多次在重要会议上重点强调对国民,尤其是对青年和大学生的思想教育。按照勃列日涅夫的指示,苏共中央于1967年3月

---

① 左凤荣、沈志华:《俄国现代化的曲折历程》(上),社会科学文献出版社2012年版,第196页。
② 左凤荣、沈志华:《俄国现代化的曲折历程》(上),社会科学文献出版社2012年版,第197—198页。
③ 郭丽双、崔立颖:《苏联核心价值观的裂变与启示》,《毛泽东邓小平理论研究》2013年第10期。

28日出版了"奉献给党和人民的教科书"《苏联共产党历史》,希望以此挽回在意识形态领域的危局,扭转人民,特别是青年的价值取向。但是,勃列日涅夫的灌输仅流于形式,得不到民众的认可,其收效甚微。

勃列日涅夫的倒退加剧了民众"去马克思主义化"的倾向,苏联核心价值观的裂变,朝着更宽泛的方向发展。最为典型的事例是大学生价值观的转变。由于苏共悄然复兴斯大林主义,大学生强烈反对官方出版物中的虚假报道,要求组织公开的辩论会彻底揭露斯大林的错误与犯罪事实,并参与保卫正在受政治迫害的作家,组织纪念斯大林时期的受害者。但他们的正义爱国行动却得到当局的"预防警告",他们所敬佩的文化知识名流被当局送进精神病院或者驱逐出境。特别是苏共对获诺贝尔文学奖的作家索尔仁尼琴的迫害,引起了苏联民众特别是青年人的强烈愤慨。索尔仁尼琴的文学作品与当时为斯大林恢复名誉的趋势格格不入,是苏共当局的眼中钉,国家安全委员会主席弗·叶·谢米恰斯内建议作为第一项惩办措施应该把索尔仁尼琴从苏联作家协会开除出去。① 索尔仁尼琴单枪匹马地写公开信,要求取消书报检查令,他对"文学书籍长达几十年受到书报检查机关越来越不能容忍的压迫"② 表示抗议,他的观点得到了许多作家的支持,84名作家向作家代表大会写联名信,还有15名作家给代表大会发去电报,③ 支持他的主张。但民众的一系列声援,也没能阻止苏共将索尔仁尼琴开除出苏联作家协会,并对

---

① Кремлевский самосуд (Сборник докуменов)/Сост. А. В. Коротков и др. М., 1994, там же, с. 40 – 41.

② Кремлевский самосуд (Сборник докуменов)/Сост. А. В. Коротков и др. М., 1994, с. 43.

③ См: Соженицын А. бодался теленок с дубом. Пориж, 1975, с. 81.

第二章 苏俄社会转型中的价值观变迁

其采取更为严厉的批判和迫害。这使一部分大学生对苏共彻底失望，再也不想关心国家时政，对西方的文化和生活方式更感兴趣，有些大学生则组织起与现行体制斗争的青年团体，有些则失去理想，责怪生不逢时，不愿学习社会科学，只专心研究自然科学。对此，1968年11月5日，苏联部长会议国家安全委员会就当时大学生的思想行为，向苏共中央递送了一份简报，反映出的大学生价值观状况，不只是信仰危机的问题，而且是对苏共的失望和国家观念淡漠的价值取向。①

面对民众"去马克思主义化"倾向，勃列日涅夫没有认真思考其中的合理性原因，还原马克思主义自身的人道主义性质，而是极力复活斯大林模式的马克思主义。② 然而，勃列日涅夫力图改变苏联国民价值取向的动机和做法都大错特错，在国情发生变化和民众已有自我意识，绝大多数人已不再是社会主义的狂热支持者的情况下，仍采取"犬儒主义"的愚民政策，用封闭灌输的方式向民众强力推行"国家至上"的核心价值观。这种空洞无物、老生常谈的宣传不仅无法扭转颓势，反而激起民众更多的不满与反感。尽管勃列日涅夫等苏共领导人费尽心机，也无力扭转苏联核心价值观裂变的发展趋势，苏联的社会价值观向着多元化方向发展。③

官方对思想文化领域的严厉监察与压制，并未阻断人们对真实的历史、思想言论自由的追求，使民间的"去马克思主义化"在艰难的环境中更加赢得民众的支持。历史和文学领域的表现最为突出，历史学家麦德维杰夫的《让历史来审批》《社会主义与

---

① 郭丽双、崔立颖：《苏联核心价值观的裂变与启示》，《毛泽东邓小平理论研究》2013年第10期。
② 秦维宪：《苏联社会价值观演变的历史教训》，《浙江社会科学》2001年第4期。
③ А. В. Миронов: Кризис духовных ценностей на социокультурных пространстве современной России, с. 41.

民主》《谁是疯子》,"苏联核弹之父"萨哈罗夫的《关于进步、和平共处和思想自由的思考》,获诺贝尔文学奖的索尔仁尼琴的《伊凡·杰尼索维奇的一天》《癌病房》《古拉格群岛》,鲁米扬采夫的《党和知识分子》。这些著作和文章不仅真实地揭露了斯大林时期践踏法律和人权的事实,而且积极探索和倡导改造苏联社会、建立法治民主国家、向知识分子开放社会、全面自由地发展社会成员个性等问题。他们的主张得到了许多民众的同情和支持(特别是青年大学生),成为推动苏联社会发生变化的重要力量,这也是苏联核心价值观向多元价值观转型的重要因素。

民众的价值诉求在伦理学中得到极大的体现。20世纪50年代以后苏联伦理学开始一步步朝着"去马克思主义化"的方向发展,80年代后期则走向极端——完全否定道德的阶级性,颠覆了原来苏联马克思主义伦理学的立论根基,这对苏联核心价值观的彻底裂变起了决定性作用。如果说,在苏联50—60年代,道德被作为社会意识形式和调节个人与群体利益关系的方式,那么70年代,道德则成为人们认识和改造世界的精神与实践方式,60—70年代苏联学者对全人类道德的关注越来越多,对全人类道德的规范、内容、形式、社会属性进行了系统的论述。进入70年代以后,出现了一批学术水平很高的伦理学专著,如德罗勃尼茨基的《道德概念》、季塔连科的《道德意识结构》、阿尔汉格尔斯基的《马克思主义伦理学教程》等。到了80年代,道德则变成人的精神自我确定的方式和文明的价值基础,全然否认道德的阶级性,这对以共产主义道德为主要内容的苏联核心价值观是致命一击,自此苏联核心价值观完全丧失了自己的伦理学基础,这一时期的"去马克思主义化"导致了核心价值观的"空心化"。80年代后期,"非暴力伦理学"成为主流价值观,附和戈尔巴乔夫的"新思维",掀起了一股反马克思主义的伦理思潮，从根本上否定了马克思主义伦理学，马克思主义在民众的价值观念中已经到达了"空心化"的程度。①

大多数研究者都认为，是20世纪80年代后期西方自由主义价值观的侵入瓦解了苏联核心价值观，而实际上，苏联核心价值观自身发生的裂变是重要的内因，苏联绝不是在一夜之间倾覆的，其核心价值观的裂变也绝不是一时之功。正是随着苏共官方逐步偏离马克思主义的本质和伦理学发展一步步地"去马克思主义化"，致使60年代末苏联核心价值观就开始朝着"空心化"的方向发展，80年代初达到了"空心化"的程度，最终导致苏联核心价值观彻底裂变，使苏联失去了执政的思想基础，最终解体。②

四 对苏联社会主义核心价值观裂变的反思

价值观是人们心中的深层信念，是判断是非的标准和行动遵循的准则。核心价值观作为国家意识形态的基础，对国家的稳定与发展起着至关重要的作用。苏联中期在维护和宣传核心价值观的过程中采用了错误的手段和方式，偏离马克思主义本质；而苏联后期的"去马克思主义化"直接导致了苏联核心价值观的裂变，人们在否定错误做法的同时，也抛弃了核心价值观中马克思主义伦理学的正确内容，导致苏联失去了执政的思想基础，最终解体。这一惨痛的事实从一个侧面反映了思想意识对国家政权的强大反作用，其中的经验教训值得我们认真思考。

（一）苏联初期的马克思主义核心价值观仅强调其鲜明的阶级性，忽视了马克思主义的本质是阶级性与科学性、人民性的内

---

① 郭丽双、崔立颖：《苏联核心价值观的裂变与启示》，《毛泽东邓小平理论研究》2013年第10期。
② 郭丽双、崔立颖：《苏联核心价值观的裂变与启示》，《毛泽东邓小平理论研究》2013年第10期。

在统一。不应仅仅把道德作为政治的工具、外在的指令，使学理性的争论明显受政治需要的引导，不应否认具有全人类性、普遍道德原则的存在，否则就偏离了马克思主义的科学性本质。为后来伦理学的"去马克思主义化"走向极端埋下了阴影。

（二）苏联的核心价值观走向"国家至上"的极端，偏离了马克思主义人民性的本质，缺乏伦理学的科学因素，割裂了个人价值与集体价值的内在和谐，以无限大的国家利益湮没了个人的利益和价值，没有为个人充分发挥积极性和创造性预留自由的思考空间。随着20世纪60年代人道主义兴起批判以上错误思想，最终导致苏联在20世纪80年代后彻底否定集体主义。

（三）苏联核心价值观的裂变，与苏共领导人对马克思主义的歪曲直接相关，与其维护核心价值观的错误手段和方式有关，特别是斯大林和勃列日涅夫执政期间以教条主义的态度对待马克思主义，思想路线严重偏离马克思主义的本质，使苏联的核心价值观处于严重扭曲状态。勃列日涅夫想挽救共产主义道德的颓势，却采用了错误的做法，遭到失败，人们在否定错误手段的同时，也抛弃了核心价值观中正确的内容。[1]

（四）施行严厉的书报检查制度，过分限制人们言论自由，这偏离了马克思主义的批判性本质，这是维护核心价值观的一个重大失误。过滤掉一切不符合斯大林主义的书刊，将教条化的马克思列宁主义作为唯一的真理向人民群众封闭式灌输，加强对社会的思想管控，并利用此方法进行造神运动，搞极端化的个人崇拜，给国家和民众带来了巨大的灾难。[2]

---

[1] 郭丽双、崔立颖：《苏联核心价值观的裂变与启示》，《毛泽东邓小平理论研究》2013年第10期。

[2] 郭丽双、崔立颖：《苏联核心价值观的裂变与启示》，《毛泽东邓小平理论研究》2013年第10期。

第二章　苏俄社会转型中的价值观变迁

（五）采用封闭式灌输的方法对大众进行宣传教育，没有给人民群众留下思考和探索的空间；只歌颂英雄人物的崇高道德，不重视对消极、不良道德风气的批判；宣传教育方面普遍存在形式主义作风，缺乏使核心价值观内化为人民价值观的具体方法。①

（六）社会科学研究存在对马克思主义的错误理解。苏联哲学界的"去马克思主义化"以苏联伦理学的人道主义转向为标志，而实际上"去"的是斯大林主义对马克思主义的错误理解，"去"的是偏离了本质的马克思主义；学术界研究没有深入挖掘出马克思的人道主义；伦理学界的研究脱离现实生活需要。②

（七）马克思主义核心价值观必须在坚持马克思主义本质的基础上发展创新，必须符合当下民众的价值诉求。在苏共二十大破除了对斯大林的个人崇拜后，在人们的自主意识增强，思想文化领域开始朝着健康方向发展的情况下，勃列日涅夫反其道而行之，复活斯大林主义，强化对社会的政治思想控制，迫害一些坚持真理、捍卫公民权利的学者。苏共的指导思想再次背离了马克思主义的人民性本质，勃列日涅夫的倒退激起了苏联人民的不满，人们更加质疑斯大林模式的马克思主义。对于苏联出现的与官方不同的观点，苏共严厉打击，而不是对话和反思，这种做法招致了民众的普遍反感，这也是苏联维护核心价值观的错误做法，没有与时俱进地发展马克思主义和尊重民众的价值诉求。③

---

① 郭丽双、崔立颖：《苏联核心价值观的裂变与启示》，《毛泽东邓小平理论研究》2013年第10期。

② 郭丽双、崔立颖：《苏联核心价值观的裂变与启示》，《毛泽东邓小平理论研究》2013年第10期。

③ 郭丽双、崔立颖：《苏联核心价值观的裂变与启示》，《毛泽东邓小平理论研究》2013年第10期。

第二节　多元化思潮对苏联核心价值观的解构

以上，本书分析了苏联社会主义核心价值观自身裂变的多重因素，这是从内因方面展开的研究。下面，将从外因方面展开研究，分析价值观领域的多元化思潮对苏联社会主义核心价值观的解构作用。这些思潮当前仍活跃在俄罗斯的思想领域，对当代俄罗斯社会各方面发挥着不同程度的影响。

苏联后期思想文化领域的多元化思潮引发了价值观的多元化，直接动摇了苏联社会主义核心价值观和意识形态，进而促使社会科学和大众媒体的价值立场发生转变。人道主义思潮的兴起、俄罗斯思想的探寻与回归、东正教的复兴、新自由主义的蔓延、"非暴力伦理学"的建构与传播，从不同层面抨击和解构了苏联社会主义核心价值观，其中的经验教训值得我们认真总结和研究。因而，多元化思潮对苏联社会主义核心价值观的解构，是苏联社会主义制度演变的先导和推动力量。本书力图全方位分析多元化思潮对苏联社会主义核心价值观的解构，从中总结经验教训，为我国社会主义核心价值观引领多元化思潮提供借鉴。①

建国之初，在苏共中央的积极倡导下和伦理学界争论的过程中，形成了以集体主义和爱国主义为主要内容的苏联社会主义核心价值观，曾为国家建设和政权巩固提供了强大的精神动力。但遗憾的是，苏联中后期的核心价值观和主流意识形态逐步走向僵

---

① 郭丽双：《多元化思潮对苏联社会主义核心价值观的解构及教训》，《当代世界与社会主义》2014年第6期。

第二章 苏俄社会转型中的价值观变迁

化教条,失去了对人民群众的亲和力和凝聚力。①

戈尔巴乔夫改革开启了文化信息公开化、思想多元化的大门,各种思潮井喷式涌出,苏联的社会主义核心价值观无力引领新闻舆论自由和思想的多元化而被解构,这是促使苏联解体的直接原因之一。

一 人道主义思潮

20世纪40年代,人道主义在苏联发端,70年代形成了一股强大的思潮,社会主义的人道主义和俄罗斯民族固有的人道主义分别兴起,逐渐成为整个社会舆论和价值评判的支点。

人道主义在苏联的兴起走过了一段戏剧性的历程,由最初完全排斥发展到后来的全面肯定。西方人道主义思想对苏联的影响始于被动,20世纪20年代在苏联,人道主义被作为资本主义社会的道德原则而遭到全面批判,但随着实践的发展和研究的深入而渐渐转为主动认同,西方人道主义的基本理念开始潜移默化地影响苏联的政治家、学者和普通百姓。50年代苏联哲学社会科学的人道主义转向,与当时政治领域的揭批斯大林运动直接相关,这场发端于文艺界的思想"解冻",逐渐深入到哲学界对人道主义的激烈争论,导致了哲学研究的深刻变革,苏联哲学界从最初对资产阶级人道主义的批判中总结出了社会主义的人道主义原则。苏共二十二大后,人道主义作为社会主义最重要的道德原则被写入党章。

60年代中期开始,苏联学界主要从马克思对人的异化批判的角度,从学理层面展开对人道主义的研究,反驳西方对社会主义

---

① 郭丽双:《多元化思潮对苏联社会主义核心价值观的解构及教训》,《当代世界与社会主义》2014年第6期。

人道主义的责难，为建构社会主义的人道主义寻找理论依据，这使苏联伦理学实现了从道德意识形态向道德理论研究的转变①，使苏联的核心价值观建立在对伦理规范进行学术论证的基础上。突出个体的道德价值是60年代人道主义发展的另一个特点。随着苏联伦理学人道化转向，并得到政治上的认可和支持后，伦理学界开始对个体道德展开研究。虽然这时苏联学者关注到了人道主义的全人类性，但没有否定人道主义的阶级性，他们还是在马克思主义哲学的视域内展开研究，并具有明显的反斯大林主义倾向；另一方面，重视个体道德价值，弱化集体道德价值，从学理上撼动了苏联社会主义核心价值观的理论基础—集体主义。②

进入20世纪70年代以后，人道主义向更加广泛的方向发展，苏联学者对个体道德的研究日益深入系统，对全人类道德的关注越来越多，出现了一批学术水平很高的伦理学专著，但这个时期的人道主义过于注重哲学概念的规范和逻辑的严谨，脱离具体的实际问题，逐渐朝抽象化发展。同时，苏联社会开始重视俄罗斯思想中的人道主义，传统的人道主义悄然复兴。根植于俄罗斯民族思想中的人道主义传统，是俄罗斯民族固有的情结、思想和理念，它始终贯穿于俄罗斯社会发展和道德发展的历程中。俄罗斯的人道主义与西方的人道主义不同，其独特性就在于，它是有神论的人道主义，同时又带有无政府主义的印记。它反对世俗政权，反对为了权贵和财富而牺牲人，主张怜悯、同情处于苦难中的人，最终希望充满人性的上帝来实现他们的愿望。它不是像西方人道主义那样用理性反对信仰，赞颂人的能力与价值，通

---

① История этических учений. А. А. Гусейнов: М., ГАРДАРИКИ, 2003, с. 887.
② 郭丽双：《多元化思潮对苏联社会主义核心价值观的解构及教训》，《当代世界与社会主义》2014年第6期。

过批评宗教达到对人的自我确证,而是通过渗透着人性的神来确证人的价值与使命。①

到了 80 年代,人道主义思潮的发展完全呈现抽象化趋势,成为得到官方支持的哲学主流。除了在哲学领域外,在文学、艺术、科技、管理等社会生活的各方面都渗透着人道主义思潮,它深刻地影响了苏联当时青年一代的世界观和人生观,苏共二十大后成长起来的"六十年代人"在人道主义思潮中逐渐成熟。戈尔巴乔夫就是这批人的典型代表,他以抽象的人道主义来理解马克思主义,弗罗洛夫等人道主义思潮的代表人物成为他的理论助手。戈尔巴乔夫逐渐地把抽象的人道主义作为推行"全面改革"的思想理论基础。②

人道主义思潮在批评斯大林阶级斗争扩大化、还原马克思主义伦理学的人道主义属性、奠定苏联核心价值观的伦理学基础等方面,发挥了积极作用。但在道德和伦理学被过度赋予空前重要作用的思想氛围中,在俄罗斯传统人道主义复兴的影响下,加之俄罗斯民族理想主义和好走极端的思维方式,苏联的人道主义思潮走向非理性化和抽象化极端,完全否定道德的阶级性,使马克思主义理论在苏联历史上曾具有的意义遭到解构。

二　俄罗斯思想的探寻与回归

由于苏联政府实行严格的文化管制,使俄罗斯传统文化发生了断裂。在 20 世纪 70 年代后,苏联文化界有了自由的气氛,"俄罗斯思想"(Русская Идея)作为承载着俄罗斯传统精神文化的杰

---

① 郭丽双:《多元化思潮对苏联社会主义核心价值观的解构及教训》,《当代世界与社会主义》2014 年第 6 期。

② 郭丽双:《多元化思潮对苏联社会主义核心价值观的解构及教训》,《当代世界与社会主义》2014 年第 6 期。

出思想，重新回到了自己的祖国。白银时代①的哲学家不懈地以俄罗斯的思维方式探索着现代哲学问题，创造性地保留了"俄罗斯思想"并使其在现代得以延续和发展，其中包含俄罗斯的民族特点、宗教哲学、历史文化等，这对于长期饱受思想禁锢、处于变革期的人们来说，无疑是久旱逢甘露。探寻"俄罗斯思想"成为20世纪80年代末的热点话题，这是在社会转型期俄罗斯民族为自己寻找文化价值之根的应激性反应，也可以看作是人们寻找精神家园和自我身份认同的精神运动。

"俄罗斯思想"是俄罗斯历史发展进程中的思想文化精华，俄罗斯思想的产生是由于俄罗斯人民在精神上需要自觉，需要回答俄罗斯的历史定位、地理定位和精神定位的问题，"我们是谁？我们信仰什么？我们要往哪里去？"这是俄罗斯人千百年来追问的主题，这体现了俄罗斯身份认同的历史性纠结和困惑，它希望明确自己在世界民族之林中的位置。可见，"俄罗斯思想"不是意识形态的问题，也不是政治问题，它首先是反映独特性的精神文化问题。但在80年代末这一特殊的社会转型期，人们对它的探寻导致了某种政治和意识形态的后果。②

"俄罗斯思想"的集大成者是索洛维约夫、伊万诺夫、霍米雅科夫、费多罗夫等人。后经罗扎诺夫、弗兰克、别尔嘉耶夫、布尔加科夫、洛斯基等人的发展，"俄罗斯思想"走向成熟。俄

---

① 白银时代：19世纪与20世纪之交的近30年间，俄罗斯曾经历过一场范围广大、影响深远的思想文化运动。它的先导是一股新的诗歌潮流，紧随其后便出现由新诗潮所带动的包括散文创作、戏剧艺术、文学批评、音乐和绘画等在内的整个文学艺术领域的全面创新。同时，西方多种新的社会哲学思潮传入俄罗斯，与俄国哲学传统发生碰撞，造成哲学的空前繁荣和独特的俄国宗教哲学的勃兴。这是俄罗斯文化史上最辉煌的时期之一。这个时代即所谓"白银时代"，学界试图用它来标志出19世纪文学"黄金时代"之后的另一个文学和哲学时代及其特征。这一时期出现了许多著名的文学家、艺术家和哲学家。

② 郭丽双：《多元化思潮对苏联社会主义核心价值观的解构及教训》，《当代世界与社会主义》2014年第6期。

第二章 苏俄社会转型中的价值观变迁

罗斯"统一哲学"的创始人索洛维约夫在1887年最先提出了"俄罗斯思想"的哲学术语,认为俄罗斯的民族精神应该建立在具有永恒真理意义的宗教基础上。① 别尔嘉耶夫是苏联后期传统哲学复兴的中心人物,他对俄罗斯民族的历史定位和民族特征的分析独到而深刻,俄罗斯民族"自身包含着矛盾,而且在不同阶段都包含着矛盾……在俄罗斯精神中,东方与西方论证因素永远相互角力"。② "俄罗斯思想"是在俄罗斯人民独特的历史经验基础上发展起来的,又吸取了世界文明的优秀思想文化成果。德国哲学和东正教文化是"俄罗斯思想"的主要精神源泉。19世纪的俄罗斯哲学家积极接受谢林、黑格尔、康德的哲学思想,并将其改造成俄罗斯的思想,这奠定了"俄罗斯思想"主要哲学根基。"俄罗斯思想"的重要内容是"共同性",并特别强调精神自由,这直接来源于东正教,主张未来人类就是人的个性完全张扬的高度的共同体,东正教比基督教的西方分支赋予人更多的自由,它作为俄罗斯宗教哲学思想,揭示的是俄罗斯精神形而上的独特性,它所探寻的哲学主题,在当今俄罗斯仍在继续。③

"俄罗斯思想"本身的内容就包含着德国古典哲学的思辨性、俄罗斯特有的宗教性和精神自由的至上性,并且其传承者多为反马克思主义者,他们所传承的"俄罗斯思想"中带有明显的反正统马克思主义的内容。因此,在苏联解体前对"俄罗斯思想"的探寻与回归,从文化认同上疏离了苏联核心价值观,使人们体认到从前被苏联官方试图抹去的传统俄罗斯精神价值与自身的同质

---

① Русская Идея, философия в России. http://philosophy.ru/library/dud/r-idea.html.
② [俄]尼·别尔嘉耶夫:《俄罗斯思想》,雷永生、邱守娟译,生活·读书·新知三联书店1995年版,第2页。
③ Новая философская энциклопедия. http://iph.ras.ru/elib/2614.html.

性，同时接触到批评苏联马克思主义的内容，这从另一个侧面加剧了苏联核心价值观的裂变。①

三 新东正教意识思潮

由于东正教与马克思主义在世界观、信仰上的对立，加之东正教发挥的专制、反动作用，"十月革命"后，东正教成为专政的对象，受到严厉压制，因而它更加仇视苏维埃政权和社会主义。苏联后期东正教逐渐转向复兴，不仅取得了合法地位，而且回归了其参政议政的传统，重新登上政治舞台，积极参与社会政治生活，不断提高其在国家政治生活中的地位和作用。这不仅在信仰上，而且在政治实践中，挑战苏共的权威，极大地动摇了苏共的领导地位和苏联社会主义核心价值观。②

从公元 988 年"罗斯受洗"到"十月革命"前近千年的时间里，东正教作为国教，对俄罗斯的国家社会生活和民族精神都发挥了不可替代的重要作用。"十月革命"后苏联先后通过了《俄罗斯各族人民宣言》《关于教会同国家分离和学校同教会分离》等一系列法令，结束了政教合一的历史，东正教昔日的繁荣被长期的冷落和凄凉所取代。③

由于苏共后期指导思想的僵化教条，苏联核心价值观自身发生裂变，促使意识形态开始转变，这为东正教的复兴提供了精神空间。随着苏共有关宗教政策的放宽，东正教的地下潜流开始冒

---

① 郭丽双：《多元化思潮对苏联社会主义核心价值观的解构及教训》，《当代世界与社会主义》2014 年第 6 期。
② 郭丽双：《多元化思潮对苏联社会主义核心价值观的解构及教训》，《当代世界与社会主义》2014 年第 6 期。
③ 郭丽双：《多元化思潮对苏联社会主义核心价值观的解构及教训》，《当代世界与社会主义》2014 年第 6 期。

第二章 苏俄社会转型中的价值观变迁

出地表，并逐渐由民间的东正教复兴转为东正教热。1967年，苏联发表了宗教学者布尔加科夫的长篇小说《大师与玛格丽特》，揭开东正教复兴的序幕。① 虽然东正教因苏俄推行政教分离的社会主义制度和无神论意识形态而遭受打击，但在多元化思潮涌现、思想迷茫之际，苏联民众对于作为俄国民族性组成部分、传统文化的存在方式、古老信仰类型的东正教倍感亲切。②

到20世纪80年代中期戈尔巴乔夫上台后，由于提倡民主社会主义及改革的需要，对宗教限制放宽，奉行鼓励东正教发展的政策，逐渐恢复了东正教的合法地位，促使宗教复兴潮流更加汹涌地向前发展。俄罗斯东正教进入了新的活跃时期，并逐渐从民族认同和国家认同的层面提出政治诉求，形成了新东正教意识思潮。

1988年是俄国把东正教定为国教一千周年的年份，在苏共领导的支持下，苏联东正教会举行了隆重的庆祝活动。在1991年7月的苏共中央全会上，又通过了党员可以成为教徒的决议。它从法律上完全肯定了组建宗教团体的合法性，使东正教重新登上政治舞台。③ 在苏联急剧的改革时期，苏共主动打开信仰之门促使东正教迅速复兴，迫使更多的苏联人质疑苏联的社会主义核心价值观及其意识形态，质疑苏共领导国家的合法性。④ 东正教重新登上政治舞台后，积极参与社会政治生活，努力提高其在国家政治生活中的地位，增强其发挥的政治作用。"八一九事件"本身是苏共内部阻止苏联解体的最后努力，但在新东正教意识思潮的

---

① 雷丽平：《浅析俄罗斯"东正教热"》，《学理论》2010年第5期。
② 郭丽双：《多元化思潮对苏联社会主义核心价值观的解构及教训》，《当代世界与社会主义》2014年第6期。
③ 蒋莉：《东正教在俄罗斯政治生活中的作用及影响》，《现代国际关系》2002年第9期。
④ 郭丽双：《多元化思潮对苏联社会主义核心价值观的解构及教训》，《当代世界与社会主义》2014年第6期。

参与下，变成了推动苏联解体的政治斗争，这足以证明东正教在苏联解体的过程中发挥了不可替代的政治作用。①

四　新自由主义思潮

苏联解体与新自由主义有着千丝万缕的联系，新自由主义在苏联后期的传播与蔓延，对于当时正处于社会变革期的苏联产生了极大的负面影响，它全盘否定苏联的根本政治制度和马克思主义价值观念，动摇了社会主义制度的经济基础，加剧了整个社会对共产主义的悲观情绪，加剧了苏联的解体。

最初，新自由主义于20世纪20—30年代在西方国家逐渐形成。而后，于70年代资本主义国家出现经济衰退之际，在对凯恩斯主义进行猛烈的批判中走上了经济与政治的舞台。冯·哈耶克、米尔顿·弗里德曼、西奥多·舒尔茨等新自由主义的代表人物也相继获得诺贝尔经济学奖，推动了新自由主义思潮在经济学界不断发展壮大。新自由主义与主张国家干预的凯恩斯主义相对立，它主张"私有化，市场化，自由化"，否定"公有制，社会主义，国家干预"。② 其核心内容是：赞美私有制神圣不可侵犯，敌视社会主义。③

新自由主义不只是单纯的经济学说，而且是具有鲜明意识形态性质的政治思潮，具有赤裸裸的侵略性，是西方发达国家对发展中国家，特别是社会主义国家进行意识形态渗透和实行新殖民

---

① 郭丽双：《多元化思潮对苏联社会主义核心价值观的解构及教训》，《当代世界与社会主义》2014年第6期。
② 李启华：《论新自由主义及其对我国政治的影响》，《呼伦贝尔学院学报》2011年第4期。
③ 郭丽双：《多元化思潮对苏联社会主义核心价值观的解构及教训》，《当代世界与社会主义》2014年第6期。

第二章　苏俄社会转型中的价值观变迁

统治的工具。20世纪70年代末期，英美政府率先将新自由主义理论以现实政策的形式固定下来，进一步推动了它在全球范围内的广泛传播和迅速扩散，并由经济到政治，从学术理论演变为西方发达资本主义国家占统治地位的国家意识形态和主流价值观念。早期的哈耶克把社会主义看成与法西斯主义一样的极权主义，是集体主义社会迈向专制极权的"通往奴役之路"；贝尔的"意识形态终结论"认为马克思主义有关阶级斗争的论述应该终结了，因为现代西方早已不是阶级社会，它已经成为多元的社会。新自由主义者的政治意图很明显，即西方的自由民主思想已经深入人心，社会主义意识形态已不再令人信服。[1]

20世纪50年代开始，苏联的一部分经济学家逐渐接受新自由主义的观点。苏联后期新自由主义学说在学术界的影响极大，并不断扩散，并由经济转向政治，演变为受到学者和政治高层追捧的经济学说和意识形态。[2] 20世纪50—80年代，美英加大了对苏联的新自由主义输出，动摇了苏联社会主义制度的经济基础和政治制度基础。美国蓄意夸大新自由主义的良性作用，编造出新自由主义的"三个理论神话"，这完全是三支射向苏联社会主义的毒箭。正是这样的宣传和诱导，使得许多苏联经济学家信以为真，展开了对苏联社会主义的批判。

新自由主义解构苏联社会主义核心价值观的例证，影响最大的是"历史终结说"（Конец Истории），在苏联社会矛盾尖锐的特殊时期，"历史终结说"的兴起和迅速蔓延，使更多苏联人怀疑共产主义的价值。1989年6月波兰团结工会合法化拉开了东欧

---

[1] 郭丽双：《多元化思潮对苏联社会主义核心价值观的解构及教训》，《当代世界与社会主义》2014年第6期。

[2] 郭丽双：《俄罗斯主流社会价值观的重建及其困境》，《马克思主义与现实》2015年第1期。

剧变①的序幕，如何评价资本主义制度和社会主义制度及其命运，成为东西方理论界普遍关注的现实问题。正是在这种历史背景下，美国的日裔学者福山提出了"历史终结论"，即东欧剧变标志着西方自由民主制度战胜了苏联的社会主义制度。他运用黑格尔自由理念的延伸与苏东事件联系起来，进一步阐述了市场经济和政治自由主义理念的结合是人类的最高统治形式和最高成就，它已经解决了人类所面临的所有难题，是人类意识形态发展的终点，历史不可能再进步了。"历史终结说"全盘否定苏联的根本政治制度和马克思主义的价值观念，这对于正在徘徊在共产主义与资本主义之间的苏联影响巨大，直接击打了苏联人民的共产主义信念。②

正是在上述国内外新自由主义思潮的影响下，叶利钦接受了新自由主义，并以此为基础制定经济改革的具体计划——"休克疗法"。新自由主义不仅动摇了苏联社会主义的经济基础，而且动摇了苏联人民的共产主义价值信念，解构了苏联的社会主义核心价值观，加剧了苏联解体。③

五 "非暴力伦理学"

20世纪80年代后期，苏联伦理学走向了人道主义和非理性主义极端，"非暴力伦理学"影响最大。以伦理学家古谢伊诺夫为代表，附和戈尔巴乔夫的"新思维"，在复兴托尔斯泰非暴力

---

① 东欧剧变：又称苏东剧变，西方社会称之为1989年革命。指从20世纪80年代末到90年代初，东欧各个社会主义国家的政治经济制度发生根本性的改变，是斯大林模式的社会主义制度最终演变为西方欧美资本主义制度的剧烈动荡。最先在波兰出现，后来扩展到民主德国、捷克斯洛伐克、匈牙利、保加利亚、罗马尼亚等前华沙条约组织国家，这个事件以1991年苏联解体告终。
② 郭丽双：《多元化思潮对苏联社会主义核心价值观的解构及教训》，《当代世界与社会主义》2014年第6期。
③ 郭丽双：《多元化思潮对苏联社会主义核心价值观的解构及教训》，《当代世界与社会主义》2014年第6期。

第二章 苏俄社会转型中的价值观变迁

原则的基础上融合现代西方伦理学,构建"非暴力伦理学",掀起了一股反马克思主义的伦理思潮。

苏共在核心价值观方面理论脱离实际的学风在80年代中期迅速走到另一个极端:苏联伦理学开始了对西方资本主义伦理思想的新的教条主义崇拜。①古谢伊诺夫提倡的"非暴力伦理学"理论根基是在复兴托尔斯泰的非暴力抗恶伦理观的基础上,融合了现代西方伦理学的正义、自由等理念。它极力主张将道德从过去的意识形态变为价值观,将抽象的人道主义作为解决一切问题的最高标准,否定任何暴力的道德性。②

可见,"非暴力伦理学"主要目的就是否定暴力革命的道德性,否定"十月革命",抨击社会主义的道德原则,从根本上否定了马克思主义伦理学,动摇和瓦解了苏联人民的政治信念和价值观念。1988年6月,戈尔巴乔夫第一次提出了"人道的、民主的社会主义"概念,这标志着以马克思主义为基础的苏联核心价值观在形式上的完结。③

综上,苏联后期思想文化领域的多元化思潮引发了价值观的多元化,直接动摇了苏联社会主义核心价值观和意识形态:人道主义思潮否定道德的阶级性、走向抽象化的极端解构了苏联核心价值观的伦理学基础,俄罗斯思想的探寻从文化认同上疏离苏联社会主义核心价值观,东正教的复兴在世界观和信仰上否定共产主义,新自由主义从经济学和意识形态上否定苏联的根本政治经

---

① 郭丽双:《多元化思潮对苏联社会主义核心价值观的解构及教训》,《当代世界与社会主义》2014年第6期。
② 郭丽双:《多元化思潮对苏联社会主义核心价值观的解构及教训》,《当代世界与社会主义》2014年第6期。
③ 郭丽双:《多元化思潮对苏联社会主义核心价值观的解构及教训》,《当代世界与社会主义》2014年第6期;李瑞琴:《近年来苏东剧变研究中的前沿问题》,《科学社会主义》2016年第10期。此篇论文内容发表在笔者论文之后两年,其观点引自笔者的论文。

济制度和价值观念,"非暴力伦理学"抨击共产主义道德教育为道德极权主义和道德专制主义,这些都从不同层面解构了苏联社会主义核心价值观。①

六 苏联的经验教训对我国社会主义核心价值观建设的启示

苏联社会主义核心价值观没能与时俱进地引领多元化的社会思潮,反而被后者解构,最终导致苏共意识形态堤坝全线崩溃,苏联解体。如何借鉴苏联社会主义核心价值观被多元化思潮解构的教训?我国社会主义核心价值观应如何引领多元化思潮?这是我们必须认真总结和研究的问题。

在社会急剧转型的背景下,当今中国社会思想文化领域中,除了主流的中国特色社会主义外,还活跃着其他多种社会思潮。新自由主义、民主社会主义、历史虚无主义、新左派、文化保守主义、民族主义等,这些社会思潮都表达着各自的主张和诉求。如何借鉴苏联社会主义核心价值观被多元化思潮解构的教训?社会主义核心价值观如何引领多元化思潮?是时代赋予我们的重大课题,本书思考如下:

(一)扩大主流意识形态的包容度,在与不同学科和不同思潮的交流对话中发展自身。必须尊重思想文化建设的客观规律,以核心价值观为引领,面对与社会主义核心价值观和主流意识形态不同的声音,借鉴吸收不同学科、不同流派的积极因素,在与不同学科和不同思潮的交流对话中发展自身,扩大主流意识形态的包容度。按照"尊重差异、包容多样"的原则,积极探索用社会主义核心价

---

① 郭丽双:《多元化思潮对苏联社会主义核心价值观的解构及教训》,《当代世界与社会主义》2014 年第 6 期。

第二章 苏俄社会转型中的价值观变迁

值观引领社会思潮的机制,使得整个思想文化领域逐步走向和谐。

(二) 在本国的精神文化中培育出与现代化相适应的社会价值观念。苏联后期对"俄罗斯思想"的探寻与回归,使人们体认到从前被苏联官方试图抹去的传统俄罗斯精神价值与自身的同质性,这从另一个侧面加剧了苏联主流价值观的裂变。当前我国的现代化进程需要在本国的精神文化中培育出与其相适应的社会价值观念,为国人提供精神动力。恢复或重建中国人的信仰世界,在某种程度上也需要理想和崇高的回归。既要继承传统文化的精髓,更要同整个国家的现代化发展方向相契合。[1]

(三) 充分研究、果断回击敌对学说,在不断解决现实问题中提升中国特色社会主义的说服力,增强社会主义核心价值观的凝聚力。新自由主义全盘否定苏联的根本政治经济制度和价值观念,很大程度上加剧了苏联核心价值观的裂变。新自由主义在我国也产生过很大影响,演变成一种流行的社会思潮。随着我国经济改革日益推进和学术研究不断深入,新自由主义的基本原则不断受到挑战和否定,其影响日渐式微。因此,对于攻击社会主义核心价值观和主流意识形态的思潮,必须首先充分研究、果断回击,然后在不断解决现实问题中消除其存在的社会基础,自然其影响力也随之消亡。[2]

(四) 深入挖掘马克思的人道主义思想,还原其人学的本真状态。苏联初期的马克思主义核心价值观仅强调其鲜明的阶级性,否认其具有全人类性,与此相反,人道主义思潮走向抽象的极端,完全否认道德的阶级性,颠覆了苏联马克思主义伦理学。基于苏联的教训,我国的社会主义核心价值观要把握住马克思主义

---

[1] 郭丽双:《多元化思潮对苏联社会主义核心价值观的解构及教训》,《当代世界与社会主义》2014年第6期。
[2] 郭丽双:《多元化思潮对苏联社会主义核心价值观的解构及教训》,《当代世界与社会主义》2014年第6期。

之本质的学理性和政治性,坚定马克思人道主义的价值立场——人道主义不是资本主义独有的,它是社会主义的应有之义,它对于社会主义更加重要。

(五)加强伦理学研究的科学性,为社会主义核心价值观奠定坚实的伦理学基础。苏联对政治与道德关系的错误定位导致苏联伦理学失去了应有的科学性,使道德沦为政治目标的工具,造成了破坏社会主义道德规范和法律规范的恶果,同时也导致了伦理学自身价值的外在化。基于苏联伦理学的教训,我国的伦理学研究应坚持自身研究的科学性,不过度依附于政治和意识形态,发挥伦理学的实践学科优势,引领和提升人们的精神境界,为社会主义核心价值观奠定坚实的伦理学基础。[1]

(六)制定正确的宗教政策,发挥宗教积极的社会整合和道德规范作用。苏联时期的宗教政策对东正教的压制过于严酷,所以东正教复兴后,极力否定苏联的核心价值观和意识形态。我国的主流意识形态虽然是无神论,但施行的是宗教信仰自由的政策,当前,我国正处于新旧观念调整阶段,宗教方面也出现了一些不和谐的因素。因此,制定正确的宗教政策,规避宗教的负面影响,发挥其积极建设作用,具有重要现实意义。[2]

第三节 当代俄罗斯主流价值观的重建及其困境

俄罗斯传统价值如何实现自身的现代转型是当代俄罗斯重建

---

[1] 郭丽双:《多元化思潮对苏联社会主义核心价值观的解构及教训》,《当代世界与社会主义》2014年第6期。

[2] 郭丽双:《多元化思潮对苏联社会主义核心价值观的解构及教训》,《当代世界与社会主义》2014年第6期。

第二章 苏俄社会转型中的价值观变迁

主流价值观的核心问题。苏联社会主义核心价值观在自身偏离马克思主义和多元化思潮的解构下,失去了主导地位。苏联后期的多元化思潮导致价值观的多元化,当前这些价值观仍被俄罗斯不同阶层的人们所认可,并发展为持不同观点的各种文化和政治派别,致使当前俄罗斯的社会价值观仍然处于多元矛盾的境地。对此,普京提出俄罗斯新思想—主权民主—普京计划,并依托东正教,确定了重构俄罗斯主流社会价值观的基本框架,得到了当时社会各界一定程度上的认同。但随着俄罗斯社会进入急剧转型期,由于俄罗斯身份认同的复杂性凸显、东正教现代化陷入瓶颈、价值观方面各派主张很难达成共识、青年人价值观倾向于个人主义等因素,俄罗斯主流社会价值观的重建陷入了新困境。

一 普京重建俄罗斯主流社会价值观

初期改革的失败使俄罗斯处于崩溃的边缘,如何整顿极度混乱的社会秩序,捍卫本国固有的精神价值,将俄罗斯带出迷雾,成为 21 世纪初俄罗斯社会需要迫切解决的问题。

具有敏锐洞察力的普京,在 2000 年曾指出,俄罗斯社会的紧要问题是:"缺乏完成所开创事业的国家意志和坚定信念;没有严格和公认的规则。"① 普京深刻地意识到俄罗斯重建主流社会价值观的必要性,他指出,思想、精神、道德基础对于团结俄罗斯社会最具特殊意义,并将精神建设摆在了第一位,② 强调以俄罗斯传统的价值观作为社会团结的思想基础。俄罗斯传统的价值观包括:爱国主义、强国意识、国家权威、社会互助

---

① В. В. Путин: Открытое письмо избирателям, Известия, 25 февраля.
② В. В. Путин: Россия на рубеже тысячилетий, независимая газета, 30 декабря 1999 г.

精神。①

"俄罗斯新思想"的独创性在于，它将历史与现实、传统与现代相结合，肯定全人类共同价值观的同时，为俄罗斯的传统价值观赋予新的时代内涵，把传统的群体主义与现代俄罗斯爱国、强国的目标联系在一起，为俄罗斯的现代化进程提供价值支持。爱国主义和强国意识是俄罗斯民众普遍认同的俄罗斯传统价值观念，是重建俄罗斯主流社会价值观的基础。俄罗斯历代思想家都坚信，俄罗斯是一个独特的世界，其精神文化和价值观念也是独特的。普京所提出的这一主流社会价值观正切合俄罗斯思想的独特性，同时符合当时俄罗斯社会的现实需要。

与此同时，普京十分重视东正教整合价值观的作用，他认识到俄罗斯应避免强制性的社会共识和官方意识形态，任何的社会共识只能自愿地达成，而从俄罗斯传统文化中去寻求整个民族都公认和珍视的价值，则是最佳方案。东正教伦理是俄罗斯传统文化的精神内核，它对俄罗斯初期重建主流社会价值观发挥了重要作用，得到了人们一定程度上的认同，"普京现象"的背后真正起作用的就是人们所珍视的俄罗斯传统价值观。

俄罗斯新思想—主权民主—普京计划形成了普京特色的发展模式。"俄罗斯新思想"是俄罗斯保守主义的学术主张在政治意识形态上的表现，它主张在确保国家的稳定和发展中，以俄罗斯传统价值观中的积极因素解决现代化过程中的矛盾，反对革命和激进改革方式，反对完全效仿西方的现代化模式。"主权民主"则将民主制度形式纳入国家主权范畴，其他国家和组织不得干预。这既承认和尊重民主价值的普遍性，同时又强调了民主形式

---

① 郭丽双：《俄罗斯主流社会价值观的重建及其困境》，《马克思主义与现实》2015年第1期。

第二章　苏俄社会转型中的价值观变迁

在不同国家、不同历史现实中所呈现出的特殊性。普京所主张的民主与苏联解体之初自由派主张的民主不同，后者是照搬西方的民主自由和市场经济，前者则是将现代社会公认的民主制普遍原则与俄罗斯的传统及社会现实相结合的探索。它力争把控意识形态和价值观方面的主动权，回击西方的批评与指责，抵御西方意识形态和价值观对俄罗斯青年的渗透。

至此，俄罗斯重建主流社会价值观的基本构架得以确立。普京正是依靠俄罗斯人民在上千年的历史中所创造的道德精神价值与现代、新型价值的结合，以解决俄罗斯所面临的问题。这种不完全否定自己国家的过去、吸收西方文明成果又不照搬西方、符合自己国情的主流社会价值观，赢得了国民一定程度的认同。[1] 普京的继任者梅德韦杰夫虽然不完全赞同"主权民主"，但在主流社会价值观领域保持了普京所倡导的主流社会价值观的延续性。[2]

在2012年和2018年的俄罗斯总统大选中，普京都能再次当选为总统，充分证明普京的执政理念和所倡导的主流社会价值观，得到了大部分民众一定程度的认可，适合俄罗斯的现实国情。但随着俄罗斯现代化进程的推进，以俄罗斯传统价值为根基建构主流社会价值观也面临新的挑战。[3]

二　俄罗斯重建主流社会价值观面临的新困境

（一）东正教自身的现代化陷入瓶颈

21世纪以来，俄罗斯东正教在现代化进程中面临着严峻挑

---

[1] 郭丽双：《俄罗斯主流社会价值观的重建及其困境》，《马克思主义与现实》2015年第1期。
[2] Россия, вперёд! Статья Дмитрия Медведева, http://news.mail.ru/politics/2886384.
[3] 郭丽双：《俄罗斯主流社会价值观的重建及其困境》，《马克思主义与现实》2015年第1期。

战，保守性极强又经历了苏联74年压抑的东正教如何与现代社会接轨，成为俄整个社会密切关注的焦点。俄罗斯学者以及宗教界人士面对东正教的现实困境和新的时代要求，就东正教自身的现代化问题进行了一系列探索和尝试，讨论的焦点包括：东正教的现代化何以可能？阻碍东正教顺利实现现代化的内部因素是什么？如何理解东正教与俄罗斯现代国家的"交响乐"？东正教的现代化有怎样的实践前景和发展方向？

苏联解体30年来，东正教在俄罗斯社会发展中重新崛起，并得到了前所未有的发展，然而，21世纪的东正教在俄罗斯的现代化进程中面临着严峻挑战：是适应社会转型还是墨守成规？如果要适应社会转型，那么其伦理观念如何才能与市场经济相结合、与西方基督教展开对话、与俄罗斯的现代文化融合呢？为了回应这些问题，近些年来，俄罗斯学者、宗教界乃至政党召开了一系列的研讨会，并发表了大量相关文件和声明。相关的会议与有影响力的发言主要有：2001年俄罗斯东正教会组织召开青年团体代表大会，俄联邦总统驻伏尔加河沿岸联邦区全权代表、俄前总理谢尔盖·基里延科（С. Кириенко）作了题为《政教关系与东正教青年》的讲话，初步探讨了东正教在国家政治方面和在教育青年方面应发挥的作用；2009年东正教会组织召开了题为"伦理与商业活动"的年轻企业家国际论坛，探讨东正教的经济伦理如何与现代商业活动相结合；2010年自由主义委员会举办了以"东正教与俄罗斯的现代化：21世纪的挑战"为主题的研讨会，全方位地探讨了东正教应如何实现自身的现代化，以推动俄罗斯社会的现代化等问题；2011年现代商业委员会举办了题为"东正教伦理作为形成经济道德的源泉"的研讨会，明确提出了东正教经济伦理需要变革的方向等。相关文件和声明主要有

第二章 苏俄社会转型中的价值观变迁

2000年的《俄罗斯东正教教会的基本社会观念》，这是东正教关注俄罗斯现实生活的第一个官方文件；2004年以俄罗斯人民委员会的名义通过了《企业家伦理原则的宣言书》，这是东正教经济伦理现代化的重要标志；2009年《经济与伦理专家委员会声明》，这是由莫斯科及全俄罗斯东正教大牧首基里尔（Кирилл）所作的与全球金融和经济危机密切相关的声明，这表明东正教对社会现实的关切日益深入；2010年统一俄罗斯党发表声明，称东正教应当成为俄罗斯社会现代化的道德基础，这是俄罗斯执政党对东正教在国家道德建设方面的正面肯定；2011年"经济与伦理"专家委员会秘书长莎士金·帕维尔（Павел Шашкин）发表了俄罗斯现代化的东正教宣言——《社会爱国主义——俄罗斯复兴的思想纲领》，这表明了东正教在自身现代化方面的现实努力等。

有关东正教现代化的大量会议、文件、宣言表明，目前东正教复兴初期的任务已经基本完成，新的历史形势迫切要求俄罗斯东正教实现自身的现代化。俄罗斯学者以及宗教界人士面对东正教的现实困境和新的时代要求，就东正教的现代化问题面临的困境进行了一系列探索。

1. 东正教的现代化何以可能？

当今西方基督教世界发生了巨大变化，天主教和新教都已通过自身内部的改革与现代化，寻求与急剧变革着的世界和平共处的途径。随着东正教在俄罗斯社会的复兴与发展，"对世界问题的关切近些年来也成为当代东正教神学所研究的重要主题"。[①] 然而，东正教作为基督教的三大教派之一，是保守性最强的，加之经历了苏联70年的历史压抑，保守的东正教与现代社会的差距十分明显。东正教的现代化何以可能？这个问题引起了俄罗斯社会各界的热议。

---

① 张百春：《当代东正教神学思想》，上海三联书店2000年版，第552页。

《现代俄罗斯的宗教生活的百科全书》主编费拉托夫·谢尔盖（Сергей Филатов），以新教的现代化对天主教成功的示范作用以及在西方国家的东正教移民很好地接受了西方基督教的价值观为依据，推论出俄罗斯东正教能够成功地实现自身的现代化。他指出，基督教是信徒不断改造外在世界的巨大动力，基督教之所以是最有活力的宗教，原因就在于它是现代化的宗教。基督教"现代化"的效力在新教中被最大限度地表现了出来，它已经强烈地改变了欧洲和美国的世界，创造了现代社会发展的成功榜样。新教"现代化"的三个主要特征在于：首先，有独立人格的信徒形成一种有逻辑性的信仰，在自己的世俗世界为神的荣耀而工作，以自己诚实辛勤的劳动为上帝服务。其次，认可民主是在国家的社会政治结构中实现福音原则的最佳方式，民主拥有了宗教价值。最后，就像对待神的旨意那样，以虔诚的态度对待科学知识。近代欧洲社会史表明，在宗教的现代化方面，新教潜移默化地逐步给周围社会的天主教徒确立了榜样，起到了良好的示范作用。新教在不要求天主教改变自身基本信仰基础的前提下，从根本上改变了人类对自身在世界上的地位和对公共生活价值的态度。新教的挑战在许多方面改变了天主教，天主教在以上一些价值的关系中更接近新教。就东正教而言，在西方国家的东正教移民的一些实例已经表明，东正教是能够响应新教的挑战，改变一些本来被新教更新了的基督教宗教原则。许多在西方国家的东正教移民，包括俄罗斯人，他们很好地接受了西方基督教的价值观，并在各方面成为美国或德国的好公民，成为符合西方的基督教观念但绝不改变自己宗教信仰的好基督徒。因此，可以推论出俄罗斯东正教信徒可以很容易接纳西方基督教整个价值观系统，东正教能够成功地实现自身的现代化。但是，目前俄罗斯的东正

第二章 苏俄社会转型中的价值观变迁

教教会没有出现任何"现代化的潜力",其原因在于,俄罗斯的东正教教会能否接纳推动社会进步的新教的三个现代化特征,正成为一个非常棘手的问题。①

东正教基督徒学会会长卡切特柯夫·格奥尔基（Георгий Кочетков）教授,从东正教内部和东正教信徒的角度指出,东正教的现代化是一个非常迫切而艰难的重大课题。首先,俄罗斯国家的现代化和人民自身的现代化,对东正教提出了现代化的要求。众所周知,国民都希望自己的国家和生活实现现代化,俄罗斯的现代化当然包括人民群众自身的现代化,而在俄罗斯这个宗教情结浓厚的国家,人的现代化在很大程度上与东正教紧密相关,这就提出了东正教现代化的问题。但是,事实上,任何一个正常的东正教徒,如果他不是一个狂热分子、原教旨主义者、极端自由主义分子,以前都未曾想过关于教会生活现代化的问题。其次,这个问题涉及教会生活的实践层面。目前教会的实践活动常常与信仰的标准产生直接冲突,这涉及教会与国家、经济、文化之间的关系。但是,目前东正教教会没有关于这些关系普遍认可的、现成的概念和观点,还没有提出解决这些问题的办法。最后,从精神层面看,东正教仍是俄罗斯最强大的文化力量,教会被认为是在它的传统和生活中保持了最高的精神境界。但目前还仅把教会理解为精神创造的形式,而没有将这种精神创造扩展为经济、政治、文化等形式的创造活动。

莫斯科大学社会学系主任弗拉基米尔·多博林科夫（Добреньков Владимир）教授以苏联时代的价值观为例,力图证明:俄罗斯是一个

---

① [俄]《"东正教与俄罗斯的现代化：21世纪的挑战"研讨会》,2010年3月；Православная церковь и модернизация России: вызовы XXI века. 04.03.2010, http://www.liberal.ru/articles/4603。

独特的世界,必须走自己的路而不效仿西方,必须以东正教中的民族传统价值观为支撑,才能成功地实现现代化。他指出,"十月革命"前俄国的一些传统价值观被改头换面后带入了苏联时代。专制制度被共产党总书记的绝对权力所代替,东正教则被共产主义的意识形态和苏联的爱国主义所代替,东正教中对神的信仰则转向了对领袖的个人崇拜,天堂则被替代为理想中的共产主义社会。苏联时期的价值观和意识形态,实质上是俄罗斯传统意识形态世俗化的变体,它曾使全国上下团结奋进,有效地推动了工业化的高速发展和社会发展。① 东正教的价值观曾与共产主义理想结合过,发挥了良好的作用,那么就可以推论出,目前东正教能够与现代社会接轨,实现自身的现代化,积极推动俄罗斯现代化进程顺利进行。

2. 东正教现代化的阻力何在?

在俄罗斯现代化的背景下,东正教现代化的主题尤为突出,在新教和天主教示范作用的激励下,东正教正力图开启现代化前行的脚步,但却阻力重重。到底是东正教思想体系中的什么因素阻碍了它顺利实现自身的现代化?对此,俄罗斯学者给出了不同解读。

国家高等经济大学经济制度和社会政策教研室主任纳塔利娅·吉哈诺娃(Наталья Тихонова)指出,东正教能否实现自身现代化的关键性问题在于,它能否抛弃东正教那种传统的非现代化意识。东正教的某些观念远远落后于现代社会的发展形势,在某些区域东正教教会仍在传播非现代化意识,它的核心是不想改变自己或世界的任何东西,拒绝一切形式的创新,希望生活永远像从前一样。对于东正教试图改变自我,实现自身的现代化这一

---

① [俄]弗拉基米尔·多博林科夫:《全球化条件下的俄罗斯意识形态》,徐海燕译,《国外理论动态》2007年第2期。

第二章 苏俄社会转型中的价值观变迁

问题,教会内部进行着一场巨大的斗争。另外,纳塔利娅·吉哈诺娃还指出,在俄罗斯现代化过程中,必须把东正教教会作为一个独特的机构加以分析和研究,东正教在各个领域以不同的方式发挥作用,它的思想体系和具体观点发生了什么变化?教会内部有什么流派和组织形式的变化?东正教教会作为一个机构,在国家现代化过程中是发挥积极作用还是消极作用?就目前的现实看,在国家的政治现代化方面,在俄罗斯与其他国家的国际关系方面,东正教教会的积极活动在某种程度上是起负面作用的。①

《现代俄罗斯的宗教生活的百科全书》主编费拉托夫·谢尔盖则认为,东正教伦理的出世价值观和以此为基础的政治价值观以及俄罗斯东正教的独裁梦想是东正教现代化的明显障碍。首先,东正教伦理的出世价值观是阻碍东正教现代化的世界观基础,它主张与堕落的世界隔离,拒绝世俗的价值观。这种消极无为、好内省的价值观,在俄罗斯东正教中起到了巨大作用。这些价值观形成了这样的态度:对待俗世就像对待魔鬼的力量,把俗世的劳动看成是可耻的、卑微的、不利于拯救事业的活动;成功的工作——意味着厚颜无耻的功名欲望,企图使周围的社会变得更加仁慈和公正——象征着为敌基督服务。其次,根植于东正教出世价值观的政治价值观,是阻碍俄罗斯向现代政治国家发展的制动器。它主张服从政权,在任何残酷和不公正面前都表现出温顺(在它看来,这个世界就应该是那样的),并同时忠诚和服务于世俗权力,因为正是这种权力确保了东正教崇拜和布道的信仰自由,不应期待政府给予更多的东西。历经几个世纪的俄罗斯暴

---

① [俄]《"东正教与俄罗斯的现代化:21世纪的挑战"研讨会》,2010年3月; Православная церковь и модернизация России: вызовы XXI века. 04.03.2010, http://www.liberal.ru/articles/4603。

政都加强和发展了这种清静无为、冷漠地对待教会以外生活的态度。当许多其他宗教和民族传统进行宗教规则现代化的时候，苏联政府只是加强了东正教信徒的这种情操。在19世纪末20世纪初，俄罗斯东正教明显有早期现代化的迹象和趋势，但所有这些萌芽都被"共产主义"所破坏。因此，苏联解体后俄罗斯人大多选择东正教，这种现象正是俄罗斯人逃避现实的基本社会反应，也是这种政治价值观发生作用的表现。最后，俄罗斯东正教的独裁梦想是其更为明显的现代化的障碍。它所提倡的国家主义、集体主义等有利于民族团结和国家稳定，但如果它以此为借口反对民主，成为政治民主发展的障碍，那样将会使俄罗斯进一步恶化，社会也将最终摒弃俄罗斯东正教。①

俄罗斯科学院高级研究员塔基亚娜·科瓦丽（Татьяна Коваль）、国家高等经济大学教授纳塔利娅·吉哈诺娃、"经济与伦理"专家委员会秘书长莎士金·帕维尔（Павел Шашкин）等，都认为东正教的经济伦理观念是阻碍其成为俄罗斯现代化推动力的主要原因。纳塔利娅·吉哈诺娃认为，东正教经济伦理对待劳动、财富和经商活动的消极态度，阻碍了东正教自身的现代化，也对俄罗斯经济现代化进程形成了阻力。

莎士金·帕维尔指出，东正教经济伦理的传统观念否定了经商的价值，把经商看作庸俗而无意义的"生产钱"的活动，这与现代社会的发展相矛盾，阻碍了东正教自身的发展。目前，东正教已经意识到了这个问题的危害性，引发了关于经济伦理对于俄罗斯现代化意义的讨论，并把东正教经济伦理观念的现代转换问

---

① ［俄］《"东正教与俄罗斯的现代化：21世纪的挑战"研讨会》，2010年3月；Православная церковь и модернизация России: вызовы XXI века. 04.03.2010, http://www.liberal.ru/articles/4603。

第二章 苏俄社会转型中的价值观变迁

题提上了日程。①

塔基亚娜·科瓦丽通过对东正教与新教、天主教进行比较，分析了东正教经济伦理的落后性。其一，东正教的主题集中在关于上帝的思想，而不关心实际的人的生活状况问题，它没有关于世俗的伦理。在东正教祈祷书的文本中，都是旨在提升灵魂，而找不到上帝和更高的权力帮助人们解决社会问题、改善公共关系、提高弱势群众福利等方面的表达。在满足信徒的具体需求方面，涉及改善穷人和劳动人民生活状况的问题，东正教仍然局限于一种私事的祈祷。与此相反，新教、天主教几个世纪以来一直专注于探讨社会和经济问题。新教和天主教的祈祷是很完满的，它们的社会道德反映在社会的总体范围中，对于安慰那些被疲劳和痛苦困扰的人，以及保护穷人和被边缘化的人的尊严起到了实际作用，并给正义以力量，给被压迫的世界以精神鼓舞。其二，东正教固有的末世论特点导致俄罗斯人向往俗世生活界限之外的超验价值，贬低和轻视俗世中劳动创造的价值。正如许多东正教神学家所指出的那样，末世论是东正教与天主教、新教相区别的最本质性的、最重要的特征，它并不只是构成神学的一部分，而是渗透到信仰的全部。它不像西方基督教，特别是新教那样通过重组自身的内部关系，以符合俗世的要求。东正教末世论使俄罗斯人民生活的主要目的在于获得永恒的生命，不与俗世的劳动紧密相连，也不与试图改善这个世界的理念与行动紧密相连，反而把经济、文化创造性的劳动以及改善社会关系的活动看作是追求至高价值的障碍。其三，修道的理想强烈地影响了俗人对待经济

---

① [俄]《"东正教伦理作为形成经济道德的源泉"研讨会》，2011年1月14—18日；Научный семинар на тему «Этика православия как источник формирования нравственной экономики», http://kpp-russia.ru/v-mirbis-proshel-nauchnyj-seminar-na-temu-etika-pravoslaviya-kak-istochnik-formirovaniya-nravstvennoj-ekonomiki/.

活动的态度。所有信徒都以修道的理想为导向，它影响的不仅仅是僧人。需要注意的是天主教总是很明确地区分修道的伦理和世俗的伦理。东正教修道理想更严重的后果是，肯定僧侣修道的价值追求，而贬损俗世价值，召唤俗人走僧侣的道路，这反过来又导致把贫穷和正义混为一谈，在世俗生活中这样的宗旨往往造成经济经营活动失去宗教的正当性。这极大地区别于新教的宗旨，贫穷不符合新教的宗旨，而财富则是上帝向信徒显示恩宠的征兆。最后，她还比较了东正教与新教、天主教对待知识的不同态度。长久以来，东正教信仰的真实形象是与"老木炭工人或老保姆"的信仰形象、"纯朴的心灵"连接在一起的，这个意向一直保存到今天，它明显地表现出纯粹教会风格，并有反对科学的倾向，似乎这样是为了保持东正教信仰的纯净。相比之下，天主教在第一世纪就已经确立了尊重科学的规则，不识字的人不能成为牧师。新教是同识字和掌握新技术紧密相连的宗教，显然这极大地促进了经济的发展。实际上，俄罗斯白银时代宗教思想的优秀成果可以构成东正教伦理研究社会经济问题的基础，但目前这些优秀成果尚未被人们所汲取。[①]

3. 如何理解东正教与俄罗斯现代国家的"交响乐"？

俄罗斯宪法虽明确规定俄联邦是政教分离的民主制国家，但东正教在苏联解体后的复兴与发展，似乎恢复了其"准国教"的地位。随着当代俄罗斯改革的深入推进，东正教伦理在政治领域的作用日益增强，当前俄罗斯的政教关系、东正教伦理与国家发展的问题变得尤为迫切和敏感。尤其是2009年基里尔（Кирилл）

---

① ［俄］《"东正教与俄罗斯的现代化：21世纪的挑战"研讨会》，2010年3月；Православная церковь и модернизация России: вызовы XXI века. 04.03.2010, http://www.liberal.ru/articles/4603。

第二章 苏俄社会转型中的价值观变迁

在就任莫斯科及全俄罗斯大牧首（东正教的宗主教）几天后，鲜明地提出了"国家与教会合奏交响乐"的论题，引起了俄罗斯学界的广泛热议。

俄罗斯教会的历史学家列夫·列科里索（Регельсон Лев）强烈批判了基里尔的"国家与教会合奏交响乐"的论题，认为这个命题是颠倒政教关系、带有帝国主义性质的反动思想，会给俄罗斯未来发展带来严重的后果和危险。首先，"国家与教会合奏交响乐"颠倒了政教关系，是对民主制的一种反动。"交响乐"的主题在现代俄罗斯起源于2000年的教会文件《俄罗斯东正教教会的社会学说》，这是一个具有转折性意义的文件。它与1927年都主教（东正教中重要城市的主教）谢尔盖（Сергей）宣布的"教会完全取决于国家"的宣言相对立。这个文件宣称，教会不仅不取决于国家，而且在国家面前具有精神的优先地位；教会是被上帝直接创建的，国家的活动属于教会进行道德评价的范围。在文件中匆匆地评价了各种类型的政权，而对于民主一瞥而过，非常冷淡、简短；对于君主制明显表现出好感，非常热衷于谈论教会与国家合奏"交响乐"，甚至暗示，从宗教遗训的观点看，如果国家独自进行管理，人民将可能不听话。其次，基里尔的"国家与教会合奏交响乐"，具有帝国性质，是纯粹帝国式的主张，它是拜占庭式的国家与教会的完全融合与互动。当教会建立并宣传精神价值原则时，国家的作用就只体现在现实生活中，国家行政机关的角色就像一个实用的服务工具。的确，在拜占庭帝国，这被证实是当时富有成效的一项基本原则。但在今天新的历史背景下宣告这一帝国式的主张，可能会有完全不同的后果。基里尔一贯奉行这个帝国思想，它不仅要求宗教在国家中占主导地位，而且要求拥有占主导地位的对内"管辖权"。强烈暴露其帝国思想的概念是"俄罗斯教会的疆域",基里尔重提这个概念意味着,现在企图恢复对俄罗斯帝国时代所有领土的司法管辖权,因为在那个时代的东正教检察权曾伴随帝国的扩张蔓延到所有的领土上。实际上,俄罗斯政府应该坚决反对这一主张,因为国家不可能在有几个不同结构的"交响乐"中容忍其他部分放纵,"交响乐"只能有一个明确的主旋律。最后,"交响乐"这一命题会导致很严重的后果和危险。在我们这个时代,"国家与教会合奏交响乐"不仅是帝国性质的主题,而且具有强烈的乌托邦性和冒险性。当白俄罗斯的卢卡申科称"白俄罗斯——欧洲和俄罗斯之间的桥梁"时,牧首基里尔回应:"不,没有那样的一座桥,俄罗斯文明的边界是白俄罗斯与波兰的波罗的海。"如何理解这一切呢?当主教宣布巩固"俄罗斯世界",这是值得欢迎的,正常范围内的民族共同体的意识是替代民族主义和沙文主义的最好选择,但是,当它具有复仇主义、帝国主义的特征时,它将使俄罗斯国家命运变得危险。人们不能忘记,当时君士坦丁堡以"斯拉夫兄弟"的民族主义狂热为借口,使俄罗斯陷入了一场毫无意义的和灾难性的第一次世界大战中。①

在"交响乐"问题上,俄罗斯科学院高级研究员塔基亚娜·科瓦丽与列夫·列科里索相仿,也持批判态度。她认为,基里尔的"交响乐"理想,不符合历史事实,更不切合现代俄罗斯的社会现实条件。基里尔把世俗权力和神职比作身体和灵魂一样彼此相属,认为"交响乐"的理想形式只能被神圣东正教教堂和国家所完成,这是对拜占庭帝国理想的错误解释。她认为东正教神学

---

① [俄]《"东正教与俄罗斯的现代化:21 世纪的挑战"研讨会》,2010 年 3 月;Православная церковь и модернизация России: вызовы XXI века. 04.03.2010, http://www.liberal.ru/articles/4603。

家亚历山大·舒梅曼（Шмеман Алегсандр）对"交响乐"的解释才真正适合今天的俄罗斯。其主要思想是，"交响乐"的理想要求教会和世俗世界的关系非常微妙，但又要求二者有明显的区别。只有到最后当教会感觉到"王国不属于这个世界"时，教会将完成自己改造世界的使命。拜占庭帝国与教会合并本身不仅是"行政"上的，而且也是心理上的统一。因此，国家对教会来说是至高无上的、不容置疑的、不可侵犯的价值。塔基亚娜·科瓦丽还强调，经济现代化可以在各种不同的政治制度下实现，但是，对于当今俄罗斯的社会现实，国家的现代化只有在民主和法律的制度框架下，才会发展得更成功。

东正教基督徒学会会长格奥尔基·卡切特柯夫教授认为，东正教最高领袖谈论关于教会和国家的"交响乐"，就应该承认现在的东正教是由国家法规设立的宗教，东正教本身的复兴与发展也是俄罗斯社会政治和经济领域变革的结果，前东正教牧首阿列克谢二世（Алексий II）在承认这些关系的前提下，完成了东正教复兴的使命。但在他的思想中体现出自我矛盾：一方面，他真诚地相信，现在俄罗斯的东正教应该是以国家为主导形式；但另一方面，他还认为，在政教关系方面，为了没有杂音，应该是采用最传统的"交响乐"模式。现任牧首基里尔看到了这种矛盾，强硬地提出返回古典的"交响乐"形式。格奥尔基·卡切特柯夫进一步指出，"交响乐"不是解决现有问题的唯一方式，东正教的历史已发生了变化，牧首基里尔现在谈论最传统形式的"交响乐"，危险和矛盾是显而易见的，东正教必须引进现代意识。

综上，在社会价值观方面，东正教的精神特质与现代文明之间存在很多矛盾，俄罗斯的现代化进程同东正教的群体意识、出世禁欲主义、精神第一性、劳动伦理等观念发生碰撞。在经济伦理方面，新教、天主教的现代化都取得了一系列成果，与之相比较，东正教的经济伦理相对落后：东正教的主题集中于关于上帝的思想、提升灵魂，而不关心实际的人的生活状况问题和世俗的伦理；东正教崇尚超脱世俗的苦行生活，不区分修道的伦理和世俗的伦理，贬损俗世价值，导致把贫穷和正义混为一谈，强烈地影响了俗人对待经济活动的态度；东正教与新教、天主教对待科学知识的态度不同，东正教信仰有反科学、反理性的神秘主义倾向。① 在政教关系方面，东正教的政治价值观，曾是阻碍俄罗斯向现代政治国家发展的制动器，当代东正教重提最传统形式的"国家与教会合奏交响乐"，使俄罗斯的政教关系问题变得更加敏感，与俄罗斯的现代国家理念相冲突，不切合俄罗斯社会转型的现实需要。② 这些价值观方面的主张和态度，阻碍了东正教自身的现代化，同时也对俄罗斯现代化进程形成了阻力。

（二）俄罗斯各派思维方式和观点很难达成共识

虽然 21 世纪以来，普京倡导以俄罗斯传统价值为根基重建主流社会价值观，得到了社会各界一定程度上的认可，但俄罗斯在价值观领域仍是多元化的现状。由于思维方式不一致和观点很难达成共识，俄罗斯各派在相互反对的声音中自我言说，使重建主流社会价值观陷入了意见纷争的新困境。

俄罗斯社会思潮与社会转型密切互动，对俄罗斯重建社会主流价值观提出了不同见解。从各社会思潮演进的动态上看，自 20

---

① 郭丽双：《东正教伦理与俄罗斯的现代化进程研究述评》，《哲学动态》2011 年第 12 期。

② 郭丽双：《俄罗斯主流社会价值观的重建及其困境》，《马克思主义与现实》2015 年第 1 期。

第二章　苏俄社会转型中的价值观变迁

世纪末俄罗斯急剧的社会转型以来，俄罗斯社会思潮经历了从右翼自由主义，到左翼新马克思主义和民族主义、新保守主义、新东正教意识复兴，在追寻传统与现代结合的脉络上，逐渐筛去了自身中极端与落后的成分，走向中派立场；21世纪以来以杜金为代表的新欧亚主义思潮最为活跃，在俄罗斯试图融入欧洲受挫后，导致社会各界将"强国梦"的热望寄托于新欧亚主义，但在乌克兰危机中体现了新欧亚主义表现出激进扩张的危险倾向，引起了各界的批判反思。[①] 本书对此已做了重点分析研究。那么问题是，今后新欧亚主义思潮的政治实践是否继续对俄罗斯政治高层产生直接影响？它将引领俄罗斯向何处去？是战争还是和平？将决定俄罗斯与东欧、中亚地区的政治安全局势，这是我们应当持续跟踪研究和批判分析的重点。

俄罗斯向何处去？各思潮在自己运思的理路上为俄罗斯设计了不同路径。

新马克思主义思潮无论是传统派主张回到苏联时期，俄共主张"革新"的社会主义，还是"新社会主义者"提出在吸取"现实社会主义"、瑞典、中国和其他社会主义模式经验基础上走"第三条道路"等，都只能对俄罗斯主流的资本主义政治模式起到了一定的批判和牵制作用，短期内不会成为俄罗斯国家政治道路选择的方案。[②] 21世纪以来俄罗斯人的政治表现是，宁可忍受经济低迷、国力下降等不利因素，也不愿再回到苏联时期，苏联模式弊端的阴影至今挥之不去。

新自由主义思潮主张在吸纳西方文明的基础上，复归俄罗斯

[①] 郭丽双：《俄罗斯新欧亚主义的理论建构及其政治实践》，《当代世界与社会主义》2017年第4期。

[②] 李兴耕：《苏联解体以来的俄罗斯社会主义》，《科学社会主义》2006年第4期。

传统的自由主义，但是仍被指责为亲美派、亲西方派，要求其对俄罗斯初期自由主义改革的失败负责和反省。虽然本书重点研究的"新自由主义思潮"不是苏联解体后叶利钦等人直接从西方移植过来的"西方新自由主义"，而是在休克疗法失败后，俄罗斯在综合自身历史上的传统自由主义与现代西方自由主义基础上，生发出来的俄罗斯自己的新自由主义思潮。二者在本质上都是自由主义的路线，俄国化了的新自由主义思潮力图在秩序与稳定的前提下为俄罗斯探寻民主和自由的发展道路。虽然它不同于俄罗斯初期西方激进自由主义，但是那场失败试验的阴霾尚未散尽，大部分俄罗斯民众不信任新自由主义反对派，不希望看到它执政，而只是希望它牵制政府，保障俄罗斯能够进行民主选举，为俄罗斯社会注入一些不同于主流政治的自由意识。另一方面，俄罗斯专制制度、国家主义传统根深蒂固，与自由主义强调个人主义、权利平等和民主的基本原则相违背，观念的改变非一朝一夕。

为了回应俄罗斯社会转型对新价值观的呼唤，新东正教意识思潮主张通过自身的现代化（世俗化），成为俄罗斯现代化的精神动力。经过30年的复兴与发展，东正教不仅填补了意识形态真空，被视为是俄罗斯民族精神最重要的标志，而且已成为俄联邦重构的重要社会资源、政治力量和外交载体。如何实现东正教的现代化，不仅是学术界争论的话题，也是东正教伦理自身面临的新课题。东正教伦理正在不断走向开放，正试图实现自身的现代化，这对保守的东正教而言是一个很大的进步。不同的基督教信仰中发展起来的基督教伦理学，它们都有各自的优缺点，现代西方宗教的主导模式是新教禁欲主义中的世俗主义，其中的经济利己主义导致了物对人的统治，导致了现代人的精神本质苍白无力等严重后果，而在保护人的心灵自由和精神创造性方面，东正教

第二章 苏俄社会转型中的价值观变迁

伦理比新教和天主教更具有优越性。因此,东西方基督教应该在交流中相互学习,西方可以用东正教的灵感补充自己精神世界的枯燥,而东正教在解决日常实际问题方面应该向西方学习。社会各界及教会内部充满着不同的意见和论争,当代俄罗斯的学界、政界、宗教界都在密切关注东正教自身的现代化,某些思潮主张将东正教作为传统价值观因素融入自己的观念中,有些则主张将其作为落后的文化价值,加以批判和抛弃。在当下政教分离的时代,俄罗斯若要克服价值观方面的各种阻力,完成自身的现代化并非易事,只能与当代俄罗斯其他社会思潮或哲学联合才有可能。因此,从目前的状况看,新东正教意识思潮在俄罗斯不可能单独作为一种政治力量和社会价值观,它更可能作为俄罗斯精神的特质与其他社会思潮合力成为左右俄罗斯政治的力量。尤其是新保守主义思潮和新欧亚主义思潮,都把东正教作为自己立论的基点和俄罗斯文明的象征。

新欧亚主义思潮旗帜鲜明地提出了反抗西化道路、反抗国家旧秩序,在欧亚文明论的基础上重塑俄罗斯文明定位和发展道路的主张。它继承和发展了古典欧亚主义深厚的哲学建构和政治关怀的基因,以地缘政治学作为世界观、文明观的必要前提,以欧亚文明论恰当地回答了俄罗斯千百年来对国家身份认同的追问。它在逻辑上令人信服地理顺了长期困扰俄罗斯的政治与文化、国家与民族等复杂问题,旗帜鲜明地反抗西化道路,反抗美国主导的单极世界及其自由主义意识形态,提出重塑俄罗斯文明定位与国家发展定位的价值基础,重塑新俄罗斯文化共同体和国际政治新秩序的目标。这些主张具有正当合理性和正确的文明论依据,被视为俄罗斯反抗国际旧秩序,维护自身文明特色和发展道路的呐喊。将俄罗斯视作一种独立于东西方的文明样态,从学理上确证俄罗斯必定能走出独特的发展道路,这是当代俄罗斯社会所急需的国家身份认同基础和国家发展战略的理论奠基。它不仅仅为俄罗斯提供了现代化的精神动力,而且还为俄罗斯现行的总统体制提供了学理基础和世俗心理基础,为振兴俄罗斯提出了明确的战略目标和实践方案。但新欧亚主义以文明断层线为依据,具有复活俄罗斯帝国主义、走向俄罗斯法西斯主义、走向激进的倾向。

新保守主义思潮则主张温和的民族主义,对俄罗斯的所有历史时期采取认同态度,并汲取所有思潮主张中的有利因素,依托传统价值观,唤醒俄罗斯的自我意识、久远的价值体系和社会心理特征,重塑俄罗斯文明和俄罗斯国家价值观。该思潮的主张在当代俄罗斯优势明显,它不仅比较接近当下俄罗斯社会心理预期和价值认同,而且该思潮政治实践的主要载体统一俄罗斯党,自21世纪以来在俄罗斯一直是执政党。新保守主义思潮作为俄罗斯执政党的思想纲领不会改变,但俄乌冲突前后它在思想领域的主导优势逐渐变弱,而新欧亚主义更加凸显。

极端民族主义的成员主要是城市里新一代的中产阶级,他们紧紧把握着新的信息网,虽然在正式的知识领域中不具代表性,但在博客和社会意识中却有很大影响力。他们的口号是"俄罗斯是俄罗斯人的",他们不仅敌对西方,而且敌对全世界。俄罗斯科学院研究员弗拉基米尔·别图霍夫和列昂季·贝佐夫在2011年所做的关于俄罗斯青年思想社会调查的研究表明,俄罗斯极端民族主义思想正在青年中发展,他们以俄罗斯族绝对优秀论自居,仇视和迫害其他民族。由极端民族主义者组成"光头党"对其他族裔的迫害,对社会的危害极大。[①] 在莫斯科大学发生的刺伤中国留学生案件、地

[①] 郭丽双:《俄罗斯主流社会价值观的重建及其困境》,《马克思主义与现实》2015年第1期。

铁站发生的日本留学生被推入地铁轨道案件、俄罗斯一系列地铁爆炸案等恐怖袭击,其中多次与极端的激进民族组织有关。这股势力成为俄罗斯乃至全世界的不安定因素。激进而极端的民族主义情绪可能引发种族歧视与冲突,这令俄罗斯各界担忧。①

综上,当前各派的思维方式和话语体系都不统一,很难达成共识,这是重建俄罗斯主流社会价值观的难点之一。因此,当前俄罗斯急切需要一种民族意识,需要人们改变自身并与国家建立一种精神上的关系,清除头脑中的"混沌状态",把不同派别中共同的利益和价值观凝聚起来达成共识,才能推进俄罗斯主流社会价值观的重建。② 在这个意义上,本书认为东正教与新保守主义、新欧亚主义的联合将是未来承担这一使命的方向性选择。

(三)俄罗斯身份认同的历史性纠结与现代困惑

身份认同是现代西方文化研究中的一个重要概念,它表达的是主体对自身归属感的认知和描述,它既是一种价值来源,又创造团结的形式。国家身份认同是各种身份认同的最高形式,它由民族的归属性、语言和宗教的文化性、意识形态的政治性、生产方式的经济性、生活方式的社会性等多方面因素所决定。它是一国国民对自己国家的归属认知和感情依附,是一种重要的国民意识,是族群认同和文化认同的升华,也是国家合法性的主要来源,并为国家的稳定与发展提供必要的地域、社会、文化及心理基础。③

---

① 郭丽双:《俄罗斯主流社会价值观的重建及其困境》,《马克思主义与现实》2015年第1期。

② 郭丽双:《俄罗斯主流社会价值观的重建及其困境》,《马克思主义与现实》2015年第1期。

③ 郭丽双、付畅一:《消解与重塑:超国家主义、文化共同体、民族身份认同对国家身份认同的挑战》,《国外社会科学》2016年第4期。

1. 全球范围内国家身份认同危机的根源

近些年来，国家身份认同危机成为这个时代争论的主题之一。在学理层面，众多学科如社会学、心理学、政治学、伦理学等都从各自的视角纷纷探讨国家身份认同问题，提出了一系列不同的观点；在实践层面，"几乎每个地方的人们都在询问、重新考虑和重新界定他们自己有何共性以及他们与别人的区别何在：我们是什么人？我们属于什么？"[①] 苏联解体后，各个独立共和国都在重新塑造自己的国家身份认同，统一后的德国也在努力构建一种共同的国家身份特性。即使政治秩序相对稳定的国家也在寻找和追问本国的身份认同，例如，日本纠结于自身地理位置、历史的东方化与民主制度、现代生活方式西方化之间的矛盾，加拿大、巴西、丹麦也都面临着各自国家身份特性的危机，就连曾经非常自信有共同文化和共同信念的美国也在追问，美国的国家身份特性是什么？冷战结束后美国失去了对立面它将成为一个什么样的国家？国家的合法性正面临着全球性国家身份认同危机的挑战。为何原本不应该构成太大困难的国家身份认同问题，现在却成为各界争论的焦点？又为何会出现全球性的国家身份认同危机？[②]

本书认为当代国家身份认同危机的根源及其实质在于以下三方面：全球化超越国家和民族界限，在加强各国紧密联系的同时，促使各国国民逐渐产生区域性或世界性的超国家主义意识，它消解了国家的部分功能和权威；文化共同体的分化与重塑，引起全球政治生态沿着文化间的断层线被重构，加剧了不同文明的反思性自我意识，使国家身份认同问题更加凸显；有些民族身份

---

① ［美］塞缪尔·亨廷顿：《我们是谁：美国国家特性面临的挑战》，程克雄译，新华出版社2005年版，第11、12页。

② 郭丽双、付畅一：《消解与重塑：超国家主义、文化共同体、民族身份认同对国家身份认同的挑战》，《国外社会科学》2016年第4期。

第二章　苏俄社会转型中的价值观变迁

认同的加强直接弱化了国家身份认同，特别是处于社会转型期的多民族国家，规划性认同和抗拒性认同对国家身份认同的合法性提出挑战。本书进一步分析了如何避免因国家身份认同危机而引起国家或地区间的摩擦和冲突，在此基础上得出结论认为，以平等的沟通与对话消除"认异"心态，以尊重各种文化的独特性来正视文明冲突，以尊重民族特性来使民族身份认同的政治性与文化性相统一，避免因国家身份认同危机而引起冲突。[①]

2. 俄罗斯国家身份认同的历史性纠结

俄罗斯作为拥有一百多个少数民族的国家，它在世界文明归属性上是比较特殊的国家，尤其在当今全球化时代，其民族身份认同、文化身份认同、国家身份认同、区域身份认同发生了错综复杂的矛盾。"我们是谁？我们信仰什么？我们要往哪里去？"这个俄罗斯人千百年来追问的主题，为何近几年又成为俄罗斯社会各界热议的问题呢？随着俄罗斯现代化进程的推进，进入急剧转型期的俄罗斯陷入了身份认同危机。社会转型期最需要"身份认同"，从心理学角度讲，"认同"是人的最后一道自我防线。怎样在多元文化和价值观的冲击下构建具有整合力的价值观念？怎样突破俄罗斯身份认同的历史性纠结与现代困惑？这是俄罗斯目前遇到的难题。

为什么一个国家，一个民族的认同问题会产生这么大的争议呢？这既有俄罗斯国家身份认同的历史原因，也有现时代的困惑。自俄罗斯文明产生以来，俄罗斯文明的历史定位没有形成共识，俄罗斯是属于欧洲还是亚洲？是否存在着一种独立的俄罗斯文明？这些问题至今都没有定论，产生了俄罗斯身份认同的历史性纠结。

---

① 郭丽双、付畅一：《消解与重塑：超国家主义、文化共同体、民族身份认同对国家身份认同的挑战》，《国外社会科学》2016年第4期。

从俄罗斯文明形成的要素看，它受斯拉夫民族性、东正教信仰、蒙古入侵和彼得一世西化改革的影响，但这四种不同种类文明的要素相互牵制，却始终没有化合成有机整体。这造成了俄罗斯的社会政治和精神文化发展具有多元性和跳跃性的特点，缺乏一贯的稳定性和连续性，从而制造出复杂矛盾的俄罗斯文明形象，俄罗斯归属于东方文明，还是归属于西方文明始终是一个极具争论性的问题。① 对此，古典欧亚主义采取第三条道路的思维方式，提出了欧亚文明论解决这一俄罗斯的"斯芬克斯之谜"，新欧亚主义也继承和发展了这一主张，但却遭受到其他派别的批判。本书认为这一派别对此问题的回答将是未来的主流方向。

从地域和种族起源方面看，俄国是东斯拉夫民族，虽然同拉丁语系和日耳曼语系国家接壤，却不能归属于天主教或新教的欧洲文明，因为经典的欧洲文化起源于南部古希腊罗马文化和北方日耳曼文化，并经由基督教而融合一体。② 因而，俄国文化是否属于西方文化仍是一个疑问。这导致了俄国文化处于无根状态和身份认同的历史性纠结，也造就了俄国知识分子忧患意识、忧郁气质和焦虑心态："我们是谁？我们信仰什么？我们要往哪里去？"他们不断寻求民族性归属和精神气质。

当前俄罗斯进入急剧的转型期，非常需要"身份认同"和社会互信，使本来历史上就已经很复杂纠结的俄罗斯身份认同问题，变得更加扑朔迷离，也使重建俄罗斯主流社会价值观面临新的挑战。

3. 俄罗斯国家身份认同的现代困惑

除俄罗斯身份认同的历史性纠结以外，当前俄罗斯身份认同

---

① 郭丽双:《俄罗斯主流社会价值观的重建及其困境》，《马克思主义与现实》2015年第1期。

② 林精华:《民族性、民族国家与民族认同——关于俄罗斯文明史问题的研究》，《社会科学战线》2003年第6期。

第二章　苏俄社会转型中的价值观变迁

危机面临着一系列的现实困惑。（1）它与苏联74年所建立的身份认同随苏联解体而消亡直接相关，苏联的社会主义核心价值观为苏联各族人民曾经创造了自己的国家身份认同，提供了建设自己国家的精神动力。但随着苏联社会主义核心价值观丧失主导地位，内在于其中国家身份认同也随之消亡。（2）它是"斯拉夫文化优越论"遭遇残酷现实打击的应激性反映，源于俄罗斯传统的大国沙文主义和"第三罗马"帝国的观念，在国家的自我认知和国际定位上，认为自己肩负着拯救全世界的使命，俄罗斯是强大的国家，一直打心底里不愿承认自己是亚洲国家，向来以欧洲国家自居，但西欧却不承认它是欧洲国家，也不欢迎它加入欧盟。残酷的现实又让俄罗斯人陷入了身份认同的困境，总统普京的转变就是一个实例，第一个任期他很坚定地确信："俄国是个欧洲国家，我们信奉的是基督教。"从第二个任期起开始实用地倡导"欧亚主义"："实际上这才是俄罗斯的本质——俄罗斯历来就是欧亚的桥梁。"①（3）从当前俄罗斯的地缘政治上看，俄罗斯属于东西方结合部地带，虽然国家的大部分土地在亚洲部分，但在精神归属和文明归属上，俄罗斯却一厢情愿地希望把自己归为欧洲国家，帝国时期就曾多次唯法国和德国马首是瞻，但是一直以来，欧洲都不承认俄罗斯是欧洲国家，认为它是野蛮、落后东方的一部分；虽然大部分领土在亚洲，但是俄罗斯既不愿把自己定位成亚洲国家，又不愿让亚洲这部分独立出去，这不仅容易导致意识形态上的分裂，更会产生身份认同的纠结。②（4）民族认同与国家认同的错位。苏联解体后，俄罗斯出现了民族认同的离散

---

① 郭丽双：《俄罗斯主流社会价值观的重建及其困境》，《马克思主义与现实》2015年第1期。
② 郭丽双：《俄罗斯主流社会价值观的重建及其困境》，《马克思主义与现实》2015年第1期。

与民族主义的高涨。苏联时期,政府有意识地推进各民族之间的交流与融合,力图铸造出跨越民族界限的统一的人民共同体——苏联人民,但是这一国家认同在苏联人民心中刚刚形成,还未达到根深蒂固的程度,就随着苏联的解体而被打乱。苏联解体后俄罗斯初期改革的失败,致使思想文化在新旧交替中表现出极度的复杂性和多变性,民族认同与国家认同发生分裂,民族认同的文化性高于其政治性,分离出去的各个加盟共和国试图通过民族共同体和文化共同体的重塑,确立新的国家身份认同。苏联人民的国家身份认同被民族共同体和文化共同体的重塑所消解。俄罗斯科学院调查数据表明,俄罗斯民族认同总是略高于国家公民认同,2007年的数据显示,认同自己是俄罗斯公民的为85%,而认同自己是本民族一员的为92%。①

在新的政治经济体制确立之时,民族身份认同是国家政治体制背后的建构性力量,而当前俄罗斯社会的民族认同仍高于国家认同,人们自觉地在民族的集体意识中重新构筑其生活的精神基础,而不愿认可民主和市场价值等抽象的国家意识形态,这使俄罗斯重建主流社会价值观陷入新的困境。克里米亚事件就是民族认同的力量超越国家的边界,民族认同、国家认同不一致的典型例证。②

(四) 俄罗斯青年人价值观倾向于个人主义

随着俄罗斯现代化进程的推进,新一代俄罗斯青年在苏联解体后受西方文化冲击的社会转型时期成长起来,他们受苏联解体

---

① 数据来源于2009年11月19日俄罗斯科学院社会学研究所E.达尼洛娃博士在上海社会科学院所作的《俄罗斯的国民认同问题》报告。

② 郭丽双:《俄罗斯主流社会价值观的重建及其困境》,《马克思主义与现实》2015年第1期。

第二章 苏俄社会转型中的价值观变迁

的一系列负面因素影响较大,在人生追求、道德观念等价值取舍的坐标上,表现出现实化的倾向。许多青年人从个人利益出发,专注于当下的现实利益,不追求高远的理想与信仰,对祖国的命运漠不关心。

过去苏联时期国家主义框架下的人生价值评价标准,受到年轻人的质疑和否定,代之而起的则是多元价值评价体系,不像苏联的青年那样学习本领为国家作贡献,现在的俄罗斯年轻人比从前更看重学历,因为学历可以决定自己的工作性质和未来的生活水平;同时俄罗斯赴海外求学的留学生毕业后有70%不愿回俄罗斯工作。随着俄罗斯市场经济和民主政治进程的推进,当代的俄罗斯青年,在职业选择方面的价值观,与他们的父辈相比也发生了巨大的变化。苏联时期,毕业生会优先选择去艰苦的地方为祖国建设作贡献,这被作为最高的道德追求和纯洁的理想。而当前许多俄罗斯年轻人,择业的出发点更加务实,侧重个人发展和物质利益的获得。大部分俄罗斯青年不认可俄罗斯传统意识中的国家观念和集体主义,不想借助国家和集体的帮助改善自己的状况,而是希望通过自身的努力谋划个人的经济利益和未来发展,因而他们认为入伍保卫国家是追求个人利益的障碍。[①] 另外,俄罗斯一些青年中的极端民族主义者,则具有复活纳粹主义的倾向,认为俄罗斯民族是最优等的民族,应该实现对其他民族的统治,对当今俄罗斯民族在国家中和在世界中的地位极其不满,所以痛恨其他民族和国家,进而对后者采取极端的排斥和迫害方式。尤其是敌视和迫害亚洲民族,这对在俄罗斯留学和工作的亚洲人构成了人身安全的威胁,这一问题至今仍

---

① 郭丽双:《俄罗斯主流社会价值观的重建及其困境》,《马克思主义与现实》2015年第1期。

未得到进一步的解决。这也是国际社会将俄罗斯评定为危险国家的原因之一。

青年是国家发展的未来,他们陆续走向社会将逐渐成为推动俄罗斯现代化进程的主力军,但是当前俄罗斯青年的价值观状况着实令俄罗斯社会各界担忧,年轻一代思想状况给俄罗斯国家与民族造成了巨大的潜在威胁。21世纪以来,俄罗斯政府以传统价值观为根基积极构建的主流社会价值观,如何统领和引导走向个人主义极端的青年价值观?这是当前俄罗斯重建主流社会价值观面临的又一大难题。①

30年来俄罗斯在多元化价值观相互反对的争辩声中走过,无法为国民提供价值观支撑和精神动力。普京确立了俄罗斯构建主流社会价值观的基本构架,这种积极的努力仍在继续,它能否顺利走出社会急剧转型引发的新困境,我们将拭目以待。②

苏联解体后,俄罗斯社会虽然在寻找新的精神动力,建构新的价值观体系,但传统价值仍然是俄罗斯的根基,俄罗斯的发展离不开这个根基。尽管俄罗斯否定社会主义而选择了资本主义发展道路,但不可否认的是,在社会主义价值观中包含着许多传统价值的因素,它并没有随着苏联的解体而消亡,而是在当代俄罗斯社会中发挥着重要的作用,与俄罗斯传统文化一道顽强抵抗着西方自由主义价值观的侵入。西方自由主义价值观对俄罗斯的影响在1989—1992年达到高潮,随着初期改革的失败呈现消退态势,但并没有销声匿迹,尤其在青年中的影响很大。没有找到自己文化价值的立足点,是俄罗斯初期实行西化改革失败的重要原

---

① 郭丽双:《俄罗斯主流社会价值观的重建及其困境》,《马克思主义与现实》2015年第1期。

② 郭丽双:《俄罗斯主流社会价值观的重建及其困境》,《马克思主义与现实》2015年第1期。

第二章 苏俄社会转型中的价值观变迁

因之一。因为移植来的、脱离本土的西方价值观不能快速在俄罗斯生根发芽，不能成为新制度的文化和价值基础，不可避免地把改革引向歧途。

目前，"俄罗斯新思想"已经成为各个不同政治派别的意识形态基础、全社会的精神支柱。随着俄罗斯经济社会的发展，俄罗斯主流价值观的重建仍在进行中，建构既依托传统又富现代气息，同时又能展示俄罗斯民族独特风貌的主流社会价值观，仍是当前俄罗斯的重要任务。虽然普京确立的主流社会价值观还不是一套成熟的价值观理论体系，但是官方这种积极的探讨及实际建构中的努力，填补了苏联解体以来的价值真空，在其践行中取得了显著成效，推动了国家各领域的良性互动，这不仅缓解了意识形态领域中的纷争，更促进了社会稳定团结，还为国家的经济复苏提供了强大的精神支持，对勾勒未来社会发展蓝图提供富有说服力的价值引导。

第三章 俄罗斯传统价值现代转型的哲学转向

苏联解体后,由于急剧的社会转型,俄罗斯社会的价值观念也发生了猛烈的碰撞与冲突。30多年来,俄罗斯传统价值观在与社会转型的互动中,表现为不同哲学流派的转向,它们在不同哲学路向上按照自己的运思理路,探索着如何实现俄罗斯传统价值观的现代转型。本书将廓清当代俄罗斯东正教哲学、马克思主义哲学、自由主义哲学、欧亚主义哲学、保守主义哲学对俄罗斯传统价值观的回归与重塑所做出的探索,概括其基本主张、代表人物,分析其理论对俄罗斯传统价值观现代转型的影响,以及它们对俄罗斯社会认同、社会价值观、政治决策、国家"定位"、文明归属、普京执政理念的影响,展现其对于俄罗斯道路的探索在传统与现代、东方与西方之间的多重可能性。

第一节 东正教哲学的现代化

苏联解体后,俄罗斯人在信仰迷失中寻找新的精神力量,人们对建立在政治认同基础之上的苏联社会主义核心价值观丧失信心后,随即对建立在文化认同和民族认同基础上的东正教

第三章 俄罗斯传统价值现代转型的哲学转向

倍感亲切。作为传统价值观之灵魂的东正教伦理迅速复兴与发展，已成为超越宗教界域的重要力量，[①]担当起了拯救俄罗斯道德沦丧状况的重任，对俄罗斯的现代化进程产生着复杂而深远的影响。[②]然而，当前东正教伦理与现代观念不可避免地产生了冲突与碰撞，新的历史形势对东正教的发展提出了严峻的挑战。[③]

俄罗斯的现代化进程对东正教提出了现代化的要求。东正教伦理的现代化主要体现在东正教伦理与社会价值观、经济发展、国家政治等方面。

一 东正教的复兴与新东正教意识思潮

苏联后期东正教逐渐复兴的标志是1967年长篇小说《大师与玛格丽特》的发表。

随后，东正教逐渐由宗教文化领域走向政治领域。到20世纪80年代中期戈尔巴乔夫上台后，奉行鼓励东正教发展的政策，1986年3月苏共二十七大宣布国家将致力于改善同教会的关系，宗教政策更加放宽。[④]

1988年是基辅罗斯把东正教定为国教一千周年的年份，在苏共领导的支持下，苏联东正教会举行了隆重的庆祝活动。1990年10月苏联颁布《信仰自由与宗教组织法》和《宗教自由法》，这

---

① 郭丽双：《俄罗斯传统价值观的现代转型》，《第22次韩中伦理学国际学术大会论文集》，2014年。
② 郭丽双：《东正教伦理与俄罗斯的现代化进程研究述评》，《哲学动态》2011年第12期。
③ 郭丽双：《东正教伦理与俄罗斯的现代化进程研究述评》，《哲学动态》2011年第12期。
④ 郭丽双：《多元化思潮对苏联社会主义核心价值观的解构及教训》，《当代世界与社会主义》2014年第6期。

是苏联建国以来颁布的最宽松的宗教法。① 东正教重新登上政治舞台后，积极参与社会政治生活。在东正教的复兴中，逐渐形成了新东正教意识思潮。该思潮作为保守主义思潮复兴的前提而出现。

东正教的复兴并不是简单的传统文化和民族认同的复兴，由于"十月革命"前俄国是政教合一的国家，东正教历来就有参政议政的传统，所以东正教的复兴极大地改变了苏联的政治生态环境，② 这为保守主义哲学的复兴奠定了思想基础。同时，东正教作为俄罗斯传统价值和精神世界的依托，被誉为"俄罗斯的灵魂"，它是俄罗斯保守主义思潮的主要理论依据和价值根基。苏联解体前后东正教复兴掀起了东正教热，这可视为保守主义思潮复兴与再造的宗教前奏。

二 当代俄罗斯东正教哲学现代化的探索

30多年来，俄罗斯东正教不仅实现了复兴，而且不断地发展壮大，通过与国外的东正教组织和其他基督教组织的交往，在国际宗教界也扩展了其影响力。目前，它已成为俄联邦重构社会秩序的重要社会资源、政治力量和精神动力，被视为俄罗斯民族精神最重要的标志。③ 但随着俄罗斯现代化进程的推进，关于俄罗斯传统价值的现代转型、东正教伦理如何与现代社会接轨的问题，成为俄罗斯整个社会密切关注的焦点。对于俄罗斯这个宗教色彩浓厚的国家，传统价值的现代转型主要体现在东正教伦理与俄罗斯现代化的互动关系中，俄罗斯各界强烈关注俄罗斯传统价

---

① 郭丽双：《多元化思潮对苏联社会主义核心价值观的解构及教训》，《当代世界与社会主义》2014年第6期。
② 郭丽双：《多元化思潮对苏联社会主义核心价值观的解构及教训》，《当代世界与社会主义》2014年第6期。
③ 郭丽双：《俄罗斯传统价值观的现代转型》，《第22次韩中伦理学国际学术大会论文集》，2014年。

第三章　俄罗斯传统价值现代转型的哲学转向

值的现代转型、东正教自身的现代化问题。①

俄罗斯东正教复兴与发展的代表人物主要有：莫斯科及全俄罗斯东正教大牧首基里尔（Кирилл）、"经济与伦理"专家委员会秘书长帕维尔·莎士金（Павел Шашкин）、国家高等经济大学经济制度和社会政策教研室主任纳塔利娅·吉哈诺娃（Наталья Тихонова）、东正教基督徒学会会长格奥尔基·卡切特柯夫（Георгий Кочетков）、《现代俄罗斯的宗教生活的百科全书》主编谢尔盖·费拉托夫（Сергей Филатов）。代表性文献有：《俄罗斯东正教教会的基本社会观念》（2000）、《东正教与俄罗斯的现代化：21世纪的挑战》会议论文集（2011）、《东正教伦理作为形成经济道德的源泉》会议论文集（2011）、《社会爱国主义——俄罗斯复兴的思想纲领》（2011）。②

目前争论的主要问题是，东正教如何在传统与现代化之间实现自身的现代化（世俗化）？如何分析东正教伦理与"资本主义精神"的内在冲突？东正教的现代化何以可能？其阻力来自何方？有的学者和宗教界人士，以共产主义和新教伦理为例，推论出东正教现代化的可能性，其具体内容包括东正教社会价值观、经济伦理、政治价值观向现代观念的转换；有的则担心东正教的现代化会使它失去自身宗教信仰的纯洁性和灵性之光。其中的核心问题体现在以下几方面。③

---

① 郭丽双：《东正教伦理与俄罗斯的现代化进程研究述评》，《哲学动态》2011年第12期；郭丽双：《俄罗斯传统价值观的现代转型》，《第22次韩中伦理学国际学术大会论文集》，2014年。

② 郭丽双：《东正教伦理与俄罗斯的现代化进程研究述评》，《哲学动态》2011年第12期；郭丽双：《俄罗斯传统价值观的现代转型》，《第22次韩中伦理学国际学术大会论文集》，2014年。

③ 郭丽双：《东正教伦理与俄罗斯的现代化进程研究述评》，《哲学动态》2011年第12期；郭丽双：《俄罗斯传统价值观的现代转型》，《第22次韩中伦理学国际学术大会论文集》，2014年。

（一）东正教伦理与"资本主义精神"

1. 苏联解体后俄罗斯的"韦伯热"

苏联解体后，俄罗斯学术界兴起一股重读马克斯·韦伯著作的热潮，韦伯的著述及思想重新为学者们所瞩目。因为俄罗斯再出发的资本主义并非人们所想象的西欧、北美的资本主义，市场经济似乎只是野蛮掠夺的、"黑社会式的资本主义"。这种单纯追求盈利的市场经济，让俄罗斯学者想起韦伯所归结的资本主义禁欲的职业伦理、企业家的精神，不禁对韦伯的学说发出疑问：为何今天俄罗斯重新开张的资本主义中，丝毫不见这种新教伦理和资本主义精神？[①]

俄罗斯学者、宗教界人士在这场"韦伯热"中，有些沿着马克斯·韦伯的思路呼唤"俄罗斯的新教伦理和资本主义精神"，有些则质疑马克斯·韦伯对俄罗斯东正教和资本主义发展的看法。[②]

马克斯·韦伯各种著作的俄文版在苏联解体后应运而生。其中《论俄国革命》倍受关注。马克斯·韦伯认为，俄国的东正教是具有极端国家主义品行的教派，[③] 这种特殊的伦理个性和文化价值，阻碍个人自由主义的发展。[④] 编译者在"导言"的最后，

[①] 孙传钊：《重温一个世纪前的革命——读马克斯·韦伯〈论俄国革命〉》，《中国图书评论》2011 年第 1 期。

[②] 郭丽双：《东正教伦理与俄罗斯的现代化进程研究述评》，《哲学动态》2011 年第 12 期；郭丽双：《俄罗斯传统价值观的现代转型》，《第 22 次韩中伦理学国际学术大会论文集》，2014 年。

[③] 郭丽双：《东正教伦理与俄罗斯的现代化进程研究述评》，《哲学动态》2011 年第 12 期；郭丽双：《俄罗斯传统价值观的现代转型》，《第 22 次韩中伦理学国际学术大会论文集》，2014 年。

[④] ［德］马克斯·韦伯：《论俄国革命》，潘建雷等译，上海三联书店 2010 年版，第 29 页；孙传钊：《重温一个世纪前的革命——读马克斯·韦伯〈论俄国革命〉》，《中国图书评论》2011 年第 1 期。

第三章　俄罗斯传统价值现代转型的哲学转向

呼唤俄罗斯产生类似新教伦理的文化条件。[①]

尤利·尼古拉耶维奇·达维多夫（Ю. Н. Давидов）探讨了苏联体制下官僚制与社会伦理之间的关系。他认为，马克斯·韦伯只谈到传统的家长制、官僚制和近代以后的合理官僚制，没有揭示苏联时期官僚制对俄国传统伦理的破坏，它突破了俄罗斯传统道德的底线，将圣经中地狱的恶搬到了现世，导致了俄罗斯社会的价值失序。[②]

《教会观点》杂志的主编 E. 哈尔马佳洛夫（Егор Холмогоров）尖锐地提出了"东正教伦理与资本主义精神"的论题，反对马克斯·韦伯把东正教伦理看成是阻碍俄罗斯走上现代化道路的制动器，[③] 坚决反对俄罗斯走欧美的现代化道路，认为东正教伦理是俄罗斯实现与西方不同现代化模式的动力。[④] 他指出，"俄罗斯不应该给自己提出现代化的任务，即超越西方并掌握'新时代的模式'"。[⑤]

苏联解体后俄罗斯的"韦伯热"绝不是单纯理论问题，它探寻的是，俄罗斯社会转型需要怎样的现实精神动力？俄罗斯现代化需要怎样的发展模式？东正教能否像新教和天主教那样，成为促进资本主义发展的原动力？[⑥]

[①] [德]马克斯·韦伯：《论俄国革命》，潘建雷等译，上海三联书店2010年版，第29页；孙传钊：《重温一个世纪前的革命——读马克斯·韦伯〈论俄国革命〉》，《中国图书评论》2011年第1期。

[②] 郭丽双：《俄罗斯传统价值观的现代转型》，《第22次韩中伦理学国际学术大会论文集》，2014年；郭丽双：《东正教伦理与俄罗斯的现代化进程研究述评》，《哲学动态》2011年第12期。

[③] 郭丽双：《东正教伦理与俄罗斯的现代化进程研究述评》，《哲学动态》2011年第12期。

[④] 郭丽双：《俄罗斯传统价值观的现代转型》，《第22次韩中伦理学国际学术大会论文集》，2014年。

[⑤] Егор Холмогоров: Православная этика и дух «социального капитализма», http://www.pravaya.ru/side/584/505；郭丽双：《东正教伦理与俄罗斯的现代化进程研究述评》，《哲学动态》2011年第12期。

[⑥] 郭丽双：《俄罗斯传统价值观的现代转型》，《第22次韩中伦理学国际学术大会论文集》，2014年；郭丽双：《东正教伦理与俄罗斯的现代化进程研究述评》，《哲学动态》2011年第12期。

2. 东正教伦理与"资本主义精神"的内在冲突

马克斯·韦伯成功地开启了宗教社会学研究，在《新教伦理与资本主义精神》一书中，他阐述了新教禁欲主义伦理观念与隐藏在资本主义发展背后的某种心理驱动力之间的关系。① 新教伦理作为在本质上已经世俗化的伦理观念，其劳动天职观念、职业成功意识、入世禁欲主义等，对现代资本主义的初期发展产生了巨大的推动作用。新教伦理以宗教的方式确认了正当追逐财富的合法性、劳资关系的合法性，把世俗的职业劳动当作一种义务，以工作上的成就确保受到"上帝的恩宠"，并将日常的欲望克制到最低限度。正是通过这种观念转换，把世俗的职业劳动当作尽天职的义务，使日常的世俗活动获得了宗教含义和伦理价值，为资本主义企业家提供了一种心理驱动力和道德能量，从而新教伦理成为现代理性资本主义兴起的精神动力。② 而东方宗教特别是东正教则阻碍了资本主义萌芽的发展，因为东正教价值观排斥西方的理性主义思维方式。③

透过马克斯·韦伯的论述，明晰了一个重要观点：新教伦理是现代理性资本主义兴起的精神动力。宗教伦理是导致东西方社会发展路径截然不同的根源，不同的文明形式各自独有的精神内核、价值观念对其经济社会发展具有重要的意义。④

---

① 郭丽双：《俄罗斯传统价值观的现代转型》，《第22次韩中伦理学国际学术大会论文集》，2014年；郭丽双：《东正教伦理与俄罗斯的现代化进程研究述评》，《哲学动态》2011年第12期。

② 郭丽双：《俄罗斯传统价值观的现代转型》，《第22次韩中伦理学国际学术大会论文集》，2014年；郭丽双：《东正教伦理与俄罗斯的现代化进程研究述评》，《哲学动态》2011年第12期。

③ 郭丽双：《俄罗斯传统价值观的现代转型》，《第22次韩中伦理学国际学术大会论文集》，2014年；郭丽双：《东正教伦理与俄罗斯的现代化进程研究述评》，《哲学动态》2011年第12期。

④ 郭丽双：《俄罗斯传统价值观的现代转型》，《第22次韩中伦理学国际学术大会论文集》，2014年；郭丽双：《东正教伦理与俄罗斯的现代化进程研究述评》，《哲学动态》2011年第12期。

第三章　俄罗斯传统价值现代转型的哲学转向

马克斯·韦伯提出的"资本主义精神"的实质是：以天职观念和严格的理性化计算为基础，把追求物质财富作为个人价值目标的工具理性思维方式。这与崇尚精神第一性、重视感性直觉的东正教伦理产生了内在冲突。①

东正教作为基督教的三大教派之一，属于韦伯口中没有西方特色的理性主义思维的宗教。在18世纪俄国资本主义萌芽时期，东正教伦理中的群体意识观念、出世禁欲主义观念和深厚的神秘主义色彩等，阻碍了俄国资本主义的发展。这就出现了本书所关心的问题——苏联解体后东正教伦理能否成为俄罗斯现代化的精神动力？

在俄罗斯的"韦伯热"中，存在一个严重的误读之处，人们忽略了"自发"现代化和"二次"现代化之间的差别。韦伯的新教伦理命题是回溯到资本主义自发形成的根源，而东正教伦理阻碍资本主义发展的命题则旨在证明俄国历史上，没有从本身内部产生出发展现代资本主义的动力。② 它没有涉及"二次"现代化国家经济发展的精神动力问题。日本和亚洲"四小龙"成功现代化以及中国迅速崛起的事实，都是外力介入与模仿"二次现代化经验"的成功例证。

至此，我们廓清了东正教伦理与"资本主义精神"的内在冲突这一命题，它只能说明在资本主义自发形成的过程中，东正教伦理曾阻碍过俄罗斯向现代资本主义发展，但并不意味着当前俄

---

① 郭丽双：《俄罗斯传统价值观的现代转型》，《第22次韩中伦理学国际学术大会论文集》，2014年；郭丽双：《东正教伦理与俄罗斯的现代化进程研究述评》，《哲学动态》2011年第12期。

② 郭丽双：《俄罗斯传统价值观的现代转型》，《第22次韩中伦理学国际学术大会论文集》，2014年；郭丽双：《东正教伦理与俄罗斯的现代化进程研究述评》，《哲学动态》2011年第12期。

罗斯在模仿"二次现代化经验"过程中，东正教伦理仍必定会起到阻碍作用。所以，无论从马克斯·韦伯的理论出发，还是以中、日、亚洲"四小龙"的成功为据，都可以推论出俄罗斯依靠本国的精神文化与市场经济相结合，走出一条有自身特色的现代化之路的可能性。①

在俄罗斯的"韦伯热"中，涉及的另一个关键性问题是，当前俄罗斯的现代化需要怎样的精神文化动力。当前，俄罗斯已经初步建立了资产阶级民主政治体制的框架和市场经济体制，但仍无法按照经典的方式正常运转，其原因就在于，俄罗斯采用拿来主义方式移植来的西方制度水土不服，缺乏相应的文化价值观念。② 因此，俄罗斯的现代化进程需要与其相适应的社会价值观念，为民主政治制度和市场经济体制营造出能保证其有效运行的文化环境。在俄罗斯的改革进程中，由于社会、政治、经济、文化等因素的综合作用，东正教正试图担当这一使命。③

（二）东正教伦理与社会价值观

随着苏联解体，国民信仰出现了危机，旧的社会理想失去了价值，而新的价值观尚未确立，大多数俄罗斯民众不仅不相信马克思主义，也不再相信西方的自由主义。经过切肤之痛的反思，他们选择了传统文化中的东正教作为自己的精神支柱，

---

① 郭丽双：《俄罗斯传统价值观的现代转型》，《第22次韩中伦理学国际学术大会论文集》，2014年；郭丽双：《东正教伦理与俄罗斯的现代化进程研究述评》，《哲学动态》2011年第12期。
② 王立新：《俄罗斯改革的中国意义》，《战略与管理》2003年第6期。
③ 郭丽双：《俄罗斯传统价值观的现代转型》，《第22次韩中伦理学国际学术大会论文集》，2014年；郭丽双：《东正教伦理与俄罗斯的现代化进程研究述评》，《哲学动态》2011年第12期。

第三章 俄罗斯传统价值现代转型的哲学转向

期望通过回归东正教价值观来拯救俄罗斯的道德秩序,东正教比以往更自觉地担负起拯救俄罗斯、拯救俄罗斯人道德状况的使命。①

东正教伦理所提倡的人道主义、爱国主义、精神第一性等俄罗斯传统文化的精神内核,对俄罗斯初期重建社会价值观发挥了不可替代的重要作用。在找寻俄罗斯现代化的精神动力的过程中,人们不禁发出疑问:为何在俄罗斯新出发的资本主义中,东正教伦理不能起到新教伦理的作用、不能促进民主政治和市场经济的发展呢?②

原因就在于东正教的精神特质与市场经济和现代文化发生了价值观方面的冲突。东正教伦理偏重心灵纯洁的遁世性、不区分僧俗道德而具有的非现实性、非理性的宗教审美主义理想、末世论的追求等精神特质,决定了它在价值观方面与西方基督教的不同。③ 与天主教和新教相比,它缺乏现实生活的实践性和世俗性,它更偏重俗世生活之外的超验的价值,反对理性化的思维方式,反对被西方奉为经典的自律伦理学。显然,东正教伦理的这些精神特质及其价值观与马克斯·韦伯所指出的"资本主义精神"的实质产生了强烈的内在冲突。④

---

① 郭丽双:《俄罗斯传统价值观的现代转型》,《第 22 次韩中伦理学国际学术大会论文集》,2014 年;郭丽双:《东正教伦理与俄罗斯的现代化进程研究述评》,《哲学动态》2011 年第 12 期。

② 郭丽双:《俄罗斯传统价值观的现代转型》,《第 22 次韩中伦理学国际学术大会论文集》,2014 年;郭丽双:《东正教伦理与俄罗斯的现代化进程研究述评》,《哲学动态》2011 年第 12 期。

③ 郭丽双:《俄罗斯传统价值观的现代转型》,《第 22 次韩中伦理学国际学术大会论文集》,2014 年;郭丽双:《东正教伦理与俄罗斯的现代化进程研究述评》,《哲学动态》2011 年第 12 期。

④ 郭丽双:《东正教伦理与俄罗斯的现代化进程研究述评》,《哲学动态》2011 年第 12 期;郭丽双:《俄罗斯传统价值观的现代转型》,《第 22 次韩中伦理学国际学术大会论文集》,2014 年。

回归与重塑：俄罗斯传统价值的现代命运

当前，俄罗斯各界强烈关注这一矛盾冲突，思考共同的问题：东正教伦理能否成为俄罗斯现代化的精神动力？东正教伦理将继续为人们提供什么样的价值观支撑？①

解决这一问题的思路是东正教价值观的世俗化。当前东正教精神回归俄罗斯，不是完全作为信仰，而更像是一种传统价值观的回归，人们更多的是把东正教视为一种生活方式、一种文化传统、一种本质性的民族认同。②作为意识形态因素，东正教填补了俄罗斯国民意识形态的真空，而且与政府和平共处，它对于加强俄罗斯中央权力、维护俄罗斯社会稳定和捍卫国家主权发挥了重要作用；作为一种信仰和道德因素，东正教超出了宗教领域，它把宗教的世俗文化教育转化成了对民众的道德教育，在重塑俄罗斯人的世界观、生活观、消除社会混乱、确立伦理道德观念等方面发挥了它特有的社会教育、社会教化功能；作为文化传承因素，东正教承载着俄罗斯传统文化的精神内核，它增强了俄罗斯民众的自我认同感，对于抵御西方大众文化对俄罗斯人精神文化的致命打击起到了重要的保护作用。这些足以显示当代俄罗斯东正教最突出的特点是：日渐明显的世俗化趋势。③

需要进一步思考的问题是：东正教的价值观怎样才能成为国家和全体人民的道德准则和精神支柱呢？本书认为，东正教价值观在世俗化过程中，应在保存东正教中有利于推动国家现代化的

---

① 郭丽双：《东正教伦理与俄罗斯的现代化进程研究述评》，《哲学动态》2011年第12期；郭丽双：《俄罗斯传统价值观的现代转型》，《第22次韩中伦理学国际学术大会论文集》，2014年。

② 郭丽双：《东正教伦理与俄罗斯的现代化进程研究述评》，《哲学动态》2011年第12期；郭丽双：《俄罗斯传统价值观的现代转型》，《第22次韩中伦理学国际学术大会论文集》，2014年。

③ 郭丽双：《东正教伦理与俄罗斯的现代化进程研究述评》，《哲学动态》2011年第12期；郭丽双：《俄罗斯传统价值观的现代转型》，《第22次韩中伦理学国际学术大会论文集》，2014年。

第三章　俄罗斯传统价值现代转型的哲学转向

传统价值观的基础上，汲取世界文明中有益的现代价值观念，大刀阔斧地对自身进行改革，构建内容多样、形式开放的世俗价值体系，同时也要从现代的视野加强发展自身信仰方面的宗教性和真理性，以自身独特的宗教伦理性和至高的精神价值抵御西方物化意识的侵袭，为俄罗斯实现不同于欧美模式的现代化提供精神动力支撑。①

首先，应保存东正教中的爱国主义、人道主义、精神第一性、凝聚精神、仁慈大度、英勇忠诚等传统价值观，使东正教继续发挥社会整合与道德教化等积极作用。这不仅有利于弘扬爱国主义传统、凝聚民族精神、规范民众道德，而且有利于将俄罗斯人的国民身份认同与俄罗斯现代化进程相统一，为俄罗斯的现代化进程提供精神道德支撑。② 俄罗斯人不习惯在心理上缺少政治神话，道德基础对于国家的意识形态是必不可少的，国家的现代化建设、社会经济改革应该以牢固的精神道德为支撑。③

其次，东正教应对自身进行大刀阔斧的改革，构建以东正教伦理为思想源泉，内容多样、形式开放的世俗价值体系，使教会的发展与时代脉搏同步。应吸收有益的现代价值观念，如保证民主政治有效运行的宽容、信任、合作、节制、调和、适度、平衡、认同等精神价值，保证市场经济有效运行的讲求效率、积极进取、惜时守信、勇于创新、自由平等、独立自主等精神价值，为

---

① 郭丽双：《东正教伦理与俄罗斯的现代化进程研究述评》，《哲学动态》2011年第12期；郭丽双：《俄罗斯传统价值观的现代转型》，《第22次韩中伦理学国际学术大会论文集》，2014年。

② 郭丽双：《东正教伦理与俄罗斯的现代化进程研究述评》，《哲学动态》2011年第12期；郭丽双：《俄罗斯传统价值观的现代转型》，《第22次韩中伦理学国际学术大会论文集》，2014年。

③ 郭丽双：《东正教伦理与俄罗斯的现代化进程研究述评》，《哲学动态》2011年第12期；郭丽双：《俄罗斯传统价值观的现代转型》，《第22次韩中伦理学国际学术大会论文集》，2014年。

俄罗斯的现代化提供精神动力支撑。①

最后，将俄罗斯东正教价值观与现代文化相结合的同时，必须看到，俄罗斯民族文化的独特性决定了其现代化模式和精神动力必将与西方不同。其一，俄罗斯东正教价值观的独特性在于其宗教伦理性，俄罗斯人热爱上帝和近人，惧怕罪孽和恶习，渴望善、圣洁和真理。在其伦理实践中，深层的、基本道德价值观具有恒定性。苏联时期的价值观和意识形态，实质上都与源于东正教伦理的俄罗斯传统道德相关，东正教伦理中的精神聚合性、信仰虔诚性、天堂观念等为苏联时期的爱国主义、个人主义崇拜、共产主义理想提供了传统价值理念的支撑。苏联时期的价值观和意识形态在某种意义上可以看作东正教伦理世俗化变体的一种尝试。其二，俄罗斯东正教价值观另一个独特性在于强调精神价值高于物的价值，反对理性化的思维方式对人的统治。②这种注重精神性追求的价值取向，对于抵御西方的物化意识，批判与超越西方现代性、拯救现代文明的理性主义危机都具有积极的世界意义。③

显然，在历史的新时期，绝大多数俄罗斯学者和宗教界人士都已经意识到，苏联式的马克思主义和西方的自由主义都无法拯救俄罗斯，只有以俄罗斯本民族的传统价值（东正教伦理）为基础的世俗价值体系，才能为俄罗斯提供现代化的精神动力

---

① 郭丽双：《东正教伦理与俄罗斯的现代化进程研究述评》，《哲学动态》2011年第12期；郭丽双：《俄罗斯传统价值观的现代转型》，《第22次韩中伦理学国际学术大会论文集》，2014年。

② 郭丽双：《东正教伦理与俄罗斯的现代化进程研究述评》，《哲学动态》2011年第12期；郭丽双：《俄罗斯传统价值观的现代转型》，《第22次韩中伦理学国际学术大会论文集》，2014年。

③ 郭丽双：《东正教伦理与俄罗斯的现代化进程研究述评》，《哲学动态》2011年第12期；郭丽双：《俄罗斯传统价值观的现代转型》，《第22次韩中伦理学国际学术大会论文集》，2014年。

支撑。① 如何调整自身的内部关系,从而既能积极推动俄罗斯经济社会的发展,又能保持自身独特的精神价值呢?他们在传统与现代、经济与文化的两难中求索,对这一问题的探讨虽然存在分歧,但总体上看,东正教伦理世俗化的倾向势不可当,其中不仅有对本民族精神文化价值的认同,而且有对俄罗斯现代化模式的思考。②

(三) 东正教伦理与经济发展

宗教的经济伦理在宗教价值的层面上与经济活动相关联,为经济的发展提供动力与价值尺度,对经济决策和经济行为起着导向性的作用。③ 在基督教的三大教派中,东正教是最崇尚古训不善于思变的宗教。在18世纪,东正教的一些伦理观念作为精神因素曾阻碍了俄国资本主义的发展。当前俄罗斯正处于大力发展市场经济的社会转型期,东正教伦理与俄罗斯的经济发展成为争论的焦点。主要的问题在于:东正教伦理与现代经济的冲突点和东正教经济伦理如何进行现代的观念转换。④

为何东正教经济伦理阻碍现代经济发展呢?在经济活动中,东正教伦理中的群体意识演化为极端国家主义倾向和墨守成规,它因

---

① 郭丽双:《东正教伦理与俄罗斯的现代化进程研究述评》,《哲学动态》2011年第12期;郭丽双:《俄罗斯传统价值观的现代转型》,《第22次韩中伦理学国际学术大会论文集》,2014年。

② 郭丽双:《东正教伦理与俄罗斯的现代化进程研究述评》,《哲学动态》2011年第12期;郭丽双:《俄罗斯传统价值观的现代转型》,《第22次韩中伦理学国际学术大会论文集》,2014年。

③ 郭丽双:《东正教伦理与俄罗斯的现代化进程研究述评》,《哲学动态》2011年第12期;郭丽双:《俄罗斯传统价值观的现代转型》,《第22次韩中伦理学国际学术大会论文集》,2014年。

④ 郭丽双:《东正教伦理与俄罗斯的现代化进程研究述评》,《哲学动态》2011年第12期;郭丽双:《俄罗斯传统价值观的现代转型》,《第22次韩中伦理学国际学术大会论文集》,2014年。

排斥个性而不利于个人首创精神的发挥；东正教伦理的出世禁欲主义观念，崇尚超脱世俗的苦行生活，排斥世俗功利主义行为和竞争意识，对推动生产力发展的经济改革活动持否定态度；俄国东正教信仰中还带有深厚的神秘主义色彩，它反对理性，排斥科学。正是由于这些特征，东正教伦理对俄国当时的资本主义经济发展很不适应，它不仅无法刺激资本主义的发展，反而起到一定的阻碍作用。[①] 东正教的这些伦理观念在当代俄罗斯仍被大多数民众所认同，无疑，这对当下俄罗斯经济的发展起到了抑制作用。

概括来讲，与新教、天主教相比，东正教经济伦理不利于经济发展的主要因素在于：其一，东正教伦理专注于修道的心灵追求，轻视了关于实际的人的问题，面对需要解决的问题时缺乏实践性和现实性。其二，东正教伦理不区分僧俗道德，所有的信徒都以修道的理想为导向，使得经济活动失去了宗教的正当理由，又导致把贫穷和正义混为一谈。其三，在对待科学知识的态度上，东正教伦理明显地表现出反对科学的倾向。[②]

在这种比较的视域下，我们更加透彻地看到了东正教伦理阻碍经济发展的原因和需要改革的方向，但也不能为此全盘否定东正教的经济伦理。在保护人的心灵自由和创造性方面，东正教伦理比新教和天主教更具有优越性。因此，在经济伦理方面，东西方基督教应该在交流中相互学习，西方可以用东正教的灵感补充自己精神世界的枯燥，而东正教在解决日常实际问题方面应该很

[①] 郭丽双：《东正教伦理与俄罗斯的现代化进程研究述评》，《哲学动态》2011 年第 12 期；郭丽双：《俄罗斯传统价值观的现代转型》，《第 22 次韩中伦理学国际学术大会论文集》，2014 年。

[②] 郭丽双：《东正教伦理与俄罗斯的现代化进程研究述评》，《哲学动态》2011 年第 12 期；郭丽双：《俄罗斯传统价值观的现代转型》，《第 22 次韩中伦理学国际学术大会论文集》，2014 年。

第三章 俄罗斯传统价值现代转型的哲学转向

好地向西方学习。①

以上我们明确了东正教伦理阻碍经济发展的原因和需要改革的方向，那么东正教经济伦理应如何进行现代的观念转换呢？就目前俄罗斯的经济伦理现状而言，必须积极讨论经商的职业性质、对待财富的态度等敏感问题，必须抛弃那些消极的传统观念，重新确立有利于经济发展的现代观念。②

（四）东正教伦理与国家政治

随着俄罗斯改革的深入推进，东正教在国家政治领域的作用也日益增强。在俄罗斯，对政教关系、东正教伦理与国家发展等问题的讨论日显迫切。2009 年，基里尔在就任莫斯科及全俄罗斯东正教大牧首几天后，鲜明地提出"国家与教会合奏交响乐"的论题，使俄罗斯的政教关系问题变得更加敏感，引起了俄罗斯各界的广泛关注和热议。③

这场争论实质上涉及的是君权与教权，专制与民主的敏感问题。各界人士大多数都不赞同基里尔"交响乐"的主张。其原因就在于，无论从该命题在俄罗斯历史中的作用看，还是从当代俄罗斯的政教关系看，牧首基里尔提出的命题都不符合当前俄罗斯现代化进程的需要。④

---

① 郭丽双：《东正教伦理与俄罗斯的现代化进程研究述评》，《哲学动态》2011 年第 12 期；郭丽双：《俄罗斯传统价值观的现代转型》，《第 22 次韩中伦理学国际学术大会论文集》，2014 年。

② 郭丽双：《东正教伦理与俄罗斯的现代化进程研究述评》，《哲学动态》2011 年第 12 期；郭丽双：《俄罗斯传统价值观的现代转型》，《第 22 次韩中伦理学国际学术大会论文集》，2014 年。

③ 郭丽双：《东正教伦理与俄罗斯的现代化进程研究述评》，《哲学动态》2011 年第 12 期；郭丽双：《俄罗斯传统价值观的现代转型》，《第 22 次韩中伦理学国际学术大会论文集》，2014 年。

④ 郭丽双：《东正教伦理与俄罗斯的现代化进程研究述评》，《哲学动态》2011 年第 12 期；郭丽双：《俄罗斯传统价值观的现代转型》，《第 22 次韩中伦理学国际学术大会论文集》，2014 年。

回归与重塑：俄罗斯传统价值的现代命运

俄罗斯与"交响乐"的论题有漫长的历史渊源，它始于东正教在基辅罗斯的确立。自罗斯受洗之日起，拜占庭帝国政教合一的权力格局便为俄罗斯所继承。拜占庭时期，国家与教会之间的关系非常和谐，这是君权与教权在历史上绝无仅有的一次完美结合，被称为"拜占庭式的交响乐"。它既保持了各自的独立性，又能够相互达成一致。但这种东正教的政治伦理也具有维护君主专制、阻碍社会变革的反动性和落后性。①

转向当代俄罗斯，在政教分离趋势成为20世纪以来的国际性潮流的今天，东正教介入国家政治生活的身影无处不在，仿佛是俄国历史在当代的合法延续，即教会参与俄罗斯历史的情景。但这不是历史的倒退，而是政府与教会在政治方面新的合作，是传统政教关系新的变体。苏联解体后，俄罗斯决策层意识到信仰的凝聚力对于国家振兴的意义之重大，政教之间重新建立起一种较为默契的协作关系。②

在这种俄罗斯国家和东正教的历史都已发生变化的背景下，牧首基里尔重提最传统形式的"国家与教会合奏交响乐"的论题，危险和矛盾显而易见。③

其一，"国家与教会合奏交响乐"颠倒了政教关系，是对民主制的一种反动。"交响乐"的主题在现代俄罗斯起源于2000年有转折性意义的教会文件《俄罗斯东正教教会的社会学说》，它

---

① 郭丽双：《东正教伦理与俄罗斯的现代化进程研究述评》，《哲学动态》2011年第12期；郭丽双：《俄罗斯传统价值观的现代转型》，《第22次韩中伦理学国际学术大会论文集》，2014年。

② 郭丽双：《东正教伦理与俄罗斯的现代化进程研究述评》，《哲学动态》2011年第12期；郭丽双：《俄罗斯传统价值观的现代转型》，《第22次韩中伦理学国际学术大会论文集》，2014年。

③ 郭丽双：《东正教伦理与俄罗斯的现代化进程研究述评》，《哲学动态》2011年第12期；郭丽双：《俄罗斯传统价值观的现代转型》，《第22次韩中伦理学国际学术大会论文集》，2014年。

第三章 俄罗斯传统价值现代转型的哲学转向

与 1927 年都主教谢尔盖宣布的教会完全取决于国家的宣言相对立。2000 年的文件宣布的不仅是教会不取决于国家，而且教会在国家面前具有精神的优先地位；此文件对于民主非常冷淡，但是对于君主制明显表现出好感，非常热衷于谈论教会与国家合奏"交响乐"，这明显地暴露了东正教反民主的独裁倾向。2009 年基里尔重提这些原则，欲将国家行政机关的角色变成一个实用的服务工具，东正教的这种独裁梦想将成为俄罗斯现代化的障碍。①

其二，基里尔"交响乐"的理想，不符合历史事实，更不切合现代俄罗斯的社会现实条件。他把世俗权力和神职比作身体和灵魂一样彼此相属，并认为"交响乐"的理想形式只能被神圣的东正教教堂和国家所完成，这是对拜占庭帝国理想的错误解释。② 塔基亚娜·科瓦丽指出，拜占庭帝国与教会合并本身不仅是"行政"上的，而且也是从心理、文化上的统一，"拜占庭式的交响乐"肯定了国家对教会具有不容置疑的、不可侵犯的价值。③

其三，基里尔的"交响乐"是帝国性质的主题，不符合俄罗斯的现代国家理念。俄罗斯已不是君主专制的帝国，东正教会已不是维护封建统治的行政机构，所以，拜占庭式的国家与教会的完全融合与互动不是解决政教关系的最佳方式，它不符合历史前

---

① [俄]《"东正教与俄罗斯的现代化：21 世纪的挑战"研讨会》，2010 年 3 月；Православная церковь и модернизация России: вызовы XXI；郭丽双：《东正教伦理与俄罗斯的现代化进程研究述评》，《哲学动态》2011 年第 12 期。

② 郭丽双：《东正教伦理与俄罗斯的现代化进程研究述评》，《哲学动态》2011 年第 12 期；郭丽双：《俄罗斯传统价值观的现代转型》，《第 22 次韩中伦理学国际学术大会论文集》，2014 年。

③ [俄]《"东正教与俄罗斯的现代化：21 世纪的挑战"研讨会》，2010 年 3 月；Православная церковь и модернизация России: вызовы XXI；郭丽双：《东正教伦理与俄罗斯的现代化进程研究述评》，《哲学动态》2011 年第 12 期。

进的步伐。①

可见，基里尔"教会与国家合奏交响乐"的主张不符合俄罗斯现代化进程的需要，不能得到俄罗斯社会各界的广泛认同。传统的政教合一模式在现代俄罗斯没有任何可能性与现实性，政教分离是当今不可逆转的历史方向。②

但值得注意的是，源于罗马拜占庭的俄罗斯东正教，在政教关系上具有先天相互交织的复杂性。其一，俄罗斯特有的民族政治意识是宗教性的，俄罗斯的民族意识中对待国家的态度，不是像西方民族那样把政权作为合理的、有组织的国家生活来接受，而是宗教般地对待政权和领袖，将其理解为东正教传统的共同精神。③ 其二，俄罗斯民族意识中极为重要的理念"莫斯科——第三罗马"和救世论是俄罗斯政教关系的深层理论根基，在俄罗斯，即使世俗的政治理想也以宗教使命为思想源泉。④ 因此，我们在现代意义上谈俄罗斯东正教和国家的政教分离，不是二者互不干涉，而是政教双方以俄罗斯联邦《关于信仰自由和宗教组织》的法律为基础，保持一种相互协作的关系。⑤

---

① 郭丽双：《东正教伦理与俄罗斯的现代化进程研究述评》，《哲学动态》2011年第12期；郭丽双：《俄罗斯传统价值观的现代转型》，《第22次韩中伦理学国际学术大会论文集》，2014年。
② 郭丽双：《东正教伦理与俄罗斯的现代化进程研究述评》，《哲学动态》2011年第12期；郭丽双：《俄罗斯传统价值观的现代转型》，《第22次韩中伦理学国际学术大会论文集》，2014年。
③ 郭丽双：《东正教伦理与俄罗斯的现代化进程研究述评》，《哲学动态》2011年第12期；郭丽双：《俄罗斯传统价值观的现代转型》，《第22次韩中伦理学国际学术大会论文集》，2014年。
④ 郭丽双：《东正教伦理与俄罗斯的现代化进程研究述评》，《哲学动态》2011年第12期；郭丽双：《俄罗斯传统价值观的现代转型》，《第22次韩中伦理学国际学术大会论文集》，2014年。
⑤ 郭丽双：《东正教伦理与俄罗斯的现代化进程研究述评》，《哲学动态》2011年第12期；郭丽双：《俄罗斯传统价值观的现代转型》，《第22次韩中伦理学国际学术大会论文集》，2014年。

第三章　俄罗斯传统价值现代转型的哲学转向

三　东正教现代化的实践前景和发展方向

俄罗斯现代化进程对东正教提出了一系列挑战，什么是俄罗斯东正教的救赎？如何使东正教变为促进俄罗斯社会繁荣的精神力量？当前东正教正试图以自身的现代化来回应这些问题，其中不仅有理论上的分析论证，也有现实层面的实践活动。

关于东正教现代化的问题和需要改革的方向，在理论上对其合理性的论证已经很明确，但由于东正教是基督教三个派别中保守性最强的，而且又经历了苏俄－苏联 74 年的压抑，所以东正教现代化在实践层面上进展缓慢，正处于初步探索阶段，还没有公认的成功典范，各学者和宗教界人士对此也有不同的看法。С. 费拉托夫（Сергей Филатов）认为，在东正教现代化的实践中，"福音派东正教"有更大的前景。在苏联解体后东正教复兴初期，俄罗斯东正教内部的主流思想排挤福音派的主张，但发展到一定阶段，俄罗斯东正教开始意识到福音对于基督教的基础性作用，就像基督教其他教派一样，曾经掩盖自己的基础——福音，现在则不得不返回自己的基础——福音。近年来，这种"返回"在俄罗斯正变得更为明显，值得一提的是修道院院长 П. 密歇里诺夫（Пётр Мещеринов）和 Е. 别林斯泰（Евмений Перистый）、阿尔汉格尔斯克的牧师 И. 布里瓦洛夫（Иван Привалов）、普斯科瓦的主牧师 П. 安捷利凯姆（Павел Адельгейм）等人所进行的宗教复兴运动。[①] 虽然传福音的牧师和活动各不相同，但有一点是一致的，即他们关注基督徒生活的不同方面，他们传福音，而不是传

[①] 郭丽双：《东正教伦理与俄罗斯的现代化进程研究述评》，《哲学动态》2011 年第 12 期；郭丽双：《俄罗斯传统价值观的现代转型》，《第 22 次韩中伦理学国际学术大会论文集》，2014 年。

"俄罗斯文明"或任何一种"传统"。从总体上看，目前福音派的情况还不乐观，他们经常会受到来自教会上级和世俗当局的批评、限制和处罚，只有东正教的进一步发展，才能改变这种现状。①

С. 费拉托夫还指出了东正教现代化实践中另一个有前景的现象，就是教区牧师运动。他认为，教区牧师运动可能将是俄罗斯东正教现代化的实践基础。研究俄罗斯东正教的美国教授 P. 达拉卡娃（Рафаэль Делакава）曾前往俄罗斯各个城市及乡村，她观察到在俄罗斯的地方省份，没有丰富的公民文化生活，理想主义的牧师有时使教会成为社会和文化生活的中心。在小城镇或乡村，牧师直接面对问题和苦难的人，看到贫困、不公正和社会状况的恶化，这迫使他们直接参与解决人民的实际问题和寻找答案，以满足普通人的需要。面对现实的社会问题和俄罗斯人的精神问题，牧师抛弃了原本心中关于"俄罗斯文明"的抽象论题，开始思考怎样才能更好地解决教区居民的实际问题，这使牧师的世界观更加趋向民主。P. 达拉卡娃认为，这些牧师将是创造民间社会结构的自发民主党人，并把这种现象称为"教区牧师运动"。在 С. 费拉托夫看来，这种教区牧师运动在近期东正教的实践中，正逐步变得大众化，它代表了俄罗斯东正教最乐观的前景。

П. 莎士金则从俄罗斯经济伦理的维度出发，指出当前要使俄罗斯人民抛弃某些落后的东正教伦理观，实现东正教经济伦理向现代观念的转换，就需要改变教育方式，通过道德实践的应用来展现东正教伦理道德知识的理性力量，使人们更加乐于践行这种经济伦理。要达到这一目标，就必须积极讨论经商的职业性质

---

① 郭丽双：《东正教伦理与俄罗斯的现代化进程研究述评》，《哲学动态》2011 年第 12 期；郭丽双：《俄罗斯传统价值观的现代转型》，《第 22 次韩中伦理学国际学术大会论文集》，2014 年。

第三章 俄罗斯传统价值现代转型的哲学转向

这一敏感问题,必须抛弃传统的观念——把经商看作庸俗而无意义的"生产钱"的活动,重新确立有利于经济发展的观念。①

综上,苏联解体后东正教在俄罗斯的价值观领域发挥了重要作用,但问题在于它如何克服伦理观上的障碍,实现自身的现代化。东正教哲学理论和社会实践都在朝这个方向努力。在现代文明的语境下,东正教自身的现代化是俄罗斯传统价值现代转型的重要体现之一。②

在俄罗斯的现代化进程中,无论东正教伦理欲将在社会的哪个领域发挥积极作用,都必须引进现代意识,实现自身的现代化。③ 然而,东正教伦理的现代化是一个非常迫切而艰难的重大课题,目前,东正教教会还没有深入研究出有关解决东正教现代化的具体办法,社会各界也没有达成共识。俄罗斯能否成功地走出一条有自身特色的现代化之路,东正教伦理的现代化即传统价值的现代转型,是其中起关键作用的因素之一。④

第二节 马克思主义哲学的复兴与发展

苏联马克思主义是马克思主义俄国化的产物,在这个俄国化的过程中,既有俄国民粹主义、朴素村社社会主义的影响,同时

---

① 郭丽双:《东正教伦理与俄罗斯的现代化进程研究述评》,《哲学动态》2011年第12期。
② 郭丽双:《俄罗斯传统价值观的现代转型》,《第22次韩中伦理学国际学术大会论文集》,2014年。
③ 郭丽双:《东正教伦理与俄罗斯的现代化进程研究述评》,《哲学动态》2011年第12期。
④ 郭丽双:《东正教伦理与俄罗斯的现代化进程研究述评》,《哲学动态》2011年第12期。

也有俄罗斯传统价值观的影响，其中国家主义、个人崇拜、救世主义、反西化等因素表现尤为突出。苏联马克思主义作为苏俄－苏联74年社会主义实践的指导思想，在苏联解体后走过了曲折的道路，它曾一度跌入低谷，被全面否定，但随着俄罗斯初期西方自由主义改革的失败，人们开始反思俄罗斯野蛮的资本主义，又重新认识到马克思主义的价值。在俄罗斯这个国家，马克思主义哲学的复兴本身，就是传统价值观复归的一个重要标志。在这个意义上，当前马克思主义哲学在三个方向上的自我修正与发展，也是俄罗斯传统价值观现代转型的一个方面。

一 马克思主义哲学的复兴

急剧的社会转型带来巨大的思想震荡，苏联解体后马克思主义由原来的意识形态统治地位降为被批判和抛弃的典型，俄罗斯马克思主义的影响力不断减弱，经受了严峻的考验，走过了曲折的道路。苏联解体初期，俄罗斯的马克思主义被当作空想的、宗教的、过时的错误观念遭到全面否定，当时的俄罗斯政府对共产党人及其马克思主义学说、价值观进行了空前的打击，无论在政界、学界还是民间，反马克思主义的思潮都成为主流。当时马克思主义几乎成为"极权体制""专制独裁"的代名词，俄罗斯的马克思主义进入了被诋毁的低谷时期。[①] 只有一部分学者仍然坚持马克思主义研究和坚守马克思主义的信仰，但举步维艰。

苏联刚解体时，大多数学者都转向了对马克思主义的批评和攻击，在寻求新的精神根基中有的走向俄罗斯传统的东正教哲学，有的走向西方自由主义，有的则走向古典欧亚主义。主要的

---

① 段丽娟、李尚德：《反思与重建——苏联解体后俄罗斯学界对马克思主义的研究》，《求实》2011年第4期。

第三章 俄罗斯传统价值现代转型的哲学转向

聚焦点就是反思苏联的马克思主义与俄罗斯的社会变迁，批判和反思苏联模式的马克思主义成为各个不同哲学派别的共识。人们主张不该把马克思主义作为政治的工具，用意识形态化的方法扭曲真正的马克思主义，以达到为政党和政治服务的目的，应该还原马克思主义的哲学性和科学性，把它作为一个哲学学科来研究，应开启对马克思主义哲学的新理解。

俄罗斯推行的激进的自由资本主义改革——"休克疗法"快速地打破苏联高度集中的政治经济体制，但在国家和人民付出惨痛的代价后，使俄罗斯处于崩溃的边缘，陷入了全方位的困境中：政府面临信任危机、国家经济衰退、民众生活艰难、社会道德沦丧等。最让俄罗斯人痛心的不是国力和经济衰退，而是精神文化中的道德沦丧和人心涣散。面对实践结果与期望值巨大反差的现实，人们开始质疑，俄罗斯选择西方自由主义是不是错了？如何整顿极度混乱的社会秩序？寻求什么样的精神价值改变俄罗斯社会精神萎靡不振的困境？如何将俄罗斯带出迷雾？成为俄罗斯社会需要迫切解决的问题。于是，反思当下俄罗斯、探索未来的各种社会思潮非常活跃。马克思主义思潮以批判和反思自由主义改革为己任，在思考历史与现实问题中悄然复兴，对批判俄罗斯野蛮的资本主义和探索俄罗斯未来的现代化之路提出了有意义的见解。

俄罗斯马克思主义哲学的复兴表现在一系列的学术研讨会和马克思主义著作的陆续出版。如：2002年4月22—24日，俄罗斯科学院哲学研究所召开"马克思主义、现代社会思想和21世纪人类社会主义发展趋势"第一届国际学术实践联合大会，以纪念马克思诞辰185周年，许多独联体和原社会主义国家的学者参加了此次会议。他们分别从自己国家的当代实践的视角，分析马克思主义哲学研究如何进行科学的批判和自我批判，如何批判21

世纪社会发展进程中的新问题，如何在当代俄罗斯资本主义的新历史时期复兴马克思主义与社会主义，如何从马克思主义哲学视角批判分析当代民族问题等。①

俄罗斯马克思主义哲学的复兴还表现在成立了多个马克思主义政党和社会组织。在苏联马克思主义遭到全面否定和批判的时期，仍有一批马克思主义者在逆境中坚定信念，在实践方面坚持马克思主义宣传和进行政治活动，成立了多个共产主义政党、社会民主党和左翼马克思主义学术组织。

俄罗斯的共产主义政党很复杂，多个同时并存，且思想倾向各异，"既有以 H. A. 安德烈耶娃、O. C. 舍宁、P. N. 科索拉波夫为代表的'传统派'，又有以久加诺夫为代表的俄共'强国派'，还有谢列兹尼奥夫那样带有社会民主主义色彩的'温和派'。"② 俄罗斯学者通常把这种现象称为"共产主义多党制"。共产主义政党中最有代表性的是俄罗斯联邦共产党（Коммунистическая Партия Российской Федерации，КПРФ）。1995 年的议会选举是俄罗斯马克思主义思潮复兴的重要标志，极大地体现了马克思主义政党的政治影响力，此次议会选举中俄共得票率高达 22.31%，成为议会第一大党。1999 年的议会选举，俄共顺利进入杜马成为第一大党，久加诺夫再次当选俄共党杜马代表及该党领导人。虽然由于外部的分化介入和内部矛盾，共产党人的力量分散并遭到削弱，但目前俄共仍是俄罗斯最重要的左翼政党，在俄罗斯政治舞台上发挥着重要作用。

俄罗斯的共产主义政党中除了俄共外，还有以 H. A. 安德烈

---

① 段丽娟、李尚德：《反思与重建——苏联解体后俄罗斯学界对马克思主义的研究》，《求实》2011 年第 4 期。
② 李兴耕：《苏联解体以来的俄罗斯社会主义》，《科学社会主义》2006 年第 2 期。

第三章　俄罗斯传统价值现代转型的哲学转向

耶娃为首的苏联布尔什维克共产党（ВКПБ）、以 С. Н. 斯捷帕诺夫为首的共产主义者联盟（СК）、以 А. Т. 维克多为首的俄罗斯统一劳动阵线（РОТ ФРОНТ）、以 С. 马克西姆为首的俄罗斯共产党人党（КПКР）、以 Н. В. 巴拉古罗娃为首的社会正义共产党（КПСС）等。

除共产主义政党外，在俄罗斯还有一些左翼学者从不同视角对马克思主义和社会主义理论进行有意义的探索。① 在莫斯科有三个规模较大的非官方组织的社会团体，成为俄罗斯马克思主义思想的宣传、研究基地。② 有一批学者从苏联时期到现在一直长期从事"马克思学"研究工作。他们的主要任务之一是继续编辑出版马克思、恩格斯的遗著。③

此外，在俄罗斯各个城市也成立了一些马克思主义小组和中心，其成员大多是哲学家、经济学家、社会学家、历史学家及其他知识界的代表。这些研究组织在俄罗斯构成了一个强大的马克思主义学派。④ 随着苏联的渐行渐远，俄罗斯已经逐渐改变了对马克思主义激情式的全面否定，从历史虚无主义的任意污化阶段，走向客观、理性地研究马克思主义哲学的阶段。这推动了马克思主义对俄罗斯社会思想和政治产生重要影响，促进了俄罗斯马克思主义哲学的学术化发展和实践探索，恢复和发展了俄罗斯的马克思主义传统价值观。

---

① 李兴耕：《苏联解体以来的俄罗斯社会主义》，《科学社会主义》2006 年第 2 期。
② 段丽娟、李尚德：《反思与重建——苏联解体后俄罗斯学界对马克思主义的研究》，《求实》2011 年第 4 期。
③ А. В. Бузгалин: Неомарксизм: ответы на вызовы глобальных проблем постиндустриальной эпохи. Москва. Москва: Слово, 2002.
④ 段丽娟、李尚德：《反思与重建——苏联解体后俄罗斯学界对马克思主义的研究》，《求实》2011 年第 4 期。

二 俄罗斯马克思主义哲学的发展

在俄罗斯，虽然马克思主义失去官方意识形态的主导地位，但它仍是学界一个重要的研究领域，由于实践中的挫折经历，俄罗斯的马克思主义研究者更加客观地审视马克思主义的理论实质与俄罗斯民族的历史命运、国家发展道路之间的关系。在经典马克思主义与当代俄罗斯哲学、现实问题的碰撞中，当代俄罗斯马克思主义研究领域里逐渐分化为马克思主义传统派、马克思主义反思派、马克思主义批判派、马克思主义差别实践派、马克思主义认识论派五大学派，他们分别站在对马克思主义坚决捍卫、重新解读与创新发展的不同立场上著书立说，在批判和超越资本主义的向度上发挥着重要作用。

由于马克思主义与俄罗斯民族历史命运之间的独特关联，以及实践中的挫折经历，俄罗斯的马克思主义研究者更加客观地审视马克思主义的理论实质与俄罗斯民族的历史命运、国家发展道路之间的关系。什么是真正的马克思主义？苏联的马克思主义存在什么问题？马克思主义本身存在乌托邦成分还是存在现实基础？马克思主义在当下俄罗斯是否还有超越资本主义的意义？

在理论层面，追问什么是真正的马克思主义，反思苏联官方的教条式马克思主义对马克思主义本身的异化，把马克思同苏联作为政治意识形态的马克思主义进行了划界，要求重新回到真正的马克思那里；在现实层面，面对俄罗斯资本主义再出发的多重困境，从现代视角探索马克思主义的当代价值，探索如何在21世纪资本主义全球化背景下，重新树立民众对社会主义的价值信念，为俄罗斯民族的复兴寻找超越资本主义的独特道路。因而，

第三章　俄罗斯传统价值现代转型的哲学转向

当下俄罗斯马克思主义研究呈现出既注重理论批判又面向实践,具有强烈问题意识和高度使命感的特征。

在经典马克思主义与当代俄罗斯哲学的碰撞与融合中,俄罗斯哲学家开始了对马克思主义哲学的深层解读与发展。

(一) 马克思主义传统派

俄罗斯马克思主义传统派也被称作教条主义的马克思主义,该派思想上坚持马克思列宁主义科学性和苏联时期关于社会主义的基本观点,捍卫苏联官方意识形态的正确性,高度评价苏联的历史作用及斯大林的功绩;政治实践上,尖锐批判当代俄罗斯社会制度的资本主义性质和社会矛盾,主张通过革命手段推翻俄罗斯现行的资本主义制度,恢复苏联的制度;① 在对苏联解体的评价上,认为苏联解体并非历史的必然,而是少数苏共领导人背叛马克思主义所致,是诸多主观因素合力作用的结果。其代表人物主要有:原苏共机关刊物《共产党人》杂志主编 Р.И. 科索拉波夫、苏联布尔什维克共产党领导人 Н.А. 安德烈耶娃、莫斯科大学哲学系原主任 А.Д. 科西切夫、俄罗斯科学院哲学所 Д.В. 肇哈泽教授、原俄罗斯"共产党人联盟"领导人 А.А. 普里加林。

俄罗斯马克思主义传统派持左翼激进立场,对苏联制度和马克思列宁主义持全面肯定态度,在当代俄罗斯的马克思主义研究领域处于十分边缘化境地,由于对苏联时期官方马克思列宁主义意识形态的反思不足,影响力不大,通常被多数人看成顽固不化的教条主义代表,新生代力量几乎完结。但作为学术上的派别,俄罗斯马克思主义传统派仍然不断地持续发声,表明自己的学术

---

① 李兴耕:《苏联解体以来的俄罗斯社会主义》,《科学社会主义》2006 年第 4 期。

和政治主张，对当代俄罗斯马克思主义研究构成一定的批判力。该派的主要学术成果和观点如下。

科索拉波夫的学术专著主要有 2002 年《写给斯大林的话》、2004 年《来自俄罗斯的真理》、2006 年《从十月革命到背叛的反革命，再反转过来！》、2010 年《斯大林和列宁》等。在这些著述中，科索拉波夫高度评价俄国"十月革命"和卫国战争的意义，认为"十月革命"首次确认了国家属于劳动人民的性质，消除剥削者的权力，开启人类的新文明，人类开始由资本主义向社会主义过渡；肯定列宁的新经济政策在当时社会条件下提出的必要性和重要意义，新经济政策不是对自由经济和市场的放任，不是要缩小经济差别，而是利用多种不同经济形式的正面潜能，限制其掠夺的本性，使其摆脱资本主义生产方式，过渡到社会主义生产方式；认为卫国战争是对"十月革命"和苏联社会主义制度坚固性的成功检验，及时挫败了以日德为首的反苏联的帝国主义国家联盟，卫国战争证明了苏联社会主义制度的正确性和强大的生命力。

2008 年俄罗斯科学院 B. A. 列克托尔斯基院士在《卡尔·马克思和"哲学终结"的思想》中指出，马克思早期著作中提出了"哲学终结"的必然性，这一观点建立在理论与实践的内在本质联系的基础上，并没有降低哲学理论的意义，相反揭示出了思维与存在的本真关联。人们在改变这个世界之前首先试图理解自身，新的哲学形式是在与旧思辨形而上学的对立和冲突中产生的。解释世界是改变现实最重要的条件，因此，真正继承马克思的思想遗产就是展开对现代社会的批判，揭露其实质性的矛盾。

原俄罗斯"共产党人联盟"领导人普里加林认为，"社会主义"一词有三种含义：科学；社会运动；社会制度。社会主义的

第三章　俄罗斯传统价值现代转型的哲学转向

发展过程必须经历性质不同的若干阶段——从初级阶段到更为高级的阶段。① 关于苏联解体的原因，普里加林指出，苏联社会主义模式最适合20世纪30—40年代的苏联社会现实，但是随着时代发展，这种体制没有做出新的改变，最后则不适应20世纪70年代的苏联社会现实，从停滞走向失败。而苏联社会主义制度本身包含着一定的"资产阶级"性质，这为资本主义在苏联的复辟提供了客观可能性。②

舍宁领导的"苏联共产党第三十三次代表大会"通过的党纲宣称，该党"以马克思—恩格斯—列宁—斯大林的学说"作为自己的思想理论基础。安德烈耶娃的苏联布尔什维克共产党认为，尽管斯大林时代的苏共犯过许多错误，但斯大林的基本路线是正确的。③苏联解体的根源是赫鲁晓夫、戈尔巴乔夫等领导人背叛党和社会主义事业所致。舍宁、科索拉波夫等也持同样观点。

当前俄罗斯重新出版了一系列经典马恩原著及对"十月革命"、对列宁主义的再研究著作等，都包含着俄罗斯马克思主义传统派的推动，因而，我们不能忽视对此学派的关注和研究。

（二）马克思主义反思派

反思派在21世纪的最初10年非常活跃，出版了大量的学术著作。主要代表是：俄罗斯科学院院士 Т. И. 奥伊泽尔曼，俄罗斯科学院哲学研究所研究员 В. М. 梅茹耶夫、В. С. 谢苗诺夫、И. Т. 弗罗洛夫等。④ 反思派的主旨是：基于马克思的原著，反思

---

① 李兴耕：《苏联解体以来的俄罗斯社会主义》，《科学社会主义》2006年第4期。
② 李兴耕：《苏联解体以来的俄罗斯社会主义》，《科学社会主义》2006年第4期。
③ 李兴耕：《苏联解体以来的俄罗斯社会主义》，《科学社会主义》2006年第4期。
④ 张静：《当代俄罗斯马克思主义研究的四大流派》，《俄罗斯中亚东欧研究》2010年第4期。

苏联马克思主义理论在实践中的错误和教训，还原被苏联官方异化了的马克思主义。

奥伊泽尔曼是该派最有影响力的代表，被誉为具有传奇色彩、最具世界影响力的俄罗斯马克思主义百岁哲学家。其著作《马克思主义与乌托邦主义》和《为修正主义辩护》分别于2003年、2005年问世，这标志着21世纪俄罗斯马克思主义反思派的正式形成。这两本书尖锐地提出了"马克思的思想"与苏联官方的"马克思主义"有本质不同，① 得出了马克思主义包含乌托邦主义因素、修正是对马克思主义真正发展等重大结论，这引起了全世界的关注。他反对把马克思主义作为教条顶礼膜拜，作为政治宣传工具，认为马克思主义的科学性恰恰在于摆脱意识形态的约束，通过彻底改造社会来实现人类能力和需求的全面发展。②

梅茹耶夫著述颇丰，马克思主义理论成果达250多项。主要成果包括：《从生活哲学到文化哲学》《马克思反对马克思主义》《哲学繁荣是现代化的第一标志》等。③ 他尖锐地批判了苏联官方的马克思主义是"马克思的思想"的一种异化状态，④ 提出21世纪俄罗斯马克思主义的主要任务就是回到"马克思的思想"本身，从文化哲学的向度发展马克思主义，塑造出具有俄罗斯文明发展特征的马克思主义文化类型，对现代社会形成新的批判力量。⑤

谢苗诺夫在《20世纪的教训和通向21世纪的道路》《社会主

---

① 车玉玲：《后苏联时期的马克思主义与当代启示》，《哲学动态》2010年第3期。
② Т. И. Ойзерман: Возникновение марксизма. М, https://www.koob.ru/ojzerman/.
③ В. М. Межуев: Вадим Михайлович. https://wiki.sc/wikipedia.
④ В. М. Межуев: Маркс против марксизма. Статьи на непопулярную тему. М.: Культурная революция, 2007, с. 7.
⑤ В. М. Межуев: Маркс против марксизма. Статьи на непопулярную тему. М.: Культурная революция, 2007, с. 7.

第三章 俄罗斯传统价值现代转型的哲学转向

义和21世纪的革命：俄罗斯和世界》[①] 等代表作中，对社会主义未来的前景持乐观态度，他认为，虽然20世纪末资产阶级反革命摧毁了苏联和东欧的社会主义，削弱了社会主义的力量，但自21世纪初以来，世界开始转向左边，革命传统和社会主义日益勃兴，社会主义中心在亚洲和美国取得了巨大进展，俄罗斯需要一场革命转向新的社会和文明发展道路，最好和最优的是21世纪的社会主义。[②]

综上，反思派明确区分马克思的思想和苏联的马克思主义，力求以严谨的哲学论证重新确立马克思主义的科学性，这较符合科学研究规范，得到了学界认同，也为21世纪俄罗斯反对历史虚无主义，反对以苏联解体否定、污化马克思主义的错误思潮起到了积极作用。

（三）马克思主义批判派

批判派也被称为创新派，是21世纪以来俄罗斯马克思主义研究最活跃的派别，它以莫斯科大学经济系和哲学系为根基，形成了独树一帜的研究团队。该派主要代表人物是：莫斯科国立大学经济系教授、莫斯科国立大学哲学系当代马克思主义研究中心主任 А. В. 布兹加林，莫斯科大学经济系教授 А. И. 科尔加诺夫，著名政治学家 Б. Ф. 斯拉温等。该派的主旨是：聚焦马克思主义政治经济学研究，找寻创新、发展马克思主义的新方向和新生长点。正如科尔加诺夫所言：2013—2014年"年轻研究人员的著作[③]陆续问世……这标志着在俄罗斯已经形成了批判的马克思主义，这

---

① Семёнов В. С. https：//www.wikiyy.com/ru/.
② В. С. Семёнов：Социализм и революции ХХI века.：Россия и мир. М，2009，https：//books.academic.ru/book.nsf/65897149.
③ 2013年的《自由之路》《文化、政权与社会主义》《自由主义与社会主义：俄罗斯与西方》和2014年的《批判的马克思主义：异化、全球化和俄罗斯》等。

种批判性和创造性被认为是苏联解体后马克思主义的遗产"。①

布兹加林是俄罗斯马克思主义批判派的奠基者和最著名的代表人物，其著作主要有：《全球资本》《后苏联马克思主义——21世纪挑战的回答》《斯大林与苏联解体》等。在马克思基本理论方面，布兹加林以马克思主义的政治经济学著称，他在《全球资本》②中对现代资本主义展开全方位的批判，并指出向社会主义过渡将是现代资本主义的未来发展方向："整个世界'历史的终结'之终结的时代似乎即将来临"③；同时他十分重视异化理论对现代社会的批判作用，主张恢复异化理论在经典马克思主义哲学中的地位和作用，揭示资本主义后期产生的新异化形式和新奴役状态。④

科尔加诺夫是仅次于布兹加林的批判派代表，在《苏联：未完成的蓝图》《马克思主义：通往共产主义的可能性》等著作中，他从政治经济学的视角，分析了苏联计划经济体制的弊端；同时，他强调"自我异化的扬弃同自我异化走的是一条道路"这一马克思主义的基本论断在 21 世纪对于批判资本全球化具有重要现实意义，资本主义利用不平等的全球经济关系以延续自身的存在，但它仍无法最终摆脱自身固有的矛盾，必然走向否定之否定，"资本主义内在的本质要求最终导致其自身的终结"。⑤

---

① А. М. Колганов，Е. С. Зотова：Русский марксизм. Георгий Валентинович Плеханов，Владимир Ильич Ульянов（Ленин），Вопросы философии，№. 5，Май 2015，с. 211 – 214.

② ［俄］А. В. 布兹加林、А. И. 科尔加诺夫《全球资本》一书被学界誉为"俄罗斯21 世纪的资本论"，于 2004 年出版，当时只有一卷，2007 第二版印刷，2014 年再版时扩展为两卷本，2019 年第五版印刷。从此书的再版情况，我们可以看到 21 世纪俄罗斯马克思主义的影响力在逐渐增强。

③ ［俄］А. В. 布兹加林、А. И. 科尔加诺夫：《新自由主义的衰落：晚期资本主义生产力与生产关系矛盾的尖锐化》，徐向梅译，《国外理论动态》2019 年第 5 期。

④ А. В. Бузгалин：Человек в мире отчуждения：к критике либерализма и консерватизма. Вопросы философии，2018，№. 6.

⑤ А. И. Колганов：Маркс-XXI：пределы и потенциал социальной. философии. Вопросы философии，2018，№. 6.

第三章　俄罗斯传统价值现代转型的哲学转向

斯拉温是俄罗斯著名政治学家和专栏作家，他主编的《社会主义和俄罗斯》《通往自由之路：批判的马克思主义关于社会解放的理论与实践》两部著作汇集了当代左翼学者的多篇论文。他在区分苏联社会主义模式与真正共产主义理想的基础上，探讨了马克思的理想如何转化为社会现实。强调马克思主义的重要观点：共产主义不是某个固定的终点，而是现实运动。因而，21世纪俄罗斯马克思主义哲学想要从书斋走向民众的思想中，就必须注重在网络化的现代社会中重塑超越资本主义的价值意向，揭示马克思主义的当代价值。

在布兹加林教授的不懈努力下，莫斯科大学成立了当代马克思主义研究中心，创立了《抉择》杂志，其著作和观点得到了中西方学术界的认可。在苏联解体后这个时代大背景下，能在俄罗斯最高学府成立马克思主义的研究机构和杂志，这无疑具有开创性意义。该派在学术研究的基础上不仅为马克思主义和苏联社会主义正名，而且在新的历史条件下探索马克思主义发展的新方向。

除以上详述的三个派别外，我们又新追踪到差别实践派、认识论派两个派别，正在进一步研究中。

三　俄罗斯马克思主义哲学的困境与前景

当代俄罗斯马克思主义研究经历了诋毁与捍卫、反思与创新的发展历程，当前呈现出创新发展的新趋势和新特点，表现出了极强使命意识和实践品格。

（一）俄罗斯马克思主义理论研究的前景

进入21世纪以来，俄罗斯马克思主义传统派日渐式微，而反思派、批判派、差别实践派、认识论派发展迅速，在俄罗斯学界影响较大。21世纪俄罗斯马克思主义理论研究的前景广阔,当前马克思主义研究在学术领域不断发展壮大,得到了国内外学界的认可,但社会主义运动现状仍不乐观,俄罗斯社会没有完全消除人们将马克思主义等同于教条主义的错误认识,没有形成马克思主义的完整科学体系,没有得到普通群众的认可。① 俄罗斯马克思主义能否在全国范围内扩大影响力,其关键的问题在于它是否能正确认识苏联马克思主义理论与社会主义实践失败的原因,是否能回应当前俄罗斯面临的迫切时代问题。

在分析苏联马克思主义理论与社会主义实践失败的原因方面,21世纪俄罗斯马克思主义没有科学挖掘其文化土壤和传统价值根源。马克思主义传统派单向度地捍卫斯大林模式的正确性,虽然其他四派对这种模式展开了批判和反思,但是没有科学挖掘出这种模式得以存在的文化土壤和传统价值根源。在回应俄罗斯的时代主题方面,21世纪俄罗斯马克思主义没有抓住俄罗斯文明定位的不确定性这个千百年来困扰俄罗斯国家身份认同和国家发展方向的难题,无法回应当前俄罗斯面临的重新抉择。可见,当前21世纪俄罗斯马克思主义研究还只是在本学科的理论范围内阐发马克思的理论,没有直接与当前俄罗斯重新面临的道路抉择和国家命运相关联,没有为本国马克思主义政党提供思想资源。

(二) 俄罗斯马克思主义政治实践的前景

俄罗斯联邦共产党属于左翼政党,它是俄罗斯马克思主义政治实践的主要载体。21世纪以来,俄罗斯联邦共产党虽然经历了

---

① А. В. Бузгалин: Марксизм: к критическому возрождению (К 190-летию Карла Маркса) В. И. Корняков: «Альтернативы», 2010 г., No. 1, http://www.intelros.ru/subject/figures/aleksandr-vladimirovich-buzgalin/print: page, 1, 7178-marksizm-k-kriticheskomu-vozrozhdeniyu-k-190-letiyu-karla-marksa-.html.

第三章 俄罗斯传统价值现代转型的哲学转向

外在的打压、内在的分化,力量被削弱了很多,但它仍是俄罗斯第二大党,仍以"争取俄罗斯的社会主义"为思想纲领。它肯定苏联的成就,总结苏联失败的教训,批判当下俄罗斯的资本主义弊端,更新对社会主义的认识,汲取欧洲社会民主党的成功经验,勾画未来的社会主义蓝图。[1]

从俄共在杜马中获得席位数量的起落,我们可以知道它的政治影响力。俄共在俄罗斯杜马选举中从20世纪末连续两次得票率第一,到21世纪初的四次得票率勉强维持第二。可见,俄共支持率从20世纪90年代末的巅峰状态直线下降,与其他政党相比,俄共位居第二大党的位置也不稳定。这与俄罗斯政府对其打压和分化相关,也同俄政坛各种政治势力的重新分化组合相关,俄共的政治影响力大大削弱。但更重要的原因在于,俄共没有汲取俄罗斯马克思主义新的研究成果,没有与时俱进地更新马克思主义理论的思想纲领,没有完成最新理论向实践的转化,反而在政治活动中与新保守主义趋同,把重心放在了恢复和再造传统方面,这种顾此失彼的做法使其失去了马克思主义政党自身的批判力和引导力。对此,俄罗斯学者 Е. А. 别梁耶夫(Е. А. Беляев)指出,现在俄共常常以社会保守主义的面貌出现,弱化了其社会主义的特性,21世纪以来,俄共的社会保守主义思想似乎比马克思列宁主义思想还更受到重视。"俄共更像是反对全球化的保守主义者,正在把俄罗斯思想和共产主义合成,对他们来说,最重要的价值是爱国主义计划、俄罗斯传统文化和精神、中央集权主义、国家主义和社会正义。"[2]

---

[1] 刘淑春等:《当代俄罗斯政党》,中央编译出版社2006年版。

[2] Е. А. Беляев: Идейный облик российского социал-консерватизма. Вестник Башкирского университета, 2011. Т. 16. No. 4.

还有一个共产主义政党值得我们关注,这就是成立于1991年的俄罗斯共产党人党,该党是比俄共还偏左的左派,其社会基础是工人、农民、知识分子等劳动者。主张通过革命斗争,完成社会主义革命,恢复苏维埃政权。在2016年第七届国家杜马选举中,俄罗斯共产党人党得票率为2.35%,在未过5%的政党中是最高的。这也表明苏联模式的马克思主义在当前的俄罗斯仍有一定的社会基础。

另外,于2006年成立的公正俄罗斯党,是俄罗斯的一个社会民主主义政党,其政治立场中间偏左,是坚决拥护总统普京的务实反对派。该党影响不断壮大,曾一度成为俄罗斯的第三大党,该党主张在俄罗斯实现新的社会主义。公正俄罗斯党虽然不是共产主义政党,但社会民主主义的主张来自最新的马克思主义和社会主义理论,所以该党的活动在一定程度上也体现了马克思主义哲学的影响。公正俄罗斯党的政党纲领是:要建立公平、自由和团结的社会。① 在2007年的杜马选举中,公正俄罗斯党获得了7.8%的选票,成为议会第四大党团;2011年第六届国家杜马选举中,公正俄罗斯党得票率为13.24%,位列第三;2016年第七届国家杜马选举公正俄罗斯党得票率为6.19%,位列第四,较上一届选举有所下降。②

综上所述,马克思主义哲学在俄罗斯的兴起与发展的现状是理论思想远远领先于实践,其中的原因有苏联模式弊端给人们留下的教条马克思主义阴影,同时也有其政党思想没有与时俱进更新马克思主义理论的因素。如果俄共还一味保守,不注重创新,不联合社会民主党和其他共产主义政党的力量,那么马克思主义

---

① 《公正俄罗斯党党章》,https://spravedlivo.ru/1127710。
② 李勇慧:《俄罗斯四个主要政党的政治主张》,《中国社会科学院报》2007年12月18日。

第三章　俄罗斯传统价值现代转型的哲学转向

哲学未来发展的前景，在短时期内可能还不能突破理论研究与政治实践脱节的现状。

总体上看，虽然俄罗斯马克思主义哲学在学术研究方面取得了极大的发展与推进，其本身就是俄罗斯马克思主义传统价值的一部分。但由于其政党组织的内部分化与缺乏共识，无法形成有效的合力，在俄罗斯政坛中发挥的作用有限。如果俄罗斯的马克思主义哲学不能在思想上求同存异，达成基本原则上的共识，其各个政党继续保持分裂状况，各自为政，必然失去现实的群众基础，陷入空谈的境地。如俄共仍梦想着重建苏联式的社会主义制度，回到苏联去，① 正是由于共产主义政党和社会民主主义政党的思想严重脱离实际，脱离经济发展的需要，没有汲取马克思主义哲学的新思想，也没有在俄罗斯现实中找到恰当的结合点，所以导致俄罗斯共产主义政党和社会民主主义政党的队伍日益老化萎缩。如果马克思主义哲学及其各政党，从马克思的基本理论出发积极寻求自身与俄罗斯现实发展道路、发展问题的结合点，那么它必将在现实中迸发出强大的生命力与感召力。如：扩大和丰富俄罗斯的马克思主义研究文献；以历史进步的乐观主义态度，在本国以及国外学术界致力于马克思主义当代意义的阐释；揭示全球化资本主义的限度以及俄罗斯国家未来发展方向；对国内国际时事进行研究调查，跟踪全球思想解放的进程，关注有关社会正义的世界性运动；阐释马克思主义与当代世界发展、与俄罗斯未来命运的内在统一性等。这是马克思主义理论掌握群众、重新回到俄罗斯的重要途径之一，也是当代俄罗斯马克思主义哲学完成对传统价值的重塑，使其对俄罗斯政治与社会产生强大影响力的出路。

---

① 安启念：《新世纪初俄罗斯社会思潮》，《教学与研究》2002年第7期。

第三节　保守主义哲学的再造

在本书导言部分俄罗斯传统价值理论内涵中，我们已经详述俄罗斯保守主义是传统价值观的主要依托，并概括了其特点和基本主张，故此节不再赘述。本节将重点研究当代俄罗斯现代化进程中保守主义哲学的再造，即它对俄罗斯传统价值现代转型的探索。

一　新保守主义哲学兴起——从被动的应激性反应到理论自觉

如果说俄罗斯思想的回归、东正教的复兴为新保守主义的兴起开启了哲学思想和宗教信仰的前奏，那么自由主义激进改革的失败则是新保守主义兴起的直接契机。俄罗斯自由主义激进改革受挫唤醒了保守主义。从上一节中我们看到，在俄罗斯历史上自由主义与保守主义是一对共生关系的思潮。每当俄罗斯处于社会转折的十字路口时，总是在自由主义与保守主义之间徘徊与抉择，俄罗斯的历史则呈现为二者的交替曲折前进的序列。

俄罗斯20世纪90年代初期改革以自由主义思潮为急先锋，以盖达尔为代表的自由主义者采用"休克疗法"，用飓风骤雨的方式打碎苏联经济体系后，当俄罗斯最需要西方经济援助的时候，西方却抛弃了俄罗斯，这等于给俄罗斯的经济转轨断了血。[①] 因为"休克疗法"要有足够的外部资金注入才能保证其成功。

---

① 李志忠：《社会转型时期俄罗斯民族主义产生的根源》，《俄罗斯研究》2002年第3期。

第三章　俄罗斯传统价值现代转型的哲学转向

"休克疗法"曾在玻利维亚、阿根廷、波兰、捷克等国家获得成功实践，无一例外地都得到了大量来自西方的经济援助和商业信贷。残酷的现实打碎了俄罗斯相信西方援助的美梦。俄罗斯经济转轨在"休克疗法"中破产。① 自由主义改革导致的后果不仅是经济改革失败，经济陷入瘫痪，丧失昔日大国地位，更加严重的是自由主义改革全面否定苏联时期的一切，这导致了俄罗斯历史的断裂，陷入思想混乱、政治动荡的危机中。这一切使俄罗斯民族的自尊心受到空前的伤害，让俄罗斯人体验到历史上从未有过的屈辱，这激活了作为自由主义对立面、珍视民族文化和传统价值的俄罗斯保守主义。②

在 1993 年以前，保守主义在俄罗斯是贬义词，它被用来形容阻挠改革的反对派。俄罗斯保守主义的复兴最初是从调整经济政策开始的。2000 年 3 月普京上台后，新保守主义对俄罗斯的影响逐渐扩大，成为统一俄罗斯党和其他多个政党的思想基础。③

俄罗斯新保守主义的兴起从调整经济政策开始，但这不只是当时俄罗斯稳定经济的需要，持续动荡的俄罗斯社会同样亟需社会稳定秩序的精神基础。如何整顿极度混乱的社会秩序，捍卫本国固有的精神价值，使人们重拾对生活的信心？俄罗斯迫切需要一种俄罗斯本民族的、被人们所能够接受的价值原则。④因此，包括东正教原有的弥赛亚精神、宽容精神，苏联时期的爱国主义、集体主义等价值原则重新回到当代俄罗斯人民心中。

---

① 李志忠：《社会转型时期俄罗斯民族主义产生的根源》，《俄罗斯研究》2002 年第 3 期。
② 陈树林：《俄罗斯新保守主义文化思潮及其影响》，《山东社会科学》2013 年第 11 期。
③ 唐莉：《俄罗斯的新保守主义》，《当代世界与社会主义》2004 年第 4 期。
④ 陈树林：《俄罗斯新保守主义文化思潮及其影响》，《山东社会科学》2013 年第 11 期。

以现代文化重塑传统价值、追求稳定秩序的需要，是新时期俄罗斯保守主义复兴和发展的时代召唤，① 是保守主义兴起的政治土壤。

另外，俄罗斯保守主义的复兴也是各个政党亟需建构思想理论基础的召唤。苏联解体后，在俄罗斯突然成立了许多政党，但除了共产党和自由主义政党之外，其他政党都没有明确的思想理论基础和组织建设。

新保守主义的兴起既是一个历史发展的动态过程，也是一个从批判应对自由主义改革失败而产生的应激性反应，过渡到自身理论和传统价值重新塑造的过程。虽然新保守主义在俄罗斯政治领域中十分盛行，但不论精英还是民众对它的认识都很混乱。正如当时俄罗斯社会关于新保守主义所流传的一个笑谈那样，统一俄罗斯党的一位党员脱口说出一句"经典"之语："我们毫无疑问是保守主义者，但还不知道它是何物。"新保守主义的复兴最初表现为在激烈社会转型中渴望稳定的自发保守态度，但在经历了伊万·伊里因等传统保守主义思想于当代的再研究，现代俄罗斯保守主义代表索尔仁尼琴（А. Солженицын）从美国回到俄罗斯后对普京等俄罗斯高层产生深刻影响等，新保守主义不仅在学理根基上重塑了自身的哲学理论基础，而且由俄罗斯各种政治力量的引导和塑造逐渐转化为具体化的政治价值取向。民众对保守主义的认知及其价值的认同也产生了明显变化，由原来阻碍改革的反对派，变为现在俄罗斯模式的改革派。新保守主义从20世纪90年代中期至今，与新东正教意识、民族主义、爱国主义、政治权威主义、自由主义、社会民主主义、新

---

① [俄]弗拉基米尔·多博林科夫：《全球化条件下的俄罗斯意识形态》，徐海燕译，《国外理论动态》2007年第2期。

第三章 俄罗斯传统价值现代转型的哲学转向

马克思主义、新欧亚主义等众多思潮并存，它吸纳了各个思潮的有益成分，特别是与新东正教意识、新欧亚主义、民族主义等思潮中有关俄罗斯传统价值的内容，力求从传统与现代相结合的维度重塑俄罗斯的价值基础。同时，新保守主义在现实的政治实践中不断成熟，在2008年总统选举、俄格冲突和金融危机这三件政治、经济与外交的历史性事件中，新保守主义思潮的政治实践起到了积极的作用，巩固了它在俄罗斯学界和政界的地位和声望。2012年普京第三次当选总统后，虽然倚重的哲学思想和社会思潮有所调整，但新保守主义思潮还是处于举足轻重的地位。

从俄罗斯的政治哲学层面看，俄罗斯新保守主义与俄罗斯传统保守主义一脉相承，它们所要保守的是俄罗斯传统价值观以及历史文化传统。新保守主义在社会价值观方面反对激进主义，主张以稳定为前提的改良、强有力的国家、俄罗斯历史道路的独特性、维护现存制度等；俄罗斯传统保守主义思潮所要保守的传统价值是专制主义与家长制、村社制、救世主义与等级制。其理论内核表现为：专制主义和家长制是俄罗斯文明的政治核心，村社制是精神共同体的现实载体，救世主义与"第三罗马"观念是反西化模式和帝国扩张的思想根源，等级制是保守王权和社会稳固秩序的重要保障。它以俄罗斯的传统价值为根基，确立俄罗斯独特文明范式和独特发展道路，反抗西化模式对俄罗斯的侵蚀。

新保守主义是俄罗斯传统保守主义在新历史时期的第二次重生，但它与后者有很多不同之处。虽然新保守主义的兴起与俄罗斯历史上前两次保守主义思潮有相似的背景，但新保守主义在兴起的过程中，更加注重汲取现代文明的新元素（特别是民主和市场经济），将其与俄罗斯传统价值相结合，更加注重汲取其他思潮的合理主张。一方面，不仅在哲学理论方面、价值观的塑造方面积极探索，摒弃了传统价值观中专制制度与等级制等不合时宜的元素，加之以民主、自由、市场经济等新元素，普京提倡的主权民主和欧亚经济联盟都是新旧价值观融合的新尝试。另一方面，在政治竞选与政党活动中积极实践，寻求俄罗斯传统价值与现代文化相结合的新模式。正如俄罗斯政治舆情中心副主任 A. 祖金（Алексей Зудин）在题为《保守主义现代化：当代发展的思想体系》的报告中所指出的：俄罗斯保守主义的当代使命是实现自身的现代化，即形成鲜明的新保守主义。[①] 俄罗斯的保守主义于20、21世纪之交，在自身现代化过程中完成了对传统的再造，含义由原来阻碍社会进步的反动守旧思想转变为在传统基础之上的创新。2010年俄罗斯新编的《俄罗斯大百科全书》对保守主义的解释发生了较大变化："保守主义是一种意识形态、政策流派的确定性，其最重要的内容就是遵循传统，恢复原有的价值观。"[②]

从整个政治学的保守主义谱系看，俄罗斯新保守主义具有一切保守主义的共性：强调秩序，主张改良和渐进；崇尚多样性，反对普遍主义。[③] 但由于不同国家的历史文化传统的差异，它与20世纪70年代以后在西方发达国家出现的新保守主义所要保守的价值截然相反，前者所要保守的正是后者所要反对的。西方发达国家的新保守主义则强调反对政府对经济的干涉。它保守的价值是柏克所确立的英国经典保守主义，其以捍卫自由主义传统为特质。从国际政治的层面看，西方发达国家的新保守主义是冷战时

[①] 黄登学编写：《俄罗斯保守主义现代化：时代背景、价值观与改革原则》，《国外理论动态》2012年第4期。
[②] 徐海燕：《俄罗斯保守主义政治思想及其实践》，《国际研究参考》2015年第7期。
[③] 唐莉：《俄罗斯的新保守主义》，《当代世界与社会主义》2004年第4期。

第三章 俄罗斯传统价值现代转型的哲学转向

期资本主义国家阵营对抗社会主义国家阵营的结果。俄罗斯新保守主义强调国家权威在改革中的作用,更加强调稳定的秩序,强调强有力的国家、国家是社会的保护神,其中既有平民主义色彩,也具有国家家长作风,是对俄罗斯初期激进自由主义改革失败的应激性反映和理性反思,与当前俄罗斯社会的过渡性特点直接相关。①

二 保守主义哲学对俄罗斯传统价值的再造

俄罗斯思想的回归、东正教的复兴、保守主义的兴起,三者当前在社会价值观重塑、政治实践与宗教信仰等方面相互渗透,逐渐实现了俄罗斯保守主义传统的再造,形成了新保守主义,或称为现代俄罗斯保守主义。因而新保守主义对俄罗斯传统的再造不仅包括新保守主义者政治哲学思想的建构,东正教在传统与现代化(世俗化)方面的努力,还包括普京执政以来对俄罗斯主流价值观的重建,以及新保守主义思潮对俄罗斯一些主要政党的影响。俄罗斯新保守主义内部也存在不同的思想倾向,可以分为传统派、自由派和社会派。由于俄罗斯各个社会思潮之间有密切的交叉与融合,社会派的保守主义在新马克思主义思潮中已作详述,自由派的保守主义是俄罗斯新自由主义的一个分支,不是本书的重点,故此处不作详述,东正教传统保守主义的再造于新东正教意识思潮中已作详述,故此节不再赘述。本节将重点详述俄罗斯新保守主义传统派的思想基础、代表人物和基本主张。

俄罗斯新保守主义的代表人物有:А. И. 索尔仁尼琴(А. И. Солженицин)、南方联邦大学教授 В. П. 马卡连柯(В. П. Макаренко)、莫斯科大学政治系教授 А. А. 施里梁兹(А. А. Ширинянц.)、

---

① 关雪凌、张猛:《普京新保守主义解析》,《中国人民大学学报》2015 年第 2 期。

莫斯科大学社会学系教授弗拉基米尔·多博林科夫（Добреньков Владимир）、Л. Н. 季玛费娃（Л. Н. Тимофеева）、俄罗斯国家科学院《俄罗斯历史》杂志主编 С. 谢尔盖（Сергей. Секиринский）、著名的社会活动家 В. 康多尔（В. кантор）、奥克萨娜·纳扎罗娃（Оксана Назарова）、阿列克谢·祖金（Алексей Зудин）等。其主要观点是：俄罗斯新保守主义不是回到原点，而是创新性的发展，主张汲取威权主义和民族主义的积极一面，强调秩序、稳定、继承性、改良，反对激进主义；主张不同国家应该有自己独特发展模式，反西方主义，反对普遍主义；强调民族国家利益、传统价值观以及历史文化的重要性，认为俄罗斯只有以传统价值观为支撑，才能成功地实现现代化，政治上主张强有力的国家、俄国历史道路的独特性、维护现存制度和渐进改革。简言之，新保守主义主张在融合国家威权主义、爱国主义、东正教意识等传统价值观基础上，寻求与现代发展的契合点，发展俄罗斯的独特文明和道路。

该派的代表性文献有：《官僚作风和现代俄罗斯的政治进程》（2002）、《元理论的政治现实》（2006）、《社会主义的乌托邦作为俄罗斯思想的一种原型》（2011）、《俄罗斯意识形态发展走向何方》（2007）、《俄罗斯思想是出路还是灾难？》（2009）、《俄罗斯思想在历史中的定位》（2012）、《俄罗斯保守主义现代化：时代背景价值观与改革原则》（2012）、《保守主义在当前俄罗斯思想政治空间》（2015）、《回到基础？在现代俄罗斯保守主义和党的建设》（2015）、《马卡连柯关于俄罗斯权力与官僚国家的思想》（2015）、《保守主义在当前俄罗斯思想领域中的政治空间》（2015）。

新保守主义的传统派主要从俄罗斯传统政治哲学和传统东正教思想中汲取营养，探索俄罗斯的政治发展道路，并展开积极的

第三章 俄罗斯传统价值现代转型的哲学转向

政治实践。其主要内容不仅包括对传统保守主义思想再研究，新保守主义者对传统的再造，还包括东正教对传统思想的再造（已单独在第一节中详述），俄罗斯高层与政党的政治实践。

俄罗斯保守主义对传统的再造，与俄罗斯新时期对两个思想家保守主义的再研究密不可分。这就是 20 世纪著名的俄侨保守主义思想家 И.А. 伊里因（И.А. Ильин，1883—1954）和苏联时期被驱逐出境的持不同政见者 А.И. 索尔仁尼琴（А.И. Солженицин，1918—2008）。由于苏联的思想管控，二者的思想对苏联时期的社会影响不大。但在苏联解体前后，二者保守主义思想受到极大的关注，在当代俄罗斯他们的保守主义主张及哲学思想成为新保守主义的重要思想资源。

（一）伊里因保守主义政治哲学再研究

伊里因是 20 世纪著名的俄侨保守主义政治哲学家、法哲学家和宗教哲学家。"十月革命"后，他与一批学者被驱逐出境来到德国柏林，和别尔嘉耶夫、弗兰克、卡尔萨文等俄罗斯侨民界的著名知识分子一起创办了俄罗斯科学研究院，开辟了俄罗斯侨民界在柏林的精神文化基地，还编辑出版了刊物《俄罗斯之钟》。他用俄语、德语、法语和英语写了 40 多本书和小册子，还有上千篇文章。苏联解体后，俄罗斯经历了曲折的发展过程，在俄罗斯保守主义逐渐复兴的大背景中，当代俄罗斯学界和政界开始意识到伊里因保守主义政治哲学对于当代俄罗斯的现实意义。① 伊里因被视为俄罗斯最有洞见的政治哲学家，总统普京在 2005 年和 2006 年的国情咨文中，多次引用伊里因的作品，开启了俄罗斯高

---

① 张桂娜：《伊万·伊里因的以强力抗恶思想及其政治诉求》，《中国社会科学院研究生院学报》2012 年第 6 期。

层政治家们引用伊里因作品的风潮。俄罗斯著名哲学史家古雷加说：“我敢断言，在20世纪的俄罗斯没有比伊万·伊里因更清醒、更深刻的政治思想家了。”① 他的作品也成为当代俄罗斯政治家们复兴俄罗斯传统价值的重要精神资源。有人甚至把他称为普京施政的精神导师。其原因就在于，伊里因保守的国家主义政治学说和创造民主思想正适合当下俄罗斯追求在民主限度内构建强力国家的政治选择。②

伊里因的政治哲学思想主要由三部分组成："以强力抗恶"论、国家主义学说和创造民主思想。伊里因从批判托尔斯泰的"不以暴力抗恶"为切入点，提出了自己对与国家和民主的独特见解。伊里因在"以强力抗恶"学说基础上建构的国家政治学说，反对激进革命，主张通过精英政治建立强有力的国家政权，实现国家的本质——抗恶共同体。③ 伊里因建构起来的精英的国家主义如何运转？如何处理人民和民族精英间的关系？如何能挑选出这样的民族精英呢？创造民主论给出了解答。

当代俄罗斯的社会转型提出了再造传统价值观的要求，因而，伊里因思想的再研究及其政治实践成为关注的焦点。在后冷战时期美国主导国家政治秩序的背景下，西方世界不断诟病普京以来的俄罗斯政治模式，一个具有专制主义传统的国家应当如何走上民主政治的道路？俄罗斯重新面临国家道路选择困惑，伊里因的政治哲学思想获得了现实的生命力。俄罗斯政界和学界对此

---

① Арсений Гулыга: Творцы Русской Идеи, Москва, 2006, с. 239.
② 张桂娜：《伊万·伊里因的以强力抗恶思想及其政治诉求》，《中国社会科学院研究生院学报》2012年第6期；Владимир Можегов: Владимир Путин как иследователь Ивана Ильина, http: rusk.ru/st.php? idar = 103317。
③ 张桂娜：《伊万·伊里因的以强力抗恶思想及其政治诉求》，《中国社会科学院研究生院学报》2012年第6期。

第三章 俄罗斯传统价值现代转型的哲学转向

思想展开研究,并将其运用于政治实践。

俄罗斯这个具有专制主义传统的国家应当如何走上民主政治的道路?

俄罗斯新保守主义派学者认为,半个世纪以前伊里因的政治哲学很好地回答了这个尖锐而现实的问题,他们把伊里因的政治哲学思想看作俄罗斯摆脱激进冒险、有序走向复兴的必由之路。①社会调查表明,俄罗斯民众渴望"铁腕人物"出现,与民主、自由相比,俄罗斯百姓更希望"稳定和秩序"。②

(二) 索尔仁尼琴保守主义思想对传统价值观的再发展

索尔仁尼琴保守主义思想是俄罗斯传统价值观现代转型的一种努力。他是俄罗斯当代著名的作家和思想家,被誉为"俄罗斯的良心"、普京意识形态的导师。1970年,索尔仁尼琴获得了诺贝尔文学奖,但其却因为政治原因而未领奖。1974年因出版描写极权主义的巨著《古拉格群岛》被驱逐出国,1994年应叶利钦邀请重返俄罗斯,获得了2006年度俄罗斯人文领域的最高成就奖项——俄罗斯国家奖,在颁奖典礼上,普京给予了索尔仁尼琴极高的评价。③

索尔仁尼琴是具有传奇色彩、"极富争议"的不同政见者,左派视他为苏联的叛徒,右派批判他保守顽固,但他始终坚持住了自己独立的判断和强烈的批判精神。他以反映苏联集中营生活的小说为战斗檄文,揭露苏联极权体制对人的压抑和迫害,苏

---

① Н. И. Изергина, "Органическая демократия как вектор социально‐политических изменений современной России".
② 张树华:《当代俄罗斯社会思潮透析》,《东欧中亚研究》1999年第6期。
③ 2008年8月3日,著名作家索尔仁尼琴逝世,新浪历史,http://history.sina.com.cn/today/2011‐08‐01/1541289193.shtml? from=wap。

联解体后,他痛心地抗议叶利钦的毁灭性政策,拒绝接受叶利钦授予的俄罗斯国家奖,批评普京对腐败的打击力度不够。他批左也批右,招致很多人的质疑与不解,原因就在于他们没有把握到索尔仁尼琴的基本价值立场和政治理想。无论是在苏联时期作为"持不同政见者"的他,还是回归俄罗斯被奉为"俄罗斯的良心"的他,始终坚持斯拉夫派的保守主义立场,他批左也批右的真正目的是要回到俄罗斯传统本身。"索尔仁尼琴这个伟大的作家一直在反对社会主义、共产主义以及整个苏联政治制度和生活方式。他激烈地批判了20世纪90年代俄罗斯经济改革,认为俄罗斯要回到十月革命之前的制度,即地方自治,呼唤俄罗斯民族意识的觉醒与复兴。但先知总不被当时的人们所认同,90年代俄罗斯领导人和民众都认为他的想法是过时的。但普京上台后,索尔仁尼琴就认为普京采取的国家政策符合他的一些想法,二者不谋而合,普京也支持他的观点,多次在讲话中引用索尔仁尼琴的话,坚定新保守主义立场。"① 他痛恨苏维埃体制,认为一切错误都是共产主义造成的,他对沙皇俄国和东正教传统持肯定态度,是保守主义与大俄罗斯民族主义者,他肯定好沙皇对人民的爱,东正教对人内在精神世界的关怀。无论他对苏联的批判,还是对西方的批判,都是基于他坚定的保守主义立场。"他作为保守主义者,坚持从东正教的宗教伦理视角评价俄罗斯社会政治现象,承认精神因素相对于外在实体世界的主导作用。"②

---

① Алексей Макаркин: Александр Солженицын: Консерватизм и свобода, http://politcom.ru/6621.html.

② Юрий Самонкин: Александр Солженицын и консервативное евразийство Москва. Декабрь 2013 г. Статья публикуется на дискуссионной основе, http://eurasian-movement.ru/archives/8641.

第三章 俄罗斯传统价值现代转型的哲学转向

索尔仁尼琴以文学作品触及敏感的政治问题,反思沉重的历史,审视现实,针砭时弊,他对俄罗斯的影响早已超越了文学领域,作为思想家和批判家发挥着力图超越时代、思考俄罗斯命运、开创俄罗斯道路的作用。正如法国总统萨科齐唁电中所评价的,索尔仁尼琴是"20世纪俄罗斯最伟大的良心之一,是异议的化身"。

索尔仁尼琴的保守主义政治观点,集中体现在20世纪末相继写作并出版的"政论三部曲"《我们如何安放俄罗斯》《20世纪末的"俄罗斯问题"》和《倾塌的俄罗斯》中。[①] 在这三部作品中,索尔仁尼琴一改以前通过文学作品间接表达政治观点的做法,他在反思俄罗斯历史的基础上,从俄罗斯民族特性和政治传统等方面,直接指出了俄罗斯社会的问题所在,直接提出拯救俄罗斯的方案。其主要思想包括以下三方面:以"小空间的民主"为基础的地方自治,以"保全民族方案"反对俄罗斯西化,以"下层"路线实行"自下而上"的改革。

综上所述,索尔仁尼琴政治思想集中体现在不效仿西方、返回传统、探索适合俄罗斯民族特性和文明特性的独特道路等方面,这是俄罗斯传统价值现代转型的一种努力。

索尔仁尼琴在他生命最后十几年里始终在思考着俄罗斯的命运,他一度放弃文学作品的写作,转而写作了这组政论三部曲,表现了他强烈的政治关怀,[②] 这三本政论性的小册子,集中地表达了他的政治观点和对传统保守主义再造的价值立场。

---

① 刘文飞:《"俄罗斯问题":索尔仁尼琴"政论三部曲"中的新斯拉夫主义》,《俄罗斯研究》2006年第2期。
② 刘文飞:《"俄罗斯问题":索尔仁尼琴"政论三部曲"中的新斯拉夫主义》,《俄罗斯研究》2006年第2期。

(三) 新保守主义对俄罗斯传统价值观的再造

俄罗斯传统价值的现代转型最直接地表现在俄罗斯新保守主义对传统的再造中,这固然离不开来自俄罗斯精神领袖们政治哲学思想的指引,但对现代文化和俄罗斯现实问题的理论思考和现实回应则是其生命力和号召力之所在。新保守主义对传统的再造,是俄罗斯传统价值现代转型的最为直接的推动力。这主要表现在保守主义自身的现代化、重塑新秩序的思维方式——新保守主义的哲学方法论、新保守主义的政治实践等方面。

1. 保守主义现代化

俄罗斯政治舆情中心副主任阿列克谢·祖金(Алексей Зудин)用"保守主义现代化"的方式表述了新保守主义对传统进行再造的系统理论,从对传统、规范、创新、进步、未来等基本概念的重新解读和定位入手,确定了新保守主义的价值体系和改革原则。[①] 2011年他的报告《保守主义现代化:当代发展的思想体系》刊登在统一俄罗斯党的官方网站上,标志着新保守主义传统的再造已趋向成熟和系统化。

首先,祖金反思了"保守主义"在俄罗斯"现代化"道路上的利弊得失。

从人类社会文明发展进步的大趋势上,指出了俄罗斯选择新保守主义的必然性,并揭示了俄罗斯保守主义要实现自身现代化必须解决的核心问题是——"保守主义"与"现代化"的结合。人类文明的新时代越来越需要新的价值体系。[②]

[①] Алексей Зудин: Консервативная модернизация: современная идеология развития, https://news.rambler.ru/economics/9246263-aleksey-zudin-konservativnaya-modernizatsiya-sovremennaya-ideologiya-razvitiya-tsennosti/.

[②] 黄登学编写:《俄罗斯保守主义现代化:时代背景、价值观与改革原则》,《国外理论动态》2012年第4期。

第三章　俄罗斯传统价值现代转型的哲学转向

那么，人类文明新时代需要新的价值体系，人类文明现代化之路的价值支撑是什么？它在发生什么样的变化？现代化之路贯穿着两种主要的具有历史意义的思想体系——自由主义与保守主义的斗争，这在俄罗斯的现代化历程中尤为明显。20 世纪末的事实证明，自由主义者只有与保守主义价值观结盟才有可能重新上台执政。自由主义与保守主义融合形成的"全球性"思想形态不仅在思想领域的中心占据主导地位，而且还对其他社会思想发生影响。①

俄罗斯在 20 世纪和 21 世纪经历了一连串强制性与动员性的现代化，其结果是苦涩的，现在俄罗斯需要一种新的发展与改革模式，这种模式不仅源于对历史经验的现实思考，而且是国家面临的挑战性质所决定的，这种模式就是保守主义的现代化模式。②其关键之处就是俄罗斯的"保守主义"如何与"现代化"相结合。从表面上看，这是一个矛盾的组合，但是在现代人类实践中，二者都在不断地发展和更新自己的内涵和外延，二者在此过程中由于彼此需要逐渐趋近。"旧"保守主义是满足于自己现有社会秩序，害怕和反对革新的观念，而新保守主义则内在地需要现代化的创新理念和活力，实现对传统的再造，来完成自身的现代化。③

其次，祖金明确提出新保守主义价值观——传统与创新。

保守主义现代化思想是不同主流价值观相互渗透、相互促进而形成的综合体。它既包含传统保守主义的价值观内容，也含有

---

① 黄登学编写：《俄罗斯保守主义现代化：时代背景、价值观与改革原则》，《国外理论动态》2012 年第 4 期。
② 黄登学编写：《俄罗斯保守主义现代化：时代背景、价值观与改革原则》，《国外理论动态》2012 年第 4 期。
③ 黄登学编写：《俄罗斯保守主义现代化：时代背景、价值观与改革原则》，《国外理论动态》2012 年第 4 期。

当代的价值观成分。保守主义现代化的价值观核心是传统与创新，其主要包括：当代科学知识和自由、进步、传统等崇高的道德价值观念的最新发展是当代俄罗斯新保守主义最重要的基础，以此为前提定期地更新、完善价值规范和制度。

最后，祖金提出新保守主义的改革原则——连续性与渐进性。

新保守主义自身包含着创新、进步等价值原则，承认常变常新是保守主义现代化思想体系的起点，那么改革就是其实现自身现代化的一个途径。新保守主义的改革原则包括：改革应当是及时的、渐进的，改革应当与其参与者所处的状态协调一致，改革应当是均衡的，改革应当具有价值目标并具有继承性。价值目标让改革充满理性，并赋予其个体与集体的意义。①

2. 重塑新秩序的思维方式——新保守主义的哲学方法论

在世界全球化的时代中，俄罗斯新保守主义基于对自身理论形成与特点的分析，回应俄罗斯社会现代转型的精神召唤，明确提出了俄罗斯新保守主义重塑新秩序的思维方式——新保守主义的哲学方法论。② В. Э. 巴赫达萨梁、К. А. 拉达列夫、В. А. 古达洛夫、А. А. 法缅科夫和 С. В. 恰达耶娃等学者认为，新保守主义对俄罗斯来说越来越重要，它不只是意识形态和政治文化，更作为世界观和哲学思维方式在起作用。俄罗斯的新保守主义在传统价值观的基础上吸纳现代文明的积极成果来完成对保守主义的再造，以此回应全球化重塑国际新秩序的挑战，避免俄罗斯坠入资本的法西斯主义。

В. Э. 巴赫达萨梁将新保守主义概括为"那些支持所有好的

---

① 黄登学编写：《俄罗斯保守主义现代化：时代背景、价值观与改革原则》，《国外理论动态》2012年第4期。

② 郭丽双：《俄罗斯新欧亚主义的理论建构及其政治实践》，《当代世界与社会主义》2017年第4期。

第三章　俄罗斯传统价值现代转型的哲学转向

一切,并反对所有不好东西的主张",是战胜自由主义资本逻辑,避免资本法西斯主义的象征。В. А. 古达洛夫分析了20世纪初人们寻找保守主义新的共同思想的原因,进而提出应以新保守主义传统价值观重塑一种新的中间路线,抵御新的全球化秩序。加之全球化国际新秩序的挑战,俄罗斯新保守主义是超越"左"和"右"的两种极端倾向,重塑新秩序的思维方式。А. А. 法缅科夫和 С. В. 恰达耶娃在回应俄罗斯社会现代转型精神呼唤的基础上提出,新保守主义在当代的最大意义和使命在于立足传统价值观以新保守主义的哲学方法论来重塑新秩序的思维方式,从而,开辟俄罗斯自身文明道路的探索。

为什么在20世纪初人们寻找保守主义新的共同思想?原因在于保守党与社会党激进式的论战,都想找到自己的合法性依据,二者在"左"和"右"之间争论却不能说服对方。这也是现时代俄罗斯所面临的意识形态问题,是俄罗斯新保守主义发展及其特点形成的历史性原因。古达洛夫指出,为了抵御新的全球化秩序,新保守主义的传统价值观应该具备足够的物质资源和能力适当地回应全球化历史的挑战。为此,俄罗斯首要的任务就是对这个新价值观加深理解和认识。对保守主义的负面认识已经不适合我们这个时代,因为新保守主义的传统价值观中包含着现代文明国家积极正面的内容,这一思想方向与"社会国家"的概念一致。[①]

综上,俄罗斯新保守主义哲学作为自由主义改革失败的应激性反应而逐渐兴起,由社会思潮开始逐渐成长为成熟的政治哲学

[①] В. А. Гуторов: Консервативная традиция в прошлом и настоящем: основные уроки для посткоммунистической России. Вестник поволжского института управления. 2016, № 6.

思想。其间吸纳了其他思潮的有益成分，21世纪以来成为统一俄罗斯党以及其他政党的思想纲领，一度成为俄罗斯社会最为主流的社会思潮，对俄罗斯社会的转型和发展影响巨大。但是自普京第三个总统任期以来，俄罗斯社会思潮再次激烈涌动，新欧亚主义思潮和哲学的影响增强，但新保守主义哲学仍对俄罗斯发展产生重要影响。在政治实践方面，与其他社会思潮相比，新保守主义思潮优势明显。这不仅是由于该思潮的主张比较接近当下俄罗斯社会心理预期和价值认同，而且该思潮政治实践的主要载体统一俄罗斯党自21世纪以来在俄罗斯一直是执政党。该党在最新一届的杜马选举中仍保持绝对优势，它在2016年俄罗斯第七届国家杜马选举中得票率为54.21%，获得343个席位。2018年普京在总统选举中毫无悬念地获胜。新保守主义思潮作为俄罗斯执政党的思想纲领不会改变，但俄乌冲突前后它在思想领域的主导优势逐渐变弱，而新欧亚主义更加凸显。本书认为，在俄罗斯传统价值的现代转型中，新保守主义哲学与新欧亚主义哲学的融合将是主流方向。

第四节 欧亚主义哲学的回归与发展

随着苏联解体和俄侨文化遗产的再发现，欧亚主义思想在当代俄罗斯被激活，并在急剧社会转型中孕育出新欧亚主义（неоевразийство）。尤其在近些年俄罗斯融入欧洲受阻后，新欧亚主义的热度倍增，不仅成为俄罗斯政治哲学的主流，而且其政治实践对社会思想和政治外交领域都产生了直接影响，对普京执政理念的影响也日益加深。基于古典欧亚主义哲学深厚的传统主义

第三章 俄罗斯传统价值现代转型的哲学转向

根基,新欧亚主义哲学重新建构的理论体系及其政治实践,成为俄罗斯传统价值现代转型的重要组成部分。新欧亚主义政治哲学的强大生命力在于,它解决了俄罗斯文明定位的不确定性难题,在深厚的哲学建构基础上提出反抗西方文明普世论和国际政治旧秩序,重塑俄罗斯文明和国际政治新秩序的构想。俄罗斯文明定位的不确定性,是千百年来困扰其身份认同和国家发展方向的难题,苏联解体后俄罗斯再次面临这一难题的重新选择。[①]

"双头鹰"民族在东方与西方的两极张力间摇摆,是东西方两种精神在俄罗斯灵魂中的斗争,它使俄罗斯的历史呈现出间断性和跳跃性。别尔嘉耶夫曾在《俄罗斯的命运》中揭示了俄罗斯文明的这种复杂矛盾性:"与欧洲人相比,俄罗斯人更具极端性和矛盾性,俄罗斯民族所具有的弥赛亚意识也并非偶然……在俄罗斯精神中东西方两种因素永远斗争。"[②]

苏联在进行了74年社会主义实践后解体,俄罗斯又经历了西化改革的失败,俄罗斯重新面临文明定位和国家发展方向的艰难抉择。"我们是谁""向何处去"再次响彻俄罗斯,西化派与斯拉夫派的传统争论再启,欧亚主义在与人道主义、新自由主义、斯拉夫主义、保守主义、马克思主义等众多思潮的激荡中,汲取各方观点的有益成分孕育出新欧亚主义,并逐渐从默默无闻的边缘地带上升为主流政治哲学。其原因在于它继承和发展了古典欧亚主义深厚的哲学建构和政治关怀,以地缘政治学作为世界观、文明观的必要前提,以欧亚文明论恰当地回答了俄罗斯千百年来对

---

① 郭丽双:《俄罗斯新欧亚主义的理论建构及其政治实践》,《当代世界与社会主义》2017年第4期。

② Н. А. Бердяев: Русская идея. Судьба России, с. 4 – 5.

国家身份认同的追问，在逻辑上令人信服地理顺了长期困扰俄罗斯的政治与文化、国家与民族等复杂问题，旗帜鲜明地反抗西化道路，反抗美国主导的单极世界及其自由主义意识形态，提出重塑俄罗斯文明定位与国家发展定位的价值基础，重塑新俄罗斯文化共同体和国际政治新秩序的目标。但新欧亚主义以文明断层线重构所谓的"新俄罗斯"和"俄罗斯世界"，具有复活俄罗斯帝国主义扩张思想，走向俄罗斯法西斯主义的倾向，易造成国家身份认同与民族身份认同激烈碰撞，引发国家间的冲突。①

一 古典欧亚主义在现代的重生

古典欧亚主义是在俄罗斯经历"二月革命"和"十月革命"后，面对苏维埃化了的俄罗斯逐渐壮大的现实，流亡于欧洲的反马克思主义俄侨追问"我们是谁？""我们向何处去？"等问题而产生的。古典欧亚主义汲取斯拉夫主义的有益养分，从诞生之初就具有反抗欧洲文化和政治垄断的基因，新欧亚主义之所以能够从默默无闻的边缘地带上升为当代俄罗斯主流政治哲学，其原因之一就在于它继承了古典欧亚主义反抗西化道路的基因并发展强大，超越斯拉夫派和西化派的争论，在新时代为重振俄罗斯明确文明定位和国家发展方向。这些我们将从欧亚主义的产生、复兴与发展来逐一展现。俄罗斯的欧亚主义经历了三个阶段：古典欧亚主义、古米廖夫欧亚主义和新欧亚主义。② 因为最后一个阶段是欧亚主义的现代形态，其观点及对现实的影响较复杂，所以不在此部分展开，单列一部分详加阐释。

---

① 郭丽双：《俄罗斯新欧亚主义的理论建构及其政治实践》，《当代世界与社会主义》2017年第4期。

② 郭丽双：《俄罗斯新欧亚主义的理论建构及其政治实践》，《当代世界与社会主义》2017年第4期。

第三章　俄罗斯传统价值现代转型的哲学转向

(一) 古典欧亚主义的欧亚文明论

古典欧亚主义产生在"十月革命"后流亡于西欧国家的俄罗斯知识分子中，其代表人物有特鲁别茨科伊（Н. С. Трубецкой）、弗拉洛夫斯基（Г. В. Флоровский）、萨维茨基（П. Н. Савицкий）和阿列克谢耶夫（Н. Н. Алексеев）、卡尔塔舍夫（А. В. Карташёв）等。1920 年，特鲁别茨科伊在保加利亚首都索非亚出版了《欧洲与人类》（Европа и человечество）一书，通过分析欧洲沙文主义和普世主义的文化霸权论，首次提出欧亚主义设想，即俄罗斯是独特的欧亚文明，欧洲价值体系未必等同于全人类的文明方向。他尖锐地批判了欧化道路是欧洲普世主义的邪恶欺骗："要知道，到现在为止是俄罗斯的知识分子导致了俄罗斯的欧化道路……如果现在他们理解和深刻地认识到，欧化是无条件的邪恶，普世主义是无耻的欺骗，那么他们将停止加入帮助罗曼—日耳曼文明争取凯旋胜利的行列；如果没有欧化知识分子的支持，罗曼—日耳曼人将无法继续从精神奴役全世界人民的事业。"① 1921 年 8 月，萨维茨基、特鲁别茨科伊、弗拉罗夫斯基、卡尔塔舍夫等人出版了论文集《出走东方：预感及其实现——欧亚主义者之主张》，正式提出"欧亚主义"（Евразийство）术语，这标志着俄罗斯欧亚主义思潮的正式诞生。其基本观点有：反对西方文明普世论；主张俄罗斯文明的欧亚性；认为苏联社会主义是超越西方文明优越论的成功实践。

1. 反对西方文明普世论

古典欧亚主义者们了解西方的成就，也了解俄罗斯文化中保

---

① Н. С. Трубецкой: Европа и человечество, http://eurasian-movement.ru/archives/1312.

守的一面，但他们反对西方文明具有普遍意义和统一性，反对俄罗斯抛弃自己的文化价值，完全走西方道路。他们认为"二月革命"所建立的资产阶级政权在短期内的失败原因就在于将欧化治理方式用于俄罗斯。应该如何理解和对待西方文化？特鲁别茨科伊在《欧洲与人类》中指出："每一个欧洲人都不加怀疑地认为，欧洲沙文主义和普世主义之间存在原则性的矛盾和对立，从根基上看是完全不同的两种观点。欧洲沙文主义者先验地认为自己是世界上最优等的人，他们的文化也同样优于所有其他文化。所以其他民族和其他文化无论是从语言、文字，还是信仰方面都应服从于自己。沙文主义者认为自己应理所当然地应该成为消灭劣等民族的伟大力量。普世主义者否认民族之间的差异。如果有这样的差异，他们必须被消灭。人类文明必须统一，必须有一个统一的文化。不文明的人民必须接受这个文化，分享他们民族的文明，与他们一起按照同一个世界进步的路径进入人类文明的大家庭。这是以牺牲其他民族特性为代价的文明至善论。"① 但是，我们仔细研究会发现，"在沙文主义和世界主义之间，没有原则性的差异，略微不同的是，二者更像是一个现象的两个阶段，两个不同的维度"。② 二者最后殊途同归，都会导致日耳曼民族以罗马式的欧洲方案统治全世界。西化道路的方向是错误的，对于俄罗斯来说是外在化的，不可能促使俄罗斯产生内在的精神动力。正如当代俄罗斯年轻学者卡瓦列娃（А. О. Ковалева）评论的那样："第一批欧亚主义者如何理解俄罗斯文明？欧亚主义思想首先出现在俄罗斯移民中，这些俄罗斯思想家在国外试图追问，为什么俄罗斯政治体制和

---

① Н. С. Трубецкой: Европа и человечество, http://eurasian-movement.ru/archives/1312.

② Н. С. Трубецкой: Европа и человечество, http://eurasian-movement.ru/archives/1312.

第三章 俄罗斯传统价值现代转型的哲学转向

文化在短时间内崩溃了？他们得出的答案是，原因在于俄罗斯权贵阶层和文化精英，不是在俄罗斯自身文明的范畴内思考本国问题，而是用西方文明代码来思考问题。因此，普通百姓不理解也不接受精英阶层的思想，这种混乱错位的社会系统无法长久存在。早期欧亚主义者开始思考俄罗斯文明自身的政治理念，系统地批判西方文明普世论的错误倾向。从特鲁别茨科伊、萨维茨基等欧亚主义者的经典作品中可以看到这些思想主张。"① 结合具体的历史语境可以看到，被布尔什维克政权驱逐到欧洲的俄国侨民遭受到了俄国文化与西欧文化的巨大冲击，在如何对待西方文化的问题上，古典欧亚主义者们更多地继承和发展俄罗斯传统的斯拉夫主义，不仅维护了俄罗斯文明自身的文化和尊严，还为从政治层面反抗西化道路展开了积极探索。对此，哲学家别尔嘉耶夫肯定道："同那些寄希望于欧洲资产阶级使俄罗斯摆脱灾难的思路相比，欧亚主义的思想更重要，更有积极意义。欧亚主义者从情感上自发地维护了现在正遭受西方凌辱的俄罗斯和俄罗斯人民的尊严。一些被革命所伤害的俄罗斯社会的上层贵族同意物归原主，放弃自己是俄国人的身份认同。这个阶层以情感上的国际化反应，证明自己脱离俄罗斯的土壤和俄罗斯人民生活的精神支柱久远性。与他们相比，欧亚主义者的政治观点和倾向更值得赞同。"②

2. 俄罗斯文明的欧亚性

古典欧亚主义突破大西洋主义与斯拉夫主义的论争，从哲学、神学角度出发，强调俄罗斯地理位置和文明自身独特的欧亚双重性和东正教独特性等，明确了"我们是谁"问题，俄罗

---

① А. О. Ковалева：《新欧亚主义：通往独特主权文明的道路》，Евразийство：Путь к цивилизационному суверенитету，http：//eurasiaforum.ru/content/295.
② Н. А. Бердяев：Евразийцы//Журнал "Путь"，№.1，1925，с.137.

斯人是欧亚洲人，俄罗斯是欧亚文明。萨维茨基在《转向东方》中对此问题的回答是："俄国就不仅仅是西方还是东方，不仅仅是欧洲还是亚洲，甚至完全不是欧洲，而是欧亚洲。"① 正是基于欧亚洲的文明定位，欧亚主义者反对欧化治理方式用于俄罗斯，试图在超越西方现代性的基础上寻求一个适合俄罗斯的现代化路径。宣扬世界文明的多样性和俄罗斯文明在地理、文化、文明样态上兼容东西方的独特性，主张在保留俄罗斯民族传统的基础上，引进西方和东方的优秀成果和技术，在东西并举的道路上定位自己的政治经济模式，走现代化的中间道路。其主旨观点的最经典表述集中体现在论文集《出走东方：预感及其实现——欧亚主义者之主张》的序言中："我们要面向民族主义的主体，不仅包括斯拉夫民族，还包括欧亚世界的各民族。在欧亚民族中俄国人占据了居中的位置。东欧和亚洲各民族参与到俄国的世界文化之思想氛围之中。我们认为，这种情形根源于共同而深沉的'灵魂的亲和力'——所创建的俄罗斯文化概念和对其他民族的亲近，以及他们参与到俄罗斯事业中来所产生的特殊成效，还根源于共同的经济利益、各民族互动。俄罗斯人和'俄国世界'的各民族，本质上既不是欧洲人，也不是亚洲人，而是把固有的和我们周遭的文化与生活因素聚集起来了。我们并不羞于承认自己是欧亚洲人。"② 它以俄罗斯文明的欧亚性超越了西化论与斯拉夫派间的争论，超越了狭隘的民族沙文主义，将俄罗斯世界理解为东欧和亚洲各民族的俄国文化世界，但同时我们应该看到，它具有从文化认同到民族认同再到国家认同，扩大俄罗斯世

---

① П. Н. Савицкий: Поворот к Востоку//Исход к востоку, с. 3.
② 论文集《出走东方：预感及其实现——欧亚主义者之主张》, Исход к Востоку. Предчувствия и свершения. Утверждение евразийцев. Книга 1. София: Российско - Болгарском книгоиздательстве, 1921, с. 3 - 4.

第三章　俄罗斯传统价值现代转型的哲学转向

界的色彩。①

3. 苏联社会主义是超越西方文明优越论的成功实践

随着苏维埃政权在对抗西方中变得更为强大，古典欧亚主义者源于俄罗斯知识分子热爱祖国母亲的传统情怀，正视苏联社会主义日益强大的现实，他们没有从个人与苏维埃政府政见不合、被驱逐出境的立场诋毁苏联，反而从欧亚文明论的角度赞扬苏联社会主义是超越西方文明优越论的成功实践。《欧亚主义即社会主义之重新审视》《俄罗斯革命中的马克思主义》《论欧亚主义思想对布尔什维克思想的亲近性》等多篇文章肯定了布尔什维克政权下俄国的变化，认为苏联社会主义有效地践行了斯拉夫主义反西方价值体系的传统，其胜利是不可逆转的，反对欧洲化的布尔什维克政权可能更适合于跨欧亚的俄国，并认为俄国十月革命开创了人类历史的新时代，将对整个世界产生积极影响。舍甫琴科在论文集《出走东方：预感及其实现——欧亚主义者之主张》中，激情饱满地以诗化的形式揭示了俄国十月革命巨大的世界影响力："让俄罗斯酷刑般猛烈的火焰在莫斯科燃烧，用黑烟挡住俄罗斯人的天堂——要相信，在这个火焰中新人类的俄罗斯灵感将变得炙热。这个革命烽火将吹遍全世界，因为每个俄罗斯人都无差别地从一个火焰到另一个火焰中，在每一个火花中燃烧升腾。全世界都将在俄罗斯强烈的火焰中升华。"② 萨维茨基在《转向东方》一文中肯定了俄国"十月革命"的世界意义，布尔什维克政权之所以能在有浓烈宗教氛围的国度推行无神论，这与俄国跨欧亚的地理位置、多民族、多宗教直接相关，是为了使俄罗斯

---

① 转引自张海鹰《欧亚主义——俄罗斯思想的历史遗产》，《吉林省教育学院学报》2009 年第 9 期。

② П. П. Сувчинский: Исход к Востоку. Предчувствия и свершения. Утверждение евразийцев. Книга1. София，1921，http：//eurasian-movement. ru/archives/19922.

和非俄罗斯民众从精神上完全依赖布尔什维克。古典欧亚主义者不是从政治和意识形态角度为苏联社会主义辩护，而是揭示了这种制度结束俄国效仿西方道路的历史根源及其合理性，并把它当作维护俄罗斯文明自身样态的精神重建阶段。①

虽然古典欧亚主义者的构成复杂，观点也不尽相同，但在以上三个原则性问题上能够达成共识。古典欧亚主义立足于俄罗斯欧亚文明独特性展开对西方文明的现代性批判思考俄国命运和发展道路。②虽然学者们对古典欧亚主义的褒贬不一，但我们不得不惊叹于古典欧亚主义者从文化分析到政治预判的敏感力，特鲁别茨科伊在第二次世界大战爆发19年前就警示人们："要始终牢牢记住，把斯拉夫与德国人相对立，或者把图兰人与雅利安人相对立，都不能正确地解决问题，真正的对立只有一个：罗曼—日耳曼人与世界其他国家的人民，欧洲和人类的对立。"③

（二）古米廖夫的欧亚大陆发展空间论

苏联解体和西化改革失败，使俄罗斯重新面临文明定位和国家发展方向的艰难抉择。"俄罗斯向何处去？"成为知识分子讨论的热点，"只有欧亚主义才能拯救俄罗斯"的思想引发了人们的强烈关注。④

急剧的社会转型呼唤新的精神价值基础，俄罗斯的社会思想

---

① Н. С. Трубецкой: Русская проблема//На путях путях. Берлин: Геликон, 1922, c. 294 – 295.

② 林精华：《从欧洲化到苏维埃化的跨欧亚帝国治理：关于欧亚主义的论述》，《俄罗斯研究》2014年第3期。

③ Н. С. Трубецкой: Европа и человечество, 1920, http://eurasian-movement.ru/archives/1312.

④ 张建华：《新旧俄罗斯的相遇与歧路——欧亚主义视野下俄罗斯复兴之历史思考》，《学习与探索》2006年第2期。

第三章 俄罗斯传统价值现代转型的哲学转向

陷入错综复杂的多元化思潮中,欧亚主义在与人道主义、新自由主义、斯拉夫主义、保守主义、马克思主义等众多思潮的激荡中,汲取各方观点的有益成分孕育出新欧亚主义,尤其在近些年俄罗斯融入欧洲受阻后,新欧亚主义的热度倍增,逐渐从默默无闻的边缘地带上升为主流政治哲学。①

从思想脉络上看,古米廖夫(Л. Н. Гумилёв)是俄罗斯欧亚主义承前启后的重要人物,他对欧亚主义的创造性发展切中了当前俄罗斯面临的重新选择,被视为新欧亚主义兴起的关键性代表人物,当前新欧亚主义思潮的主要思想都源于古米廖夫的欧亚主义。

他是白银时代著名女诗人阿赫玛托娃之子,在苏联时期屡遭政治迫害多次入狱和流放,却毅然坚持欧亚主义学术研究,始终坚信国家利益高于一切,并对俄罗斯的未来充满信心。他继承并发展了古典欧亚主义代表萨维茨基的思想,建构了欧亚大陆发展空间、欧亚民族共同体和一体化理论。② 他还预言了苏联的解体,并断言只有欧亚主义才能拯救俄罗斯。

当下的俄罗斯学界公认 21 世纪是古米廖夫的时代,其思想对欧亚主义思想发展具有创造性意义:他实现了欧亚主义学科理论的奠基,把历史哲学与地理学、生物学、民族学等科学相结合,用自然科学为哲学思想提供有力论证,揭示了欧亚大陆出现和统一的起源;③ 他赋予欧亚主义强烈的地缘政治色彩,开创了俄罗斯

---

① 郭丽双:《俄罗斯新欧亚主义的理论建构及其政治实践》,《当代世界与社会主义》2017 年第 4 期。
② 粟端雪:《列夫·古米廖夫的欧亚主义学说及其对当代影响》,《俄罗斯中亚东欧研究》2012 年第 6 期。
③ 郭丽双:《俄罗斯新欧亚主义的理论建构及其政治实践》,《当代世界与社会主义》2017 年第 4 期。

地缘政治学的先河;确立新的俄罗斯思想,即以欧亚主义的文明定位超越欧洲中心主义普世价值论,确立俄罗斯文明的自信心。①

古米廖夫对古典欧亚主义的继承与发展,不仅增强了古典欧亚主义的学理基础,开创了地理与文明相符的文明论建构,将欧亚文明论奠基在地缘政治学的基础上,而且明确提出了重塑俄罗斯精神的目标。这正是现时代俄罗斯经历重大社会变革后,重新崛起所急需的精神价值基础和直接的思想资源。

二 新欧亚主义哲学理论建构及其政治实践

新欧亚主义是自由主义改革失败和俄罗斯融入欧洲受阻的应激性反应,较好地回答了俄罗斯迫切需要明确的国家身份认同问题和国家发展模式问题,它对俄罗斯各个领域都产生了直接影响。②

新欧亚主义研究者在前两代欧亚主义学者思想资源的基础上,用现代地缘政治学、人类学、传统主义、"保守的革命"新方法论和"第三条道路"经济模式等发展了欧亚主义,提出只有新欧亚主义才能拯救世界的主张,使新欧亚主义从反对派转变为当前政府维护派,在新的语境之下实现了古典欧亚主义的第二次重生。将俄罗斯的传统价值观在新哲学领域发展延伸。③ 其基本观点是:在文明观上,主张世界文明的多样性和欧亚文明的独特性,以文明多元论反抗西方普世论;在政治观上,以"第四政治理论"阐释俄罗斯独特的政治道路,对内实现团结,对外则巩固

---

① 粟瑞雪:《列夫·古米廖夫的欧亚主义学说及其对当代影响》,《俄罗斯中亚东欧研究》2012 年第 6 期;Карельская Л. П. Гумилёв, с. 67。

② 郭丽双:《俄罗斯新欧亚主义的理论建构及其政治实践》,《当代世界与社会主义》2017 年第 4 期。

③ 郭丽双:《俄罗斯新欧亚主义的理论建构及其政治实践》,《当代世界与社会主义》2017 年第 4 期。

第三章 俄罗斯传统价值现代转型的哲学转向

传统地缘政治利益和扩展地缘政治空间；在价值观上，主张"新欧亚的民族主义"，高举反抗美国价值秩序和政治秩序的新理论旗帜，构造地缘政治基础上的超民族认同，构造反抗美国单极世界的新欧亚价值体系。①

新欧亚主义的主要代表是莫斯科法学院教授 И. А. 伊萨耶夫（И. А. Исаев）、莫斯科大学哲学系教授 А. С. 帕纳林（А. С. Панарин）、俄罗斯科学院哲学所教授 Ю. А. 科瓦列夫（Ю. А. Ковалев）、辞去莫斯科大学社会学系教授现任"国际欧亚主义运动"领导人的 А. Г. 杜金（А. Г. Дугин）。

（一）新欧亚主义发展的三个发展阶段

在俄罗斯新旧历史转换和急剧的社会转型中，回应俄罗斯传统价值重塑的时代呼唤，从 20 世纪末至今，新欧亚主义自身的发展也经历了三个阶段：第一个发展阶段是从 1989 年到 1993 年，这一时期探讨的主题是俄罗斯文明类型的归属问题；第二个发展阶段是从 1994 年到 1999 年，这一时期探讨的主题是俄罗斯发展道路的选择；第三个发展阶段是从 2000 年至今，新欧亚主义的思潮，按照政治立场的不同，分化为左派、右派和中派，先后出现了"欧亚党"和"国际欧亚主义运动"等以新欧亚主义为主导思想的政党组织和社会运动。

（二）新欧亚主义哲学的理论建构

当前新欧亚主义发展到的第三阶段，其内部在思想倾向上逐渐分为三派：右派以帕纳林为代表，激进派以杜金为代表，温和

---

① 郭丽双：《俄罗斯新欧亚主义的理论建构及其政治实践》，《当代世界与社会主义》2017 年第 4 期。

派以俄罗斯科学院哲学所教授科瓦列夫为代表。

1. 帕纳林的俄罗斯文明欧亚独特性

帕纳林在《全球政治预测》（1999）、《全球化的诱惑》（2000）、《东正教文明》（2003）、《21世纪战略的不稳定性》（2003）等书中，描述了欧亚和西方在文明类型和地缘政治上的对峙，将导致全球危机。在《神秘的铁幕》（2006）一书中，俄罗斯将像自己的先辈一样，将来要把标志着俄罗斯独特文明的两大元素"陆地和海洋"合二为一。①

帕纳林进一步发展了古米廖夫"只有欧亚主义才能拯救俄罗斯"的思想，强调俄罗斯文明欧亚独特性可以作为世界文明中的一个样态而存在，批判了"俄罗斯不算是真正意义上的国家，注定不能保持自己独特性和自主性，只能跟在西方的后面"的观点，"帕纳林的观点要求，在构建俄罗斯社会时首先要考虑的不是抽象的一般原理，而应是俄罗斯具体的特点，民族的幸福与繁荣"；② 他更明确地提出了俄罗斯新欧亚主义的使命——作为先锋带领弱者反对强者，东正教的救世主义和整个俄罗斯历史，都在践行着这一使命，这种危机的唯一出路是，促使人们从内在精神出发去信仰正统的东正教、伊斯兰教和佛教；③ 帕纳林同时发展了古米廖夫欧亚主义地缘政治学，主张俄罗斯以新欧亚主义的政治定位和俄罗斯文明独特性，应对西方世界的挑战，以回归彼得大帝之前俄罗斯的原型，找回已失去的东斯拉夫和图兰成分的统一，重塑俄罗斯国家制度的基础。④

---

① А. С. Панарин: Тайна железного занавеса. - М., 2006, с. 243.
② ［俄］维·费·沙波瓦洛夫：《俄罗斯文明的起源与意义》，胡学星、王加兴、范洁清译，南京大学出版社2014年版，第14页。
③ А. С. Панарин. Тайна железного занавеса. - М., 2006, с. 243.
④ 郭丽双：《俄罗斯新欧亚主义的理论建构及其政治实践》，《当代世界与社会主义》2017年第4期。

第三章　俄罗斯传统价值现代转型的哲学转向

2. 杜金的"新俄罗斯"构想与"第四政治理论"

杜金是当前对俄罗斯政界影响最大和最受世界关注的新欧亚主义代表,被外媒称作"普京大脑",原因就在于,他从古米廖夫的欧亚主义推演出一套反抗美国主导单极世界的多维意识形态和欧洲大陆主义方案,并以"国际欧亚主义运动"组织与俄罗斯国家安全机构建立联系,对政府高层渗透新欧亚主义重振俄罗斯的理念。[1]

杜金从古米廖夫的欧亚主义推导出一系列新的地缘政治结论。

(1) 欧洲大陆主义方案。杜金把古米廖夫的欧亚大陆发展空间理论范围和活动范围扩展到了欧洲,他认为,欧洲对于欧亚主义"大空间"具有地缘政治的完整性和战略重要性,其中乌克兰起着不可替代的重要作用。[2] "从地缘政治上来看,乌克兰和俄罗斯联盟是重建俄罗斯欧亚帝国的主要保证,这是我们的历史责任,也是对我们的敌人——美国、北约和西方国家的主要威胁。"[3]

(2) 俄罗斯—伊斯兰大陆联盟。杜金把古米廖夫独特地理和历史,决定独特民族和文明的地缘政治理论,发展为俄罗斯—伊斯兰大陆联盟的思想。主张联合伊斯兰国家作为最重要的战略盟友,一起反抗以美国为首的单极世界。[4]

(3) 以多元文明世界的新理念反抗美国主导的单极世界。杜金由俄罗斯文明的独特性扩展到多元文明世界的新理念,提出真正的多极世界,应该是每个民族和每个地缘政治联盟都能自由地

---

[1] 郭丽双:《俄罗斯新欧亚主义的理论建构及其政治实践》,《当代世界与社会主义》2017 年第 4 期。

[2] А. Г. Дугин, "Новороссия—крах или взлет для России", Молодая гвардия, No. 9, Сентябрь, 2015, с. 244–248.

[3] А. Г. Дугин, "Новороссия—крах или взлет для России", Молодая гвардия, No. 9, Сентябрь, 2015, с. 244–248.

[4] 郭丽双:《俄罗斯新欧亚主义的理论建构及其政治实践》,《当代世界与社会主义》2017 年第 4 期。

选择本身的价值体系。①

（4）新俄罗斯。杜金将古米廖夫追求的"新的俄罗斯思想"进一步发展为新俄罗斯。主张按新欧亚主义的定位和俄罗斯文明的范围重建"新俄罗斯"，将俄乌冲突视作"俄罗斯之春"，② 对俄罗斯地缘空间中的性质界定是重建新俄罗斯的前提，宣誓俄罗斯历史和主权，真正意义上的新俄罗斯才有可能。苏联解体后俄罗斯由原来的世界强国衰落，由原来传统地缘政治空间的中心变为苏联空间的一个组成部分，无论从苏联主导社会主义世界的经历上看，还是从俄罗斯弥赛亚宗教政治传统看，俄罗斯都无法接受这一现实。"我们是谁？世界强国？一个区域？或分区域？克里米亚事件表明了我国对世界区域地位的不满。"③ 重建新俄罗斯可以使俄罗斯重返失去的地缘政治主导地位。其目标在于发展欧亚大陆的联盟及轴心体系，解决欧亚地缘的安全困境，最终实现俄罗斯帝国梦想。④

（5）"第四政治理论"。杜金从古希腊哲学、存在主义哲学和宗教神学探寻思想资源，构建了"第四政治理论"，不仅为多元文明达成价值共识奠定了坚实的哲学基础，而且为反抗现代社会理性主义和社会主义过度物化开启了方向。现代性导致了人类精神维度的扁平化，导致了信仰的迷失。"神学正在回归，并成为'第四政治理论'的重要组成部分。"⑤ 回归到古老的原初宗教是为了复兴

---

① 郭丽双：《俄罗斯新欧亚主义的理论建构及其政治实践》，《当代世界与社会主义》2017 年第 4 期。

② 郭丽双：《俄罗斯新欧亚主义的理论建构及其政治实践》，《当代世界与社会主义》2017 年第 4 期。

③ А. Г. Дугин, "Новороссия—крах или взлет для России", Молодая гвардия, №. 9, Сентябрь, 2015, с. 244 – 248.

④ А. Г. Дугин, "Новороссия—крах или взлет для России", Молодая гвардия, №. 9, Сентябрь, 2015, с. 244 – 248.

⑤ А. Г. Дугин: Четвёртая политическая теория, 2009, с. 7.

第三章　俄罗斯传统价值现代转型的哲学转向

传统价值观和人之为人的神圣精神价值。杜金的"第四政治理论"是用海德格尔存在主义的思维方式,找回现代哲学对人的形上存在的遗忘,找回人类存在的本体论和神学根基。① 杜金认为,只有将宗教和神学等非理性的精神作为"第四政治理论"新基点,在人内在生命没有任何限制的深度和信仰的高度上,才能自然地形成相同的价值观,"第四政治理论"也不再是强制性的。②

3. 科瓦列夫的"第三类世界秩序"论

俄罗斯科学院哲学所教授科瓦列夫是当前俄罗斯新欧亚主义温和派的代表。③

1977 年,科瓦列夫于莫斯科大学哲学系博士毕业后,一直工作于俄罗斯国家科学院哲学所,长期从事俄罗斯文明论的研究,他在批判文明进化论基础上,确证了俄罗斯文明与西方文明存在固有矛盾。他主张通过将俄罗斯传统哲学与地缘政治学相结合,从理论到实践层面全方位地解决两种文明的矛盾,使俄罗斯摆脱千百年来的文明论困境。

2015 年 12 月,科瓦列夫在俄罗斯著名杂志《哲学问题》上发表了《俄罗斯:重新面临道路的选择》这篇论文,引起俄罗斯政界和学术界的强烈关注,俄罗斯哲学界还为此于 2016 年召开了国际性的学术会议。其原因就在于他批判了新欧亚主义激进派代表杜金,以"全球使命""俄罗斯世界"和"保护俄罗斯的思想"

---

① 孔元:《欧亚主义回归与全球革命:亚历山大·杜金的地缘政治观》,《文化纵横》2015 年 10 月。
② А. Г. Дугин: Четвёртая политическая теория, http://konservatizm.org/konservatizm/theory/140309014819.xhtml.
③ 郭丽双:《俄罗斯新欧亚主义的理论建构及其政治实践》,《当代世界与社会主义》2017 年第 4 期。

等错误的观念，绑架了俄罗斯文明密码，挑起俄乌冲突，使俄罗斯陷入进退两难的困境。①

（1）批判现代"西化派"与"斯拉夫派"的争论

科瓦列夫发展了古米廖夫"只有欧亚主义才能拯救俄罗斯"的观点，他批判分析了当前俄罗斯"西化派"与"斯拉夫派"的争论，只有通过新欧亚主义超越东西方争论，才能为俄罗斯选择正确的发展道路。他指出，当前是俄罗斯再次寻找国家发展方向的关键时刻，针锋相对的"西化派"与"斯拉夫派"的立场，恰恰反映了俄罗斯地缘政治地位客观存在的固有矛盾，这两派分别以"俄罗斯的敌人"和"俄罗斯爱国者"两种方式解释了矛盾的一个向度。所以，俄罗斯选择新欧亚主义的立场才是正确的，才能走出"西化派"和"斯拉夫派"相互排斥的僵局，才能揭示出俄罗斯地缘政治地位的客观矛盾，从而找到解决矛盾的正确方法。②

现代"斯拉夫派"的基本观点是：俄罗斯不需要创造什么新的东西，只应该依赖于俄罗斯原有的核心价值观——东正教，一切问题都会在"超人因素"影响之下被自动解决，所以，东正教应该成为俄罗斯的国家意识形态。科瓦列夫认为，现代"斯拉夫派"的主张不符合俄罗斯当前现实，同时包含着矛盾。首先，俄罗斯是多宗教国家。在俄罗斯的永久居民里面有超过1800万穆斯林，佛教徒、犹太支持者、天主教徒、新教徒都很多。在俄罗斯联邦的一些地区的"俄罗斯人"和"穆斯林"之间的关系非常紧张。其次，社会是否真的具有"东正教复兴"的基础，还是不能

---

① 郭丽双：《俄罗斯新欧亚主义的理论建构及其政治实践》，《当代世界与社会主义》2017年第4期。

② Ю. А. Ковалев: Россия: снова перед выбором пути, Вопросы философии, №. 6, Июнь 2015, с. 201 – 209.

第三章　俄罗斯传统价值现代转型的哲学转向

确证的问题。① 今天，虽然 60%—80% 的俄罗斯人认为自己是东正教徒，但是积极参加宗教活动的虔诚信徒却为数不多。最后，当前俄罗斯东正教仍然不能建立科学和宗教之间的富有成果的对话，没有解决"信仰与理性"的矛盾，每一方都觉得自己比对方更有价值。②

因此，"斯拉夫派"以东正教复兴为根据战胜"西方派"的结论不能令人信服。东正教肯定是虔诚信徒生活中的道德和精神"动力源泉"，俄罗斯东正教只是无干扰地正常运转。但它不可能成为整个俄罗斯社会的这样的"动力源泉"，东正教不能被视作为俄罗斯复兴道路上"万能工具包"。③

俄罗斯现代"西方派"的立场是：俄罗斯是欧洲的有机组成部分；不要再谈"俄罗斯的特殊道路"，应该在俄罗斯扩展民主和个人自由思想的工作。这主张听起来令人振奋，但是，当我们了解清楚这些价值观在欧洲历史上的作用和地位后，就会发现它同样不符合俄罗斯当前道路的选择。④

科瓦列夫使用"合成"（синтез）理念对西化派观点进行了批判分析，该理论是在 19 世纪后期被俄国优秀的哲学家索洛维约夫提出的，是指各种参与社会运转的因素参与到类似于植物光合作用的合成活动中，而各因素的运行性质决定世界秩序的类型。⑤

---

① Ю. А. Ковалев: Россия: снова перед выбором пути, Вопросы философии, №.6, Июнь 2015, с. 201 – 209.
② Ю. А. Ковалев: XXI век. Россия. Расписание на сегодня—М.: РИОР, 2013, https://iphras.ru/uplfile/root/image/institut/admin/Kovalev_ 2013. pdf.
③ Ю. А. Ковалев: Россия: снова перед выбором пути, Вопросы философии, №.6, Июнь 2015, с. 201 – 209.
④ Ю. А. Ковалев: Россия: снова перед выбором пути, Вопросы философии, №.6, Июнь 2015, с. 201 – 209.
⑤ Ю. А. Ковалев: Россия: снова перед выбором пути, Вопросы философии, №.6, Июнь 2015, с. 201 – 209.

他认为，西方的这些民主自由价值观本身在西方世界已经矛盾丛生。欧洲人比较成功地通过"自力更生"的方式，从"超人因素"控制效应中走出后，"市场民主"的体制和整个国家运行系统在世界范围内产生了自己无法解决的问题。西方已出现价值和市场的僵局，俄罗斯"西化派"还没有认识到这一点，他们错误地把已经耗尽创造潜力的发展方式推荐给俄罗斯，这当然不是俄罗斯所期望的选择路径。[1]

（2）"第三类世界秩序"

鉴于对前两种世界秩序的利弊分析，科瓦列夫在批判以杜金为代表的新欧亚主义激进派主张的基础上，提出了以古米廖夫之大欧亚主义和索洛维约夫之世界意识为基础的"第三类世界秩序"（Третий тип мироустройства）。他认为俄罗斯选择新欧亚主义是正确的，但不是以杜金为代表的新欧亚主义激进派主张，而应该是古米廖夫与索洛维约夫观点相结合的温和新欧亚主义，即大欧亚意义上的新欧亚主义。2015年12月，科瓦列夫在著名的《哲学问题》杂志上发表了《俄罗斯：重新面临道路的选择》这篇论文，集中批判了新欧亚主义的激进派的主张，尖锐地指出，杜金用"全球使命""新俄罗斯""俄罗斯世界""俄罗斯高度的责任感"和"保护俄罗斯的思想"等错误的观念，绑架了俄罗斯文明密码，点燃了俄乌冲突的导火索，使俄罗斯陷入倍受指责和严厉制裁的困境。科瓦列夫对新欧亚主义激进派的批判引起俄罗斯政界和学术界的强烈关注，由此于2016年在圣彼得堡召开了国际研讨会，探讨俄罗斯在困境中如何做出新的抉择。

---

[1] Ю. А. Ковалев: Россия: снова перед выбором пути, Вопросы философии, №. 6, Июнь 2015, с. 201 – 209.

第三章 俄罗斯传统价值现代转型的哲学转向

现代"斯拉夫派"和"西化派"的主张都不适合当下俄罗斯的重新道路选择,那么是否有适合俄罗斯目前道路选择的方案呢?科瓦列夫给出了肯定的答案,这种方案是存在的,在索洛维约夫"第三类世界秩序"与古米廖夫欧亚大陆方案的结合中。

索洛维约夫确信"第三类世界秩序"一定会出现,它会作为已经存在的前两个程序的合成。该合成的本质:(1)中世纪欧洲公设人类以物质的世界为代价而依赖"天上"的世界;(2)启蒙运动文化公设的以"天上"的世界为代价而激发人和物质世界独立性,"第三类世界秩序"是以上两类世界秩序新的组合。索洛维约夫认为,俄罗斯文明是开创"第三类世界秩序"最为适当的"工具",它会在一个新水平上继续监督已经开始的工作。

科瓦列夫进一步指出,俄罗斯文明的密码应该是古米廖夫的大欧亚主义与索洛维约夫的世界意识,二者的结合将构成俄罗斯特有的第三类世界秩序。科瓦列夫认为,古米廖夫所说的俄罗斯文明使命就在索洛维约夫的这一新秩序的机制中"包含着"。

(3)"大欧洲"理念

基于俄罗斯文明密码与大欧亚的追求,如何在实践中来实现合成?科瓦列夫的回答是"大欧洲"的理念。他将古米廖夫的大欧亚空间转换为"大欧洲"的理念,这不是俄罗斯文明范围继续扩大,而是"第三类世界秩序"的实践。

科瓦列夫指出,我们的时代呼吁建立一个新的社会秩序,当前世界明显分化为三个强大的趋势:美国在加强"输出民主"的活动;宗教激进主义分子的活动有所增加,这些活动针对现代的"没有上帝的西方",所有穆斯林要重返到"正义祖先生活和信仰的方式"；"俄罗斯世界"的思想将变成俄罗斯外交政策的"中心轴"。当前情况的悲剧在于，以上三个强大趋势的每一方都认为自己是真理的代言人，因此相互间都不能被说服，无法达成共识。如果不能解决这个问题，很可能会挑起为实现"自身价值"的新世界大战。

从价值观的分析可以看到，美国民主扩张活动的增加是基于"启蒙的文化"：只有个人的选择确定相信或不相信上帝，因为他（上帝）不在实际生活中起决定性作用，而人要自己来实现一切；伊斯兰宗教激进活动的增长是基于"只有上帝才有真正价值，人的一切都依赖于他，地上人的生活，其实就是对最高法院的准备"的原则上；欧亚主义激进派把"俄罗斯世界"思想转换为俄罗斯外交政策的领先"中心轴"，是基于一个全人类的使命——创造一个公正的社会，以替代"西方价值观"。对俄罗斯来讲这变成保护"保守价值观"和"保护同胞权利"的愿望。

科瓦列夫基于"合成的逻辑"（在其中心是俄罗斯全人类的使命），主张三方理论家通过对话来"调和"这三种互不认同的价值观。对此，他提出了一个具体方案——"大欧洲"方案。这是一个"从里斯本到符拉迪沃斯托克的欧洲"（"大欧洲"）的想法。这个想法的实现将意味着一个新的地域和文化共同体的创建。这样属于不同族群的人，将会产生共同的超民族认同（如超欧洲人），以此消除领土冲突。这样，在苏联（超民族共同体是"苏联人民"）对克里米亚的居民来说，他们的半岛是否属于俄联邦已不重要。但是在实践中，也会遇到俄罗斯—西欧文明分裂和价值的相互排斥问题。例如，由于传统价值的不同，俄罗斯与西欧在对待国家领导人的态度方面很不相同，俄罗斯人所特有的态度是对国家领导人崇拜，而欧洲人特有的态度是，把自己国家领

第三章　俄罗斯传统价值现代转型的哲学转向

导人视为他们聘用的工作人员，是从他们的税收中领取工资的高层管理人员。类似于这些观念的不同具体如何达成共识，还需在实践过程中进一步思考和尊重人民自己的选择。

因此，建立"大欧洲"的理念，不是机械地把"欧洲价值观"延长到太平洋，或把"俄罗斯文明"（东正教）延长到大西洋。它是为消除俄罗斯和西欧彼此间在价值论方面的对立，通过把"大欧洲"作为合成区，来践行"第三类世界秩序"的实践方案。科瓦列夫认为，当前俄罗斯的主要任务应该是在价值观合成的基础上，为从里斯本到符拉迪沃斯托克的欧洲概念而战斗。只有这样才能让每个俄罗斯公民看到自己的精神价值，而任何生活在俄罗斯领土上的人感觉到俄罗斯是"自己生存的保障"。"大欧洲"不仅仅是指从里斯本到符拉迪沃斯托克的地理概念，这个理念主张跨区域跨国界的重塑俄罗斯文化共同体，将意味着一个新地域和文化社区的创建，形成超民族的认同。而"大欧洲"的理念要在实践层面获得成功必须在价值观上基于第三类世界秩序。"建立大欧洲的概念不是机械地把'欧洲价值观'扩展到太平洋，或者是把'俄罗斯文明根本的文明价值'（东正教）扩展到大西洋。因此，要消除俄罗斯和西欧彼此间价值论方面的排斥，要实现从里斯本到符拉迪沃斯托克的欧洲方案，只能通过形成'大欧洲'的地区综合体：第三类的世界秩序。"[1]

形成真正的多极世界需要有多个系统区域作为必要条件，俄罗斯建立欧亚中心区（МЦЕ）将面临严重的阻碍，领土冲突让俄罗斯备受煎熬：乌克兰克里米亚和东南部的德涅斯特、乔治亚州、千岛群岛。因为当前"冲突"每一方都坚持自己的"真理

---

[1] Ю. А. Ковалев: Россия: снова перед выбором пути, Вопросы философии, №.6, Июнь 2015, с. 201–209.

回归与重塑：俄罗斯传统价值的现代命运

性",普遍诉诸"双重标准"和"对历史的抽样性表述",如果停留于此,历史将进入无解的死胡同。这些问题涉及欧洲、俄罗斯和伊斯兰世界,或者简化为：基督教文明和伊斯兰教文明。这需要在超越异质文明之上找到一个基点,来解决共同面临的困境,如何找到这样一个基点是我们成功的必要前提。如果基督教文明和伊斯兰教文明都基于自己的价值观,返回自己文明的原初价值,可以重塑价值的道德生长点,并在其基础上展开文明间的对话,逐步消除领土上的争端。①

可见,新欧亚主义从人类文明构成的大视野,探讨俄罗斯作为跨欧亚帝国的一些基本问题,包括其形成和发展的特殊之路、支撑这种跨欧亚帝国的俄罗斯东正教弥赛亚使命、俄罗斯文化构成的多元性、俄罗斯在历史和地理上区分欧亚洲的原因等,它以深厚的哲学建构超越了"西化派"和"斯拉夫派"的百年争论,不仅明确了俄罗斯的文明定位和国家身份认同,为俄罗斯提供重塑俄罗斯历史观和民族价值观学理基础和世俗心理基础,也为振兴俄罗斯提出了明确的目标和实践方案,新欧亚主义之所以在当下俄罗斯上升为主流政治哲学并对国家产生重要影响,其现实生命力就在于此。正如别尔嘉耶夫的评述,古典欧亚主义最值得称赞的是,以文化高于政治并主导政治的价值原则反抗欧洲文化和政治的垄断："欧亚主义者的功绩在于,他们敏锐地感觉到所发生变革的程度和返回到战争和革命前是不可能的。欧亚主义者果断提出,文化高于政治,并在政治中居于主导地位,俄罗斯的问题是精神文化问题,而不是政治问题。在俄国移民的环境中确立这种意识是一个很重要而紧迫的任务。欧亚主义者对西欧的这种

---

① Ю. А. Ковалев: Новая геополитическая реалъностъ и вопросы идеологии, https://iphras.ru/uplfile/root/image/institut/admin/Kovalev_ doklad_ 19_ 04_ 2017.pdf.

第三章 俄罗斯传统价值现代转型的哲学转向

虚假错误想法和态度只能称得上是亚洲立场的想法,而不是欧亚的立场。但他们正确地体察到,欧洲文化将不再是文化的垄断者,文化将不仅仅指欧洲文化,亚洲人民将重新进入世界历史的潮流。"① 古典欧亚主义从诞生之初就具有反抗欧洲文化和政治垄断的基因,新欧亚主义将其继承并发展强大。新欧亚主义思想实质不是复兴俄国亚洲地区的独立文化价值,而是为重建有实体意义的原苏联空间,提供理论依据和价值支撑,这是俄罗斯传统价值观在政治哲学中的新发展。②

第五节　俄罗斯传统自由主义哲学的复兴与发展

本节的研究对象"新自由主义"不是苏联解体后,叶利钦等人直接从西方移植过来的新自由主义,而是在"休克疗法"失败后,俄罗斯在综合自身历史上传统自由主义与现代西方自由主义基础上生发出来的,俄罗斯自己的新自由主义。从俄罗斯传统自由主义的产生与传播以及具体主张的内容中,我们都可以看到其中俄国化的印记,尤其在对待法律、秩序问题上,对待社会主义的态度上都与西方自由主义有很大的差异。俄罗斯初期西化模式改革失败后渐渐兴起的新自由主义,更多地继承了俄罗斯传统自由主义这个特质。当前俄罗斯新自由主义已经实现了重塑西化与本土两派自由主义,形成了俄罗斯自己的新自由主义,是俄罗斯传统价值现代转型的一个重要组成部分。

---

① Н. А. Бердяев: Евразийцы//Журнал "Путь", No. 1, 1925, с. 136.
② 郭丽双:《俄罗斯新欧亚主义的理论建构及其政治实践》,《当代世界与社会主义》2017 年第 4 期。

一 俄罗斯传统自由主义哲学的复兴与新自由主义哲学的形成

在俄罗斯转轨初期自由主义从一度盛行到跌入低谷,背负卖国的骂名,但在当前俄罗斯社会中自由主义不仅存在,而且有不断发展的趋势,当代俄罗斯自由主义的主要代表是政治舞台上的右派,被称为亲美派、西化派,特别是在知识分子和青年学生中影响很大。

目前我国对俄罗斯新自由主义思潮跟踪研究略显滞后,对其基本认识大多还停留于俄罗斯初期西方新自由主义的刻板印象,没有揭示当前俄罗斯新自由主义思潮已经实现了重塑西化与本土两派自由主义,形成了俄罗斯自己的新自由主义。"休克疗法"失败后,俄罗斯学者没有仅仅停留于对西方新自由主义的嘲讽与失望中,而是继续思考自由主义哪里出了问题。[1]

俄罗斯自由主义的研究者在关注西方自由主义理论的同时,回过头来向俄罗斯传统自由主义寻求解决问题的方向。[2] 正如自由主义几百年前传入俄罗斯时一样,正是自身俄国化的过程赋予它无限的生命力,历经"黄金时代""斯芬克斯之谜"论战、"白银时代"等阶段,它已深入俄罗斯传统文化之中。别尔嘉耶夫是俄罗斯"白银时代"最具代表性的自由主义者,苏联解体前后他的思想回归到祖国,作为俄罗斯传统文化之根、俄罗斯精神之魂而被热情拥抱。当前俄罗斯学者所做的工作就是进一步将西方自由主义俄国化,与俄罗斯的传统自由主义、俄罗斯现代化的实际

---

[1] [俄]М. А. 维格尔:《当代俄罗斯的政治自由主义》,毛寿龙译,百度文库,https://wenku.baidu.com/view/9a9da02d8bd63186bdebbc44.html。

[2] 董晓阳:《自由主义在俄罗斯的传播及其规律性》,《当代世界》2013年第1期。

第三章 俄罗斯传统价值现代转型的哲学转向

需要相结合。虽然目前俄罗斯新自由主义思潮与其他思潮相比,处于较边缘化的地位,但俄罗斯新自由主义学者孜孜以求,不断探索新理论的发展方向及其政治实践的有效方案。

俄罗斯新自由主义思潮在学界的主要代表人物有:俄罗斯科学院哲学研究所社会与政治哲学研究室主任、"俄罗斯自由主义遗产"国家基金会主席阿列克谢·阿列克谢耶维奇·卡拉-穆尔扎(А. А. Кара-Мурза),俄罗斯国家科学院社会经济问题研究员 Е. М. 阿富拉莫娃(Е. М. Авраамова),莫斯科大学政治系教授 Л. Г. 贝佐夫(Л. Г. Бызов)、Л. 诺维科娃、Н. 希杰姆斯卡娅、З. В. 斯米尔诺娃,俄联邦金融学院理论和历史系副教授 А. В. 波波娃(А. В. Попова)、А. В. 彼得洛夫(А. В. Петров)、С. В. 雅鲁宁(С. В. Ярунин)、М. А. 维格尔、Н. А. 巴拉诺夫(Н. А. Баранов)、Г. А. 贝戈夫斯佧娅(Г. А. Быковская)、Р. А. 切梁科夫(Р. А. Черенков)、А. А. 科列罗夫(А. А. Горелов)、И. А. 马特维耶夫(И. А. Матвеев)、А. В. 彼得洛夫(А. В. Петров)。俄罗斯新自由主义思潮在政治实践中的主要代表人物有:В. В. 普里金(В. В. Пулькин)、В. П. 祖巴廖夫(В. П. Журавлёв)、В. П. 法捷耶夫(В. П. Фатеев)、涅姆佐夫(Немцов)、纳瓦利内(Навальный)、卡西亚诺夫(Касьянов)、卡斯帕罗夫(Каспаров)等。

该思潮的主要观点有两派,学界和统一俄罗斯党主张温和的自由主义,而自由主义反对派持激进立场。本书在此首先重点介绍学界的新自由主义观点在推进该思潮中的创新,然后分析其政治实践中的温和派与激进派。在学术界,当代俄罗斯自由主义更多地主张挖掘俄罗斯传统文化中的自由主义思想,展现俄罗斯历史上杰出的自由主义人士和丰富的自由主义实践活动,还原俄罗斯内涵丰富的自由主义历史传统,并认为自由主义理念与方案终将成为俄罗斯人的必然选择。俄国化了的自由主义价值观里体现了"秩序"这个重要的价值观，这正是俄罗斯社会转型中人们的第一需求。

（一）自由主义的俄国化

自由主义在俄罗斯的命运随着社会转型而跌宕起伏，西方自由主义改革的失败没有使俄罗斯热爱自由主义的学者一蹶不振，他们开始思考自由主义到底哪里出了问题？他们在回溯自由主义传入俄罗斯和进一步发展的过程中，找到了答案——自由主义的俄国化。

З. В. 斯米尔诺娃以恰达耶夫自由主义思想俄国化呼唤那一时期的时代精神为例，鲜明地提出了自由主义的俄国化问题。她认为，恰达耶夫的自由主义在当时俄国犹如一道黑夜中的惊雷，唤醒了俄国思想界民族意识的觉醒，其主要原因就在于恰达耶夫自由主义世界观以传统概念为本体论基础，呼喊出了那一时代精神的使命——塑造民族历史的自我意识。她指出恰达耶夫的《哲学通信》引起了当时俄国思想界的强烈关注，引起持续不断的争论，原因不仅仅在于他以自由主义的极端方式批判沙皇俄国专制制度和农奴制，其深刻的原因就根植于当时的"时代精神"和俄国历史局势的特点之中，塑造民族历史自我意识是这一时代的使命，恰达耶夫正是以自由主义俄国化的方式，在历史和哲学理论建构中进行了有益尝试。①

当时欧洲思想对俄罗斯起着远方灯塔的启明作用，18世纪末至19世纪初，启蒙时代的理性主义已让位于把历史视为有机进程的观点。在农奴制即将灭亡和急待确定国家日后发展途径的俄

---

① ［俄］З. В. 斯米尔诺娃：《十九世纪前半叶的俄国思想与历史传统问题》，邵凤廷摘译，《哲学译丛》1996年第Z1期。

第三章　俄罗斯传统价值现代转型的哲学转向

国,塑造民族历史自我意识日益被提到社会思想的首位。因此在1830—1850年,民族历史传统问题具有头等重要的意义。① 斯米尔诺娃认为,在回答这个问题上,恰达耶夫在历史和理论方面做出最有趣和最有意义的尝试。恰达耶夫虽然是自由主义的代表人物,他的思想在俄罗斯社会起到了自由主义启蒙的作用,但他的自由主义中传统这一概念占有最重要的一席之地。恰达耶夫的传统概念与其整个哲学体系联系在一起,是其本体论基础之一,对恰达耶夫的世界观来说,至关重要的是万物统一思想。在历史范围,传统只是这种统一的时间显示,是存在所固有的内在联系的表现。② 这样的世界观基础与西方自由主义迥异,是俄国自由主义哲学基础和世界观上的俄国化。西方自由主义改革在俄罗斯的失败,就在于水土不服,没有经历俄国化的过程直接进入政治实践。自由主义对于俄罗斯来说,方向是正确的,但是只有在俄国化的自由主义指导下,其政治实践才能取得成果。

阿列克谢·阿列克谢维奇·卡拉-穆尔扎认为俄罗斯历史上的传统自由主义应当称为当下俄罗斯社会发展的思想资源。2012年5月29日,他在俄罗斯接受《独立报》专访时驳斥了有关俄罗斯自由主义的三种谬论,即自由主义于俄罗斯乃"异域之物",不可能在俄罗斯大地"生根发芽";自由主义者不是爱国者,而是某种"势力"的"代言人";自由主义者是国家制度的破坏者。卡拉-穆尔扎认为,俄罗斯历史上不乏杰出的自由主义人士,也曾经出现丰富的自由主义实践活动,当前需要还原俄罗斯内涵丰富的自由主义历史传统,自由主义的理念与方案终将成为俄罗斯

---

① [俄] З. В. 斯米尔诺娃:《十九世纪前半叶的俄国思想与历史传统问题》,邵凤廷摘译,《哲学译丛》1996年第Z1期。
② [俄] З. В. 斯米尔诺娃:《十九世纪前半叶的俄国思想与历史传统问题》,邵凤廷摘译,《哲学译丛》1996年第Z1期。

人的必然选择。

（二）"俄罗斯新自由主义"概念的提出

Л. И. 诺维科娃、И. Н. 希杰姆斯卡娅、А. В. 波波娃、А. В. 彼得洛夫、С. В. 雅鲁宁、Н. А. 巴拉诺夫等学者分别从不同的角度展开研究，主张当前俄罗斯应当形成自己的新自由主义，作为国家未来发展的思想指导。

他们认为，俄罗斯西方自由主义改革失败的主要原因在于，俄罗斯领导人在复制西方的模式时忽略了俄罗斯本身的传统、思维方式和文化的特点。因此，俄罗斯应当在注重俄罗斯自身传统和历史发展特殊性的基础上，汲取俄罗斯传统自由主义的有益成分，融入现代发展需求，积极发展出俄罗斯的新自由主义。

20世纪90年代中期以来哲学博士 Л. И. 诺维科娃、И. Н. 希杰姆斯卡娅合作发表了一系列关于俄国新自由主义的文章和著述。二者梳理了自由主义思想在俄罗斯哲学史上的发展，并与同时期的斯拉夫主义、社会主义进行比较分析，认为19世纪末20世纪初俄罗斯的自由主义在与斯拉夫主义、社会主义的论战中已经发展成熟，吸纳后两者的合理思想，突破了以往自由主义的局限，完成了自身的俄国化过程。她们认为公正的理想或社会主义的实现只能依靠法制国家基础上的民主途径，法制国家是向社会主义国家过渡的立足点。[①] А. В. 波波娃（А. В. Попова）继续沿着上两位学者的研究方向前进，从历史上对俄罗斯自由主义的传入和发展进行了详细的研究，得出同样的结论，将19世纪末20世纪初俄罗斯的自由主义称为俄罗斯新自由主义，认为这一新自由主义是成熟的理论形态，符合现代俄罗斯意识形态合法性的原

[①] 张树华、刘显忠：《当代俄罗斯政治思潮》，新华出版社2002年版，第201—205页。

第三章　俄罗斯传统价值现代转型的哲学转向

则，应当成为当下俄罗斯的国家意识形态。① А. А. 科列罗夫则从西方与俄罗斯对比的视角揭示了俄罗斯新自由主义的独特性，主张符合世界和俄罗斯双重发展要求的新自由主义路径是俄罗斯发展的未来方向。②

当前俄罗斯新自由主义在理论和实践上有三个方向：国家自由主义、社会自由主义和法律自由主义。其中以国家自由主义的热度最盛，因为这个方向的俄国化色彩更浓厚，社会自由主义和法律自由主义都因缺乏现实因素，处于理论的酝酿和发展阶段。以理性主义为根基的法律意识在俄罗斯相当薄弱，因而法律自由主义在俄罗斯尚处萌芽状态，故此处不做过多介绍，待后续追踪研究。下面我们着重介绍当前俄罗斯国家自由主义的观点，简介社会自由主义。

（三）国家自由主义（保守自由主义）

国家自由主义因强调强大的国家因素，带有俄罗斯传统的国家主义色彩，故又称为保守自由主义。Н. А. 巴拉诺夫（Н. А. Баранов）、Г. А. 贝戈夫斯佧娅（Г. А. Быковская）、Р. А. 切梁科夫（Р. А. Черенков）等学者认为将自由主义与保守主义相混合，形成新自由主义将是俄罗斯未来可期的前景。他们主张在俄罗斯"加速现代化"时期，当社会依然没有能力根据明确的利益结构来组织自己时，国家必须承担塑造稳定政治体制和组织社会秩序的主导角色。国家自由主义吸收了19世纪俄罗斯哲学家契切林保守的自由主义。在社会组织自身缺乏自治能力的情况下，由国家

---

① А. В. Попова: Либерализм и неолиберализм в правовом измерении России на рубеже XIX—XX вв. Журнал российского права, №. 4, 2011, с. 106.

② А. А. Горелов: Либерализм в России и эволюционный императив, https://cyberleninka.ru/article/n/liberalizm-v-rossii-i-evolyutsionnyy-imperativ.

领导人在政治和经济自由主义中起主导作用，协调社会利益的分配。国家自由主义也认识到这一"开明专制"蜕变为独裁专制的危险性。因此，它强调公民权利、自由、法律高于政治，俄罗斯只有依靠强大的国家和法制才能塑造俄罗斯政体的基础。

巴拉诺夫（Н. А. Баранов）指出，目前俄罗斯很难把自由主义和保守主义分开来，二者在不同情况下已逐渐混合成不同比例的自由主义的保守主义或保守主义的自由主义。在此基础上，他简明了保守的自由主义和自由的保守主义二者的区别。前者更重视自由，后者更重视传统。Г. А. 贝戈夫斯佧娅和 Р. А. 切梁科夫则反思从俄罗斯20世纪90年代的西方自由主义改革。他们将叶利钦西方自由主义改革和普京时代改革内容进行了比较。他们详细地介绍俄罗斯新自由主义的发展过程和特点，主要是从西方经济学的学术观点，分析了叶利钦时代和普京时代俄罗斯自由主义发展的不同路径。他们认为，在普京时代，俄罗斯新自由主义才真正地具有了自己的特点，新自由主义的改革摆脱了俄罗斯受国际金融机构支配的结果。[1] 俄罗斯新自由主义的特点是，以国家作为一种强制力的存在为前提，国家维护社会公共生活领域秩序，最大限度地实现自由主义的理想。[2]

（四）社会自由主义

国家自由主义倾向于保守的自由主义，突出国家在俄罗斯的强大角色。与此相反，社会自由主义则相信自由主义必须生长于对政治自由理想和社会正义的承诺基础上。社会自由主义认为，

---

[1] 郭丽双：《当代俄罗斯社会思潮研究》，人民出版社2017年版，第148—150页。

[2] Г. А. Быковская, Р. А. Черенков: Неолиберализм в контексте историко-политического процесса, Научные ведомости Белгородского государственного университета. Серия: История. Политология, 2008.

第三章　俄罗斯传统价值现代转型的哲学转向

在俄罗斯历史上缺乏支持自由主义的社会基础，但有强国家的传统弥补这一弱点。对此有些学者指出，强国家的传统这本身就是俄罗斯问题的根源，所以国家自由主义和社会自由主义都不应该错误地将国家作用扩大，那样会偏离新自由主义的主旨，走向专制。

2015年，阿富拉莫娃在《社会科学与现代》杂志上发表论文《现代俄罗斯社会需要社会自由主义吗?》，文中简明地提出了俄罗斯新自由主义的命运问题。她在综合分析一系列有关新自由主义社会学调查数据基础上得出结论，认为俄罗斯需要的是一种社会自由主义。社会自由主义被看作是一个平衡的发展与稳定，它以高质量的制度环境为提高集体和个人的竞争力提供必要条件。①

А. В. 彼得洛夫（А. В. Петров）和 С. В. 雅鲁宁（С. В. Ярунин）则从经济全球化的国际视角，提出了俄罗斯新自由主义现代化的任务，加速俄罗斯社会转型，把俄罗斯从传统型社会转变为创新型社会、知识经济型社会。他们指出，全球化的现代化是不可逆转的世界趋势，其特点是具有普遍性，因此它客观地适用于所有现代社会的存在，打破了旧的世界秩序，在重塑民族基础的身份认同，以美国力图实行的"全球民主的管理"为典型。所以全球化在认同的过程中包含着一系列的矛盾，尤其对于像俄罗斯这种具有混合效应的国家。俄罗斯不可能在这种新自由主义的全球化之外发展，因此，俄罗斯应该在维护自己经济主权的前提下，为这种全球化的现代化做好准备，建立良好的投资环境，为海外公司在俄罗斯实施外包研发和发展技术密集型生产创造条件。俄罗

---

① Е. М. Авраамова: Общественные науки и современность, №.3, 2015, с.101 – 113.

斯应该反对民粹主义,将真正有效的保护主义政策表现在现代条件下加强全球竞争的状态。所以,俄罗斯应该加速社会转型,转变为创新型社会、知识经济型社会,不成为全球化现代化的附属品。①

二 俄罗斯新自由主义哲学的前景

俄罗斯新自由主义将以什么样的形式发展?它能否再度成为俄罗斯发展的精神动力?这是一个存在巨大争议的问题。俄罗斯新自由主义派持乐观态度,在不同维度上满怀信心地建构其理论基础并积极倡导政治实践,但也有学者对此持批判态度,尤其是大众仍停留于对西方自由主义改革失败的阴影里,不信任新自由主义的主张。

国家新自由主义代表巴拉诺夫对新自由主义在俄罗斯发展充满希望,他认为,在俄罗斯最有前途的就是保守主义和新自由主义的合成。他指出:"很多专家认为,俄罗斯的未来和前途在于自由主义的保守主义,因为它包含着自由民主价值、国际精神、俄罗斯传统价值的主要思想的确立,形成了新自由主义的价值,即传统自由主义和社会民主的合成。"② 俄罗斯传统自由主义被第一次世界大战、"十月革命"和后来的苏联时期阻断了几十年,因此需要经济自由主义与精神文化保守主义的合成。保守主义的自由主义和自由主义的保守主义相互渗透的领域很多,比如:国

---

① A. B. Петров、C. B. Ярунин: Экономическая глобализация и неолиберальная модернизация в России. СаНКТ – ПеТерБурГСКоГо уНИВерСИТеТа. Сер. 12. 2008. Вып. 4 Вестник.

② Н. А. Баранов: Либерально – консервативный синтез в России: история и перспективы. Научная дискуссияВыпуск 5 2010, http: //studydoc. ru/doc/2266060/liberal. _ no-konservativnyj-sintez-v-rossii-istoriya-i-pers.

第三章 俄罗斯传统价值现代转型的哲学转向

家调控的领域和范围的识别、社会治安和稳定的维护、经济改革的持续、实现具有俄罗斯文明特征的政治现代化等。

俄罗斯联邦总统普京的一系列决策和新闻消息中，充分体现了保守主义和新自由主义合成的趋势。例如，普京在2005年4月24—25日明确了自由民主国家的优先事项，再次确认先前提出的关于实现"走向自由—自由的人"的基本理念，允许扩大言论自由的空间和渠道，在新的国际条件下寻求符合俄罗斯本土的"人文价值"与现代价值的结合等。在价值观方面，提高整个社会的文明水平，为个人和集体的成功创造良好条件，这要依靠现代社会的法制系统、公共道德及文化领域的共同努力，充满保守内容的传统价值是其中的重要因素。如2005年4月25日普京所指出的：沙皇俄国和苏联时期的传统道德文化，至今仍是非常有意义的道德尺度和标准。在工作、家庭和社会中像这样的价值观：牢固的友谊、互相帮助、信任、团结和可靠性等，这是千百年来一直在俄罗斯土地上信奉的价值观，这些都没有过时。① 只有当每个人获得成功，俄罗斯才能成为繁荣的国家，这不仅仅取决于它的福利水平，这在很大程度上取决于保守主义和新自由主义合成，取决于俄罗斯在现代世界文明中如何实现自由主义的保守主义。

众多学者认为国家自由主义是最适合当下的模式。他认为在俄罗斯"加速现代化"时期，当社会组织力量弱和法律软硬件都无法正常发挥作用的情况下，只有国家能承担塑造稳定的政治体制和社会秩序的主导角色。社会自由主义关于社会平均主义和自治手段在目前俄罗斯都不具备，在国家主义和父爱主义传统浓厚俄罗斯，民众缺乏公民意识，目前还无法实现独立而自治的市民

---

① 俄罗斯总统普京在俄罗斯联邦议会上的讲话，2005年4月25日，俄罗斯报，https：//rg.rn/2005/04/25/poslanie-text.html。

社会。

与以上观点相反，И.А.马特维耶夫则认为当前普京所建立的自由主义与保守主义相混合的发展模式是一种新世袭模式。他在《俄罗斯：混合式新自由化：普京领导下的俄罗斯国家、合法性和新自由主义》一文中表达了对俄罗斯新自由主义的质疑。他指出，由于最近俄罗斯更积极地参与国际经济和社会活动，以及为了应对来自西方的制裁而实行了一种"进口替代"的政策，据此，我们是否可以认为俄罗斯作为新自由主义国家呢？他认为俄罗斯总统普京建立的所谓"真正新自由主义"，只是俄罗斯现在缓和国内外矛盾的应时之举，不能作为世界自由主义程序的替代模式，它不具有普遍性，不能推广到其他国家。俄罗斯这种新自由主义的混合性，是普京上台后为俄罗斯政治模式寻求政治合法性的一个技术策略。它经不起来自外部国际金融机构的冲击，如2008—2009年的经济危机让国家回到新自由主义的政治。普京所构建的所谓"俄罗斯新自由主义"自身包含着无法解决的矛盾："作为俄罗斯官僚世袭主义基础的权力官僚，极力反对降低国家在经济中的作用，这与社会领域新自由化的社会承诺直接冲突，二者的矛盾导致不均衡的政治与混合型的社会构成无法协调运转。"① 同时这种模式作为全球新自由主义变革的组成部分，其关键特性是重新定义了公共和私人之间的关系，前者侵犯了后者的权利，这违反自由主义最基本的原则。因此，И.А.马特维耶夫认为，从长远看普京所构建的俄罗斯新自由主义不仅不会解决俄罗斯的问题，反而会引起更多的社会矛盾问题，因此俄罗斯需要

---

① И. А. Матвеев: Гибридная неолиберализация: государство, легитимность и неолиберализм в путинской России. Полития. ru/Содержание выпуска № 4, 2015, http://politeia.ru/search/.

第三章 俄罗斯传统价值现代转型的哲学转向

考虑其他经济和社会改革方式。俄罗斯评论家 В.Г. 邦达连科，尖锐地批判了俄罗斯的自由主义派知识分子是俄罗斯民族陷入严重危机的罪魁祸首，他的观点代表老年一般大众的看法，他们依然怀念苏联时期国家的强大。

从政治理论建构方向看，俄罗斯新自由主义目前的理论建构方向是正确的，以自由主义俄国化为切入点，寻求传统与现代的结合点。国家自由主义正是在这个方向上着力建构的，认为保守主义与俄罗斯新自由主义的混合符合俄罗斯当前的政治现实。但从社会价值观和政治价值观来看，自由主义文化的核心价值是个性和个体，而俄罗斯传统价值一直以国家主义和集体主义为主，缺少自由主义的文化价值和个人意识。历经一个多世纪形成的俄罗斯传统自由主义还没有在人们心中扎根，就被第一次世界大战、"十月革命"和后来的苏联时期阻断了几十年，所以俄罗斯的自由主义价值观基础非常薄弱，要经过长时期现代化进程才能培育出来。俄罗斯的现代化进程需要与其相适应的社会价值观念，为民主政治制度和市场经济体制营造出能保证其有效运行的文化环境。俄罗斯处于模仿"二次现代化经验"的过程中，应在本国的精神文化中培育出与俄罗斯的现代化进程相适应的社会价值观念，适当改造本国的传统文化，使之与新的制度、体制相适应。俄罗斯通过长时期的改革进程，在社会、政治、经济、文化等多重因素的综合作用下，俄罗斯通过长时期的改革进程，才能逐渐培育出包含现代进步元素又适合俄罗斯社会现实的新自由主义精神。

第四章　俄罗斯传统价值现代转型的政治转向

俄罗斯传统价值的现代转型不仅表现在当代俄罗斯的哲学理论建构中,而且已经应用到俄罗斯的具体政治、教育、经济等实践领域。

第一节　重塑历史观和价值观

一　反击历史虚无主义

苏联解体前历史虚无主义泛起,它污化苏联历史和重要领导人,进而否定苏联制度,是推动苏联解体的重要因素之一。在当代俄罗斯,历史虚无主义仍盛行不衰,在社会教育方面造成了歪曲历史、消解俄罗斯国家身份认同、传播俄罗斯落后论等严重危害。汲取以上两方面的教训,俄罗斯政府采取了一系列措施反击历史虚无主义。① 主要包括以下几方面。

---

① 郭丽双、崔立颖:《重塑历史观与价值观:俄罗斯高校思想政治教育的理性回归及启示》,《马克思主义与现实》2018年第2期。

第四章　俄罗斯传统价值现代转型的政治转向

（一）确立客观理性的"新历史观"

普京深刻意识到，争夺历史话语权是国家意识形态和政治发展道路的关键性因素，他曾多次召集历史学家座谈，共同讨论如何净化人们的历史记忆、反击历史虚无主义。在政界的倡导下，俄罗斯历史学界确立了客观理性的"新历史观"。梅德韦杰夫宣布将 2012 年定为"俄罗斯历史年"，号召俄罗斯公民确立真实的历史记忆，认清历史虚无主义的虚假性与危害性。中俄两国首脑会晤达成共识，坚决反对历史虚无主义歪曲二战历史，并于 2015 年共同纪念反法西斯战争胜利 70 周年，习近平主席和普京总统共同参加了俄罗斯 5 月 9 日和中国 10 月 1 日的隆重纪念活动，这向世界宣示了中俄两国捍卫历史的坚决立场，这被誉为成功的世界历史公开课。①

俄罗斯在重新客观评价历史重大事件方面最典型的政治实践是：2017 年俄罗斯官方宣布纪念"十月革命"100 周年和普京为"悲伤墙"纪念碑揭幕。普京在 2016 年的国情咨文中肯定了"十月革命"的历史意义，并宣布正式纪念"十月革命"100 周年。他说道："即将到来的 2017 年是二月革命和十月革命一百周年，这个明显的理由再一次引导我们关注俄罗斯革命的原因和革命本身的性质，这不仅对历史学家和学者是重要的，而且对于俄罗斯全社会来说都需要客观、诚实和深入地分析这些重大事件。这是我们共同的历史，因此我们应该以尊重的态度对待它。"② 这是俄

---

① 郭丽双、崔立颖：《重塑历史观与价值观：俄罗斯高校思想政治教育的理性回归及启示》，《马克思主义与现实》2018 年第 2 期。

② В. В. Путина: Послание Президента Российской Федерации Федеральному Собранию, Москва, Кремль, 1 декабря 2016 года, http://www.mid.ru/foreign_policy/news/-/asset_publisher/cKNonkJE02Bw/content/id/2541648.

罗斯政府对历史虚无主义抹黑否定"十月革命"的有力回击。①

俄罗斯另一个尊重历史的典型政治实践是，2015 年普京签署命令，批准在莫斯科市中心建立永久性的纪念碑"悲伤墙"，以悼念苏俄时期遭受政治迫害的遇难者。2017 年 10 月 30 日这座纪念碑在莫斯科落成，普京参加揭幕式并讲话，强调俄罗斯人民要铭记历史的悲剧，反思和记住这种历史悲剧的思想文化根源，永远杜绝再次发生此类悲剧。②

（二）以法律形式保护俄罗斯的历史

2007 年，俄联邦通过《教育法》修正案，规定了俄罗斯历史教材的审核批准制度，随后由教育部和科学院共同研究制定了全国统一的历史教学标准，③并培训历史教师和规范历史教材。2009 年 5 月，俄罗斯成立"反击篡改历史行为的委员会"，反击历史虚无主义，以法律形式捍卫俄罗斯的历史④；对否定俄罗斯对第二次世界大战的贡献、煽动民族仇恨、有意丑化苏联及其重要领导人等言行追究法律责任。⑤ 该委员会直接由俄罗斯总统管辖，其主要任务是分析和评估被篡改的历史重大事件对俄罗斯联邦国家形象的危害并采取相应措施。⑥

---

① ПЛАН основных мероприятий, связанных со 100-летием революции 1917 года в России, http：//rushistory.org/images/documents/plan100letrevolution.pdf.
② 郭丽双、崔立颖：《重塑历史观与价值观：俄罗斯高校思想政治教育的理性回归及启示》，《马克思主义与现实》2018 年第 2 期。
③ 张树华：《当今俄罗斯的历史教育与历史教材》，《俄罗斯学刊》2015 年第 1 期。
④ 郭丽双、崔立颖：《重塑历史观与价值观：俄罗斯高校思想政治教育的理性回归及启示》，《马克思主义与现实》2018 年第 2 期。
⑤ 徐海燕：《还原史实：俄罗斯重构本民族的历史价值观》，《红旗文稿》2009 年第 16 期。
⑥ Комиссия по противодействию попыткам фальсификации истории в ущерб интересам России; Положение о Комиссии, http：//www.kremlin.ru/articles/216485.shtml.

第四章　俄罗斯传统价值现代转型的政治转向

（三）开展全民普及的历史教育

俄罗斯政府在全社会范围大力普及历史知识，以"新历史观"重新修订历史教科书和培训历史教师，尤其加强对大学生的历史观教育。普京亲自召集著名历史学家共同探讨如何确立"新历史观"，建议从历史教育工作者和教材编写入手，强化对青年的历史传统教育、爱国主义教育，培养年轻一代对祖国历史文化的认同感和自豪感，树立正确的历史观。[①]

2016年初，俄罗斯基于"新历史观"标准的中小学新版历史教科书正式出版发行，针对俄罗斯历史有争议的疑难问题，同时出版了与教材配套的五本教师用书。新版历史教科书以"新历史观"重新客观评价苏联现代化模式、斯大林的功过、苏联卫国战争等。在政界与学界的双重推动下，俄罗斯通过新版历史教科书较客观地重塑"苏联记忆"。[②] 这种以尊重历史学的学理性为基础，以大量史实客观理性展现历史原貌的做法，赢得俄罗斯民众的尊重与认同，取得了良好的效果。[③]

新欧亚主义和保守主义的传统主义立场，明显地体现在普京重塑俄罗斯历史观和民族价值观方面。近年来在普京的倡导下，俄罗斯政府推动历史学界确立客观理性的"新历史观念"，区分历史学术研究与国民历史教育的不同标准，重新客观评价"十月革命"、苏联模式及苏联参与第二次世界大战等重要历史人物和重大事件，发行全国统一的历史教材，并以立法的方式捍卫俄罗

[①] 郭丽双、崔立颖：《重塑历史观与价值观：俄罗斯高校思想政治教育的理性回归及启示》，《马克思主义与现实》2018年第2期。

[②] 李琳：《俄罗斯新版历史教科书重塑"苏联记忆"研究》，《当代世界与社会主义》2016年第4期。

[③] 郭丽双、崔立颖：《重塑历史观与价值观：俄罗斯高校思想政治教育的理性回归及启示》，《马克思主义与现实》2018年第2期。

斯历史和民族价值观。①

2014年12月底,俄罗斯历史教科书修改委员会向普京总统汇报:1917年"十月革命"和与此相连的国内战争,较之其他国家类似的革命,完全可以称为"伟大的革命",这是现在大多数俄罗斯人都能够接受的观点。②

新保守主义和新欧亚主义不仅是重塑俄罗斯历史观和民族价值观的理论先导,而且还为俄罗斯提供了爱国主义基础,为俄罗斯现行的总统体制提供了学理基础和世俗心理基础,为振兴俄罗斯提出了明确的目标和路径。这体现在"新的爱国主义思想""主权民主""欧亚经济联盟"形成的普京特色发展模式,与新欧亚主义"新三位一体"政治制度体系相对应方面。新欧亚主义用俄罗斯独特地缘突出俄罗斯文明超越东西方的对立、连接东西方的优势,在传承俄罗斯民族历史传统和肯定俄罗斯固有民族心理的基础上,推论出俄罗斯自己独特的社会政治制度体系,提出"'精神主义'、'人民政权'和'大国思想'新三位一体"③的国家主义建构,为俄罗斯现行的总统体制提供了学理基础和世俗心理基础。④

普京的新爱国主义对应于新欧亚主义的"精神主义",是新欧亚主义和保守主义的学术主张在政治上的表现。重塑俄罗斯历史观和民族价值观为增强民众的爱国情怀奠定了基础。⑤ 普京的

---

① 郭丽双、崔立颖:《重塑历史观与价值观:俄罗斯高校思想政治教育的理性回归及启示》,《马克思主义与现实》2018年第2期。
② 郭丽双、崔立颖:《重塑历史观与价值观:俄罗斯高校思想政治教育的理性回归及启示》,《马克思主义与现实》2018年第2期。
③ 孙勇军:《时事分析:欧亚主义思潮在俄罗斯再度兴起》,新浪网,2001年8月17日,http://news.sina.cn/sa/2001-08-17/detail-ikkntiak6842786.d.html from-wap。
④ 郭丽双:《俄罗斯新欧亚主义的理论建构及其政治实践》,《当代世界与社会主义》2017年第4期。
⑤ [俄]普京:《俄罗斯的国家思想就是爱国主义》,中国新闻网,2016年2月3日,http://www.chinanews.com/gj/2016/02-03/7747086.shtml。

第四章 俄罗斯传统价值现代转型的政治转向

新爱国主义把传统的群体主义与现代俄罗斯爱国、强国的目标联系在一起,重塑俄罗斯的"精神主义"。①

普京的"主权民主"则对应于新欧亚主义的"人民政权",将民主制度形式纳入国家主权范畴,其他国家和组织不得干预。②新欧亚主义代表杜金所发展出的意识形态,是以"第四政治理论"反抗自由主义,来达到重塑国际政治新秩序的目标。③ 这不仅让俄罗斯人从形而上学的层面找回自己,在新的等级结构中重新找到自己民族的发展空间,并在政治层面确信俄罗斯现行总统体制的合理性,确信重塑国际新秩序是俄罗斯负有的政治使命。④

在俄乌冲突、俄出兵叙利亚后,普京的民意支持率不断攀升并创新高。"普京现象"背后真正起作用的就是新欧亚主义的传统价值观和治国理念,⑤ 大多数民众认为,当前还没有更好的人选能替代普京来治理这个伤痕累累的国家。⑥

二 重新客观评价"十月革命"

关于"'十月革命'是什么"?一百年来,这个问题在不同时期都存在严重分歧。近年来,在政界和学界的双重作用下,俄罗

---

① 郭丽双、崔立颖:《重塑历史观与价值观:俄罗斯高校思想政治教育的理性回归及启示》,《马克思主义与现实》2018 年第 2 期。
② 郭丽双:《俄罗斯新欧亚主义的理论建构及其政治实践》,《当代世界与社会主义》2017 年第 4 期。
③ 孔元:《欧亚主义回归与全球革命:亚历山大·杜金的地缘政治观》,《文化纵横》2015 年第 5 期。
④ 郭丽双:《俄罗斯新欧亚主义的理论建构及其政治实践》,《当代世界与社会主义》2017 年第 4 期。
⑤ 郭丽双:《俄罗斯新欧亚主义的理论建构及其政治实践》,《当代世界与社会主义》2017 年第 4 期。
⑥ 郭丽双:《俄罗斯新欧亚主义的理论建构及其政治实践》,《当代世界与社会主义》2017 年第 4 期。

斯破除对"十月革命"左倾、右倾两个神话的争论，通过逐一回答争论的焦点问题，推动了对"十月革命"理性、客观的再认识，将其定性为伟大的革命，形成了以中间立场为主的格局。中外学界普遍主张在政治和意识形态之外，将"二月革命"与"十月革命"视为一个互相关联的历史进程来客观地、历史地评价1917年革命的得失。对"十月革命"的再认识也必然涉及对列宁理论的再认识，俄罗斯对列宁的评价有肯定也有否定，但总体上肯定列宁的贡献，同时批判分析了列宁的革命极端主义的倾向和做法。①

　　对"十月革命"的评价在不同时期存在许多争议，现在的观点与传统观点相去甚远，有时甚至完全背离。"十月革命"对于俄罗斯及全世界来说，尤其对我国来说，不仅仅是历史，而且是我们思考现实的基础，因此，对"十月革命"的再认识尤为重要。②

　　如何客观评价"十月革命"？要基于当时的历史主客观条件，逐一回答争论的焦点问题，既要打破苏联时期把"十月革命"定位成神话的传统说法，同时也要打破俄罗斯初期历史虚无主义的另一个的神话——"十月革命"前夕的俄罗斯是繁荣的国家，如果没有"十月革命"一切都会更好。俄罗斯对此的争论焦点在于："十月革命"是偶然还是必然？苏联解体是否证明了"十月革命"开创的社会主义道路错了？今天我们纪念"十月革命"的意义何在？历史？思想资源？道路？③

---

① 郭丽双:《十月革命是中国革命成功道路的起点》,《毛泽东邓小平理论研究》2017年第7期。
② 郭丽双:《十月革命是中国革命成功道路的起点》,《毛泽东邓小平理论研究》2017年第7期。
③ 郭丽双:《十月革命是中国革命成功道路的起点》,《毛泽东邓小平理论研究》2017年第7期。

第四章　俄罗斯传统价值现代转型的政治转向

正是针对以上一系列问题，与苏联解体前后历史虚无主义对"十月革命"和列宁的全面抹黑相比，当前俄罗斯学界和政界更加理性、客观地评价"十月革命"和列宁理论。①

（一）俄罗斯对"十月革命"的再认识：伟大的革命

正是基于打破两个神话的迫切渴望，在纪念"十月革命"100 周年之际，2017 年 3 月 29—31 日，在莫斯科大学舒瓦洛夫会议大厅隆重举办了纪念 1917 年俄国革命 100 周年国际研讨会。此次会议是俄罗斯计划举办的 1917 年俄国革命 100 周年纪念系列活动中学术规格最高、规模最大的一次国际研讨会。由于"十月革命"与中国无产阶级革命、中国特色社会主义道路密切的政治与历史关联，我国对 1917 年俄国革命 100 周年纪念关注度极高，中国俄罗斯哲学研究学会于 2017 年 5 月 20—21 日，在上海举办了"十月革命与马克思主义国际研讨会"，中俄学者共同探讨了此问题，在此我们集中关注俄罗斯学者的观点。②

当前俄罗斯政界和学界虽然对 1917 年革命的认识和评价总体上持左、中、右三种不同立场，但其中大多数持中间立场，主张扬弃两种神话的教条，要客观地去面对 1917 年革命这一历史事件，要将"二月革命"与"十月革命"视为一个互相关联的历史进程，反对把这段历史按照不同政治倾向去人为地加以对立分割和评价。中国学术界研究者则从多维度、多层次挖掘"十月革命"遗产，包括"十月革命"在俄国历史、在国际共产主义运动史、在人类发展史上的地位作用，尤其是"十月革命"所开创的

---

① 郭丽双：《十月革命是中国革命成功道路的起点》，《毛泽东邓小平理论研究》2017 年第 7 期。
② 郭丽双：《十月革命是中国革命成功道路的起点》，《毛泽东邓小平理论研究》2017 年第 7 期。

社会主义道路对中国的意义和作用。① 中国举行俄国革命 100 周年纪念活动目的是，不仅要认识到"十月革命"开创性的历史意义和世界性的影响力，而且揭示出"十月革命"的必然性和它所开创的社会主义道路正确性，为"十月革命"正名，不因苏联解体而遭到否定，坚定中国特色社会主义道路的正确性和真理性。②

1. 中派立场

俄罗斯学界层面的中派立场具有辩证分析的色彩，从政治学、历史学、哲学、国际关系学等多学科、多视角重新客观地审视"十月革命"。莫斯科大学校长维克多·萨多夫尼奇（В. А. Садовничий）院士、俄罗斯科学院哲学所所长斯米尔诺夫院士、莫斯科大学政治学系系主任安德列·舒托夫（А. Ю. Шутов）、莫斯科大学历史学系系主任伊万·屠奇科夫（И. И. Тучков）、莫斯科国际关系学院院长阿纳托利·托尔古诺夫（А. В. Толкунов）、莫斯科大学哲学系教授旺秋科夫等人持中派立场，他们主张重新全面而客观地认识 1917 年的俄国革命，突破政治偏见性和主观任意性，还原历史的真实全貌。主张把 1917 年的俄国革命作为历史事件来研究，在历史科学依据的基础上重新认识和评价，而不是从政治和意识形态上把"二月革命"与"十月革命"割裂对立，人为地得出片面结论。③ 主要包括以下论点：摆脱虚假的完美主义重新认识"十月革命"；摆脱政治化和意识形态评价重新认识"十月革命"；④ 把"二月革命"与"十

---

① 张健荣：《当代俄学界视野中的 1917 年俄国革命》，《国际关系研究》2017 年 4 月。
② 郭丽双：《十月革命是中国革命成功道路的起点》，《毛泽东邓小平理论研究》2017 年第 7 期。
③ 郭丽双：《十月革命是中国革命成功道路的起点》，《毛泽东邓小平理论研究》2017 年第 7 期。
④ 郭丽双：《十月革命是中国革命成功道路的起点》，《毛泽东邓小平理论研究》2017 年第 7 期。

第四章　俄罗斯传统价值现代转型的政治转向

月革命"看成一个整体重新认识"十月革命"。①

2. 左派立场

俄共领导人久加诺夫对 1917 年俄国革命持左派立场，仍在苏联传统思维方式上否定"二月革命"与"十月革命"的连续性，否定"二月革命"的必然性和进步性。② 他列举大量史料证明"二月革命"只是偶然事件引发的无组织事件，不能与"十月革命"相提并论。与此相对，久加诺夫仍延续苏联时期把"十月革命"定位成神话的传统说法，盛赞"十月革命"给俄国带来的历史巨变和苏联时期取得的巨大成就。③ 他特别指出了社会主义在俄罗斯仍具有积极意义，苏联时期两大世界体系对立的冷战思维也仍适用于当前国际政治局势。④

俄科学院文史学部秘书瓦列里·基什科夫院士基本赞成俄共的左派立场，肯定伟大的"十月革命"在俄罗斯历史中具有重要的意义和地位。⑤ 他指出，俄科学院从苏联时期到现在从未中断对伟大"十月革命"的这项研究，谢尔盖·季霍斯基院士正在研究"中国与伟大的十月革命"以及俄国 1917 年革命的课题。这既体现了该项研究的继承性，揭示了从沙俄时期到苏联时期，再到当代俄罗斯不同时期中俄罗斯革命所具有的内在继承性。⑥

---

① Н. С. Трубецкой: Русская проблема//На путях путях. Берлин: Геликон, 1922, с. 294 – 295.

② 郭丽双:《十月革命是中国革命成功道路的起点》,《毛泽东邓小平理论研究》2017 年第 7 期。

③ 郭丽双:《十月革命是中国革命成功道路的起点》,《毛泽东邓小平理论研究》2017 年第 7 期。

④ 郭丽双:《十月革命是中国革命成功道路的起点》,《毛泽东邓小平理论研究》2017 年第 7 期。

⑤ 郭丽双:《十月革命是中国革命成功道路的起点》,《毛泽东邓小平理论研究》2017 年第 7 期。

⑥ 郭丽双:《十月革命是中国革命成功道路的起点》,《毛泽东邓小平理论研究》2017 年第 7 期。

久加诺夫所代表的左派立场,在经历过苏联时期的老一代民众中支持率很高,虽然其中有不加批判完全赞美"十月革命"和苏联道路的倾向,具有偏激性,但其立足于俄罗斯资本主义发展面对的一系列问题和困境,坚持超越资本主义的社会主义信念,具有历史的进步性,同时有利于俄罗斯在传统价值的连续性中定位和评价"十月革命"。①

这里要特别强调的是,当代俄罗斯批判的马克思主义流派虽然对"十月革命"的评价也持左派立场,但与久加诺夫无批判的赞美不同,而是在结合历史情景和客观史料的基础上,主张客观评价"十月革命"和社会主义,驳斥右翼自由派立场对"十月革命"的历史虚无主义评价。②从该学派为纪念"十月革命"100周年而出版的论文集《伟大革命的顶点》中可以看出该派旗帜鲜明地重申"十月革命"伟大的历史意义和现实意义。

3. 右派立场

俄罗斯自民党领导人日里诺夫斯基(В. В. Жириновский)对俄国1917年革命持右倾立场,主张历史虚无主义的另一个神话——"十月革命"前夕的俄罗斯是繁荣的国家,如果没有"十月革命"一切都会更好。日里诺夫斯基与久加诺夫针锋相对,批评俄共仍坚持苏联时期错误的教条,贬低"十月革命"而抬高"二月革命"。③他指出:"实质上,1917年的二月资产阶级革命

---

① 郭丽双:《十月革命是中国革命成功道路的起点》,《毛泽东邓小平理论研究》2017年第7期。
② 郭丽双:《十月革命是中国革命成功道路的起点》,《毛泽东邓小平理论研究》2017年第7期。
③ 郭丽双:《十月革命是中国革命成功道路的起点》,《毛泽东邓小平理论研究》2017年第7期。

第四章 俄罗斯传统价值现代转型的政治转向

标志着俄国向议会共和制过渡。如果没有1917年'十月革命',俄国就不会在第一次世界大战中处在战败一方。其结果也就根本不会有第二次世界大战,不会有与西方世界如此大的分裂,美国也就不可能强大崛起。"

日里诺夫斯基所代表的右倾立场在俄罗斯西化派中流行,苏联解体前后历史虚无主义的主流观点,曾被大多数人所接受。随着俄罗斯初期西化改革的失败,社会转型以俄罗斯传统价值观为基础进入稳定期,人们开始重新理性看待"十月革命"和苏联道路,该右派主张遭到批判,当前俄罗斯很少有人像日里诺夫斯基那样公开表明自己坚持西化派,全盘否定"十月革命"和苏联社会主义道路。①

综上所述,俄罗斯学术界无论是政治学、历史学、国际关系学领域,还是哲学领域都从各个视角批判分析,总体上走出了苏联时期和俄罗斯初期对"十月革命"评价两个神话的二元对立,扬弃了神话与污化的两种极端思维方式。主张重新全面客观认识"十月革命"的中派立场,在俄罗斯学术界占据了主导地位,对全社会的影响非常大,而左派和右派的极端观点只有少数人仍在坚持,其影响微乎其微。②

(二) 俄罗斯对列宁的重新评价

列宁继承和发展马克思主义,领导布尔什维克取得了"十月革命"的胜利,列宁主义是马克思主义俄国化的重要环节,是将马克思主义与俄罗斯传统价值相结合的尝试。当前,对"十月革

---

① 郭丽双:《十月革命是中国革命成功道路的起点》,《毛泽东邓小平理论研究》2017年第7期。

② 郭丽双:《十月革命是中国革命成功道路的起点》,《毛泽东邓小平理论研究》2017年第7期。

命"的再认识也必然涉及对列宁主义的再认识，列宁主义研究成为了当前俄罗斯学界研究的热点。① 人们扭转了历史虚无主义对列宁的污化，将其视为思想家和政治家，将列宁主义重新评价为超越西方资本主义发展道路的尝试，并从中挖掘对当代俄罗斯发展有益的思想资源。俄罗斯对列宁的评价有肯定也有否定，但总体上肯定列宁的贡献，同时批判分析了列宁的革命极端主义的倾向和做法。在政界和学界的合力下，俄罗斯对列宁和"十月革命"的再认识趋向于更加理性客观。②

总体看，俄罗斯学界对列宁理论的重新评价是，列宁第一个领导了俄国进行超越西方资本主义发展道路的尝试。

近年，俄罗斯学术界陆续出版列宁的著作和研究列宁的专著多达上百部，并举行了一系列纪念列宁的活动，逐渐开启了对列宁理论的重新研究和评价。③ 与苏联解体时期历史虚无主义对列宁的全面抹黑相比，当前人们从价值关怀的层面、从学理层面和对当代俄罗斯的意义层面，更加理性、客观地重新评价列宁主义，其中最突出的是马克思主义研究者们。俄罗斯的布兹加林、科尔加诺夫、潘金、梅茹耶夫、沃耶伊科夫、波波夫等学者强调，马克思主义本身没有在经济文化落后国家如何进行无产阶级革命和社会主义建设的理论，列宁主义回答了当时那个时代提出的这一迫切问题。列宁理论是对马克思主义的创造性发展，并在实践层面将马克思主义的政治理论应用于当时俄国的特殊情景，彰显

---

① 郭丽双：《十月革命是中国革命成功道路的起点》，《毛泽东邓小平理论研究》2017年第7期。
② 郭丽双：《十月革命是中国革命成功道路的起点》，《毛泽东邓小平理论研究》2017年第7期。
③ 郭丽双：《十月革命是中国革命成功道路的起点》，《毛泽东邓小平理论研究》2017年第7期。

第四章 俄罗斯传统价值现代转型的政治转向

了这种政治理论的强大生命力与影响力,苏联解体不能否定列宁主义自身的正确性和有效性。① 因而,当代学者应该把列宁看成马克思主义学者、一位政治理论家,而不应仅仅把他当成曾经的国家领导人来看。美国经济学教授大卫·科兹从共产主义的价值关怀层面肯定了列宁主义在世界历史上的巨大作用和贡献。他批判了苏联解体以来世界范围内历史虚无主义对列宁主义的歪曲与否定,主张还原该理论在国际政治理论与实践中的地位和作用。列宁主义第一次尝试建立一个自由、平等和没有剥削的社会制度,每个人都有工作的权利和体面的生活。这种共产主义的价值关怀是对资本主义的超越。②

与对列宁理论从价值关怀上和从学理上的肯定相比,人们更加重视列宁理论在当代俄罗斯的意义。2010年《抉择》发表了一系列纪念列宁诞辰140周年的文章,立足于当代社会生活的迫切需要,彰显列宁理论和政治遗产的当代价值和意义。舍甫琴科、卢那察尔斯基、科尔加诺夫等学者认为,列宁理论对于当时世界局势和俄国社会现实状况判断与应对,选择的国家发展方向是正确的,对当今俄罗斯仍有重要的借鉴意义。列宁理论结束俄国几百年来一直沿西化道路发展的思路,跳出了俄国各方面都依附于西方国家的困境,是超越西方资本主义发展道路的第一次尝试。③ 当前俄罗斯应向何处去?应该从列宁对俄国发展道路的选择中汲取精神养料。④

---

① 郭丽双:《十月革命是中国革命成功道路的起点》,《毛泽东邓小平理论研究》2017年第7期。
② 郭丽双:《十月革命是中国革命成功道路的起点》,《毛泽东邓小平理论研究》2017年第7期。
③ 基础资料源于李尚德、户晓坤《国外马克思主义研究报告/俄罗斯马克思主义研究报告(2011)》,人民出版社2011年版,第176—180页。
④ 郭丽双:《十月革命是中国革命成功道路的起点》,《毛泽东邓小平理论研究》2017年第7期。

2020年正值纪念列宁诞辰150周年，俄罗斯学界举办了一系列纪念活动，发表了大量研究性成果，值得我们进一步跟踪研究。①

从事俄罗斯传统哲学的研究者也开始重视对列宁理论的重新评价，并从不同角度进行了深入挖掘。俄罗斯国立人文大学哲学系教授谢尔比年科，从意识形态的视角批判分析了列宁的革命理论。② 俄罗斯科学院布洛夫研究员指出，当前在俄罗斯对列宁理论的研究是学术界的热点。③

可见，当前俄罗斯学者们并非将列宁作为一个政治符号，而是将其作为理论思想家和政治家，客观分析列宁主义遗产的得失，帮助人们更好地理解列宁主义，从中挖掘对当代俄罗斯发展有益的思想资源。④

与此同时，俄罗斯政界也开启了对列宁及苏联的重新认识。政界层面以总统普京为代表，普京强调：要辩证地看待历史，不能否定一切，绝不能用"黑色的油漆把过去全部抹黑"。普京对"十月革命"和列宁理论有批判，但并未全面否定。⑤ 普京否定了历史虚无主义对沙皇专制制度的赞美，肯定了列宁领导的社会主义道路的进步性。他指出，旧俄国的思想不适用于"十月革命"前的俄罗斯和当今的俄罗斯，而列宁开创的苏联体制是取得反

---

① 笔者向俄方学者约稿并翻译了两篇对列宁主义的最新研究性论文，陆续刊登在《求是学刊》上。两篇论文分别为：康德拉绍夫《对列宁社会辩证法的思考》，《求是学刊》2020年第5期；A. A. 科里亚科夫采夫、A. A. 巴约克：《资本主义社会体制性危机视域下列宁的帝国主义理论》，《求是学刊》2020年第6期。

② 郭丽双：《十月革命是中国革命成功道路的起点》，《毛泽东邓小平理论研究》2017年第7期。

③ 郭丽双：《十月革命是中国革命成功道路的起点》，《毛泽东邓小平理论研究》2017年第7期。

④ 郭丽双：《十月革命是中国革命成功道路的起点》，《毛泽东邓小平理论研究》2017年第7期。

⑤ 郭丽双：《十月革命是中国革命成功道路的起点》，《毛泽东邓小平理论研究》2017年第7期。

第四章　俄罗斯传统价值现代转型的政治转向

法西斯战争胜利的重要保证。2014年11月5日，普京会见俄罗斯历史学家时，评价了苏联体制，他说："如果当时的（苏维埃）政权不是那样严酷，而是处于沙皇尼古拉二世时期，我们能够赢得战争的胜利吗？肯定不可能。"① 在俄罗斯政府的倡议下，俄罗斯国家历史教材委员会将列宁领导的"十月革命"定性为"伟大的革命"，足以证明对列宁的肯定。②

综上，俄罗斯政界对列宁的评价有肯定也有否定，但总体上肯定列宁的贡献。否定的一面恰恰是俄罗斯学者所指出的列宁具有革命极端主义的倾向和做法，俄罗斯政界对列宁和"十月革命"的再认识与学界同步趋向于更加理性客观的立场。

三　俄罗斯高校思想政治教育的理性回归

俄罗斯传统价值转型已体现在政府引导高校思想政治教育方面。高校思想政治教育是国家意识形态教育和国民素质教育的重要组成部分，其内容、方式、成效在一定程度上决定着国家中坚力量的政治思想素养和道德价值观念，对国家的主流价值观建构和精神文化发展起着不可或缺的重要作用。苏俄高校思想政治教育成败的利弊得失，从正反两方面验证了这一点，其中的经验教训和创新性方式对于促进我国高校思想政治教育改革，科学合理地将社会主义核心价值观融入教学具有重要的启示意义。③

21世纪初，在吸取俄罗斯初期和苏联失败教训的基础上，俄罗斯高校思想政治教育开启了从无序到有序、从去意识形态化到

---

① 吴恩远：《"列宁思想导致了苏联解体"？》，《中国社会科学报》2016年2月1日。
② 郭丽双：《十月革命是中国革命成功道路的起点》，《毛泽东邓小平理论研究》2017年第7期。
③ 郭丽双、崔立颖：《重塑历史观与价值观：俄罗斯高校思想政治教育的理性回归及启示》，《马克思主义与现实》2018年第2期。

多维度理性回归的进程，针对现实问题采取了一系列新举措。①

（一）改变去政治化的做法，以爱国主义为核心恢复高校的思想政治教育

俄罗斯初期多元化思潮激烈碰撞，加之1993年的俄罗斯联邦宪法规定禁止任何意识形态上升为国家意识形态，高校也停止了思想政治教育，这导致青年大学生的价值观陷入极端混乱的境地。高校大学生在去政治化、去意识形态化的教育中无法形成正确的价值立场，"祖国""爱国"等理念渐渐远去，出现了极端自由主义、个人主义的错误倾向。②

对此，俄罗斯改变了初期高校教育去政治化、去意识形态化的做法，采取了一系列新举措，逐步恢复高校的思想政治教育，将爱国主义作为大学思想政治教育的核心，培育大学生在多元价值冲突中自主地确立国家身份认同和历史文化认同，矫正极端个人主义和拜金主义的价值观。③

借鉴其他国家通过立法规定公共教育政策、在法律的范围内确保实现国家教育发展纲要的经验，④俄罗斯不断完善教育法，相继颁布了一系列教育政策：《俄罗斯联邦2001—2005年公民爱国主义教育纲要》《2001—2010年俄罗斯教育现代化纲要》《俄罗斯联邦2006—2010年公民爱国主义教育纲要》、2012年《关于完善国家

---

① 郭丽双、崔立颖：《重塑历史观与价值观：俄罗斯高校思想政治教育的理性回归及启示》，《马克思主义与现实》2018年第2期。

② 郭丽双、崔立颖：《重塑历史观与价值观：俄罗斯高校思想政治教育的理性回归及启示》，《马克思主义与现实》2018年第2期。

③ 郭丽双、崔立颖：《重塑历史观与价值观：俄罗斯高校思想政治教育的理性回归及启示》，《马克思主义与现实》2018年第2期。

④ Е. С. Кананыкина: Идеология и политика образования в современном политико-правовом пространстве. "Юридическое образование и наука", 2008, №. 1.

第四章　俄罗斯传统价值现代转型的政治转向

爱国主义教育政策》《2025年前国家民族政策构想》等。①

（二）改变或拒斥或全盘西化的做法，重塑俄罗斯特色的价值观

汲取苏联和俄罗斯初期在大学思政课失败的教训，21世纪以来，俄罗斯政府提出"俄罗斯新思想"，以传统价值观为基础，吸收西方价值观的有益成分，调和各派观点，重塑俄罗斯特色的价值观。以增强国人特别是青年大学生的国家身份认同和文化价值认同，在全球多元价值的冲击下站稳自己的立场。

学界层面，聚焦这一问题多次举办学术会议展开讨论，比较典型的是2007年由青年事务协调委员会主办的"政治哲学：国家意识形态与高等教育"专题研讨会，与会学者从各学科不同视角分析了俄罗斯高校思想政治教育回归的必要性和现存问题。莫斯科大学哲学系高级讲师 Н.В. 加拉德扎指出，20世纪90年代俄罗斯的政治选择，禁止意识形态教育，最终使俄罗斯陷入无法达成共识、无法形成统一行动的困境，应当让健康的政治文化教育回到高等教育中，这对俄罗斯政治良性运转具有深远意义。② 莫斯科大学社会学系弗拉基米尔·多博林科夫教授指出，20世纪90年代俄罗斯新自由主义提出的政治和教育去意识形态化是虚伪的、错误的，当前俄罗斯塑造国家意识形态应当以传统价值为基础，大学应当将这种健康的国家意识形态融入教学中。③

政界方面，普京自出任总统以来，吸收了新马克思主义、新

---

①　郭丽双、崔立颖：《重塑历史观与价值观：俄罗斯高校思想政治教育的理性回归及启示》，《马克思主义与现实》2018年第2期。

②　Государственная идеология и высшее образование，"Русский журнал"，2007.6，http：//www.russ.ru/pole/Gosudarstvennaya-ideologiya-i-vysshee-obrazovanie.

③　Государственная идеология и высшее образование，"Русский журнал"，2007.6，http：//www.russ.ru/pole/Gosudarstvennaya-ideologiya-i-vysshee-obrazovanie.

自由主义和新保守主义等各派思想的有益主张，以俄罗斯传统价值为基础，在保持俄罗斯文明特色和历史延续性的前提下融合现代文明要素和全人类共同价值观，形成了俄罗斯主流意识形态的基本框架：俄罗斯新思想—主权民主—普京计划。①

当前，在俄罗斯政界和学界的双重推动下，俄罗斯的主流意识形态以新东正教意识思潮、新保守主义思潮和新欧亚主义思潮的融合为基础，高校思想政治教育也以此为蓝本进行。普京在2013年国情咨文中强调培育学生形成正确价值观和历史观的重要性："我们需要的学校不仅能够教学生，最重要的是培养学生的个性，培养学生的价值观、历史观和传统，培养视野开阔、具有很高修养、具有创造性和独立思考的人。"②

第二节　重塑国家身份认同

一　新欧亚主义对俄罗斯的文明定位和身份认同的影响

国家身份认同是一国国民对自己国家的归属认知和感情依附，是族群认同和文化认同的升华，由民族的归属性、语言和宗教的文化性、意识形态的政治性等诸多因素所决定。从功能上看，国家身份认同既是一种价值来源，又创造团结的形式和国民意识，因此，它是国家合法性的主要来源，为国家的稳定与发展提供必要的地域、社会、文化及心理基础。③

---

① 郭丽双、崔立颖：《重塑历史观与价值观：俄罗斯高校思想政治教育的理性回归及启示》，《马克思主义与现实》2018年第2期。

② ［俄］普京：《普京文集（2012—2014）》，世界知识出版社、华东师范大学出版社2014年版，第509页。

③ 郭丽双：《俄罗斯新欧亚主义的理论建构及其政治实践》，《当代世界与社会主义》2017年第4期。

第四章 俄罗斯传统价值现代转型的政治转向

冷战结束后，国家身份认同危机成为我们这个时代热议的主题之一，至今仍热度不减。为何原本不应该产生太大困惑的国家身份认同问题，现在却面临挑战？又为何会出现全球性的国家身份认同危机？[①]

这些问题源自以下三方面原因：超国家主义消解国家的部分功能和权威，使国家身份认同变得动态多维，全球化所引发的超国家主义是国家身份认同危机的主要原因，它超越民族和国家的界限，以经济领域为开端，逐渐渗透扩展到政治和文化领域，它像一把双刃剑，在推动各国政治、经济、文化发展并加强紧密联系的同时，也不断消解着国家的功能和作用，对各国的国家身份认同带来巨大挑战；文化共同体以防卫性认同的意义重构上升为政治共同体，挑战国家身份认同的合法性，全球化进程由经济而走向政治，但在文化层面它却受到了强烈的阻碍，全球化促进了全球经济一体化和政治联合化，但却无法形成共同的世界文化体系，新自由主义曾傲慢地认为，苏联解体意味着历史终结于自由民主制在全世界的胜利，全球将统一为西方文化模式的普世文明，然而，全球文化发展的事实却相反，非但没有出现形成普世文明的迹象，反而经常发生不同文化和价值观念的冲突与碰撞，这引起了文化共同体的分化与重塑，全球的政治版图沿着文化间的断层线被重构，文明的冲突对国家身份认同造成新的矛盾和危机，使国家身份认同问题更加凸显；民族身份认同的政治性与文化性相矛盾时，消解国家身份认同，在文化共同体的重塑和不同文化之间冲突的过程中，民族认同的力量不断强化，有时甚至超越国家的边界，消解国家认同，产生国内民族冲突或国家间的冲

[①] 郭丽双：《俄罗斯新欧亚主义的理论建构及其政治实践》，《当代世界与社会主义》2017 年第 4 期。

突，国家身份认同与民族身份认同发生错位与矛盾，特别是处于社会转型期的多民族国家中，规划性认同和抗拒性认同在社会中起主导作用，对以往的合法性认同提出挑战，即挑战原有国家身份认同的合法性。①

随着俄罗斯现代化进程的推进，进入急剧转型期的俄罗斯陷入了身份认同危机。"我们是谁？我们信仰什么？我们要往哪里去？"这个俄罗斯人千百年来追问的主题近些年又成为俄罗斯社会各界热议的问题。怎样突破俄罗斯身份认同的历史性纠结与现代困惑，这是俄罗斯遇到的难题，直接决定着俄罗斯的政治定位和外交策略。②

新欧亚主义主张的俄罗斯传统救世使命、文化构成多元性和欧亚文明定位，回答和解决了俄罗斯身份认同的历史性纠结与现代困惑，并通过"国际欧亚主义运动"组织对俄罗斯社会各个阶层产生了广泛影响，使俄罗斯人从社会主义价值观念体系迅速崩溃，社会经济状况的急剧恶化，国际地位大幅度下降的困境中找回了自我认同。③

作为俄罗斯政治核心的普京，同样面临着俄罗斯文明定位和国家身份认同的困惑，他曾在东西之间摇摆过。在第一个任期里他寄希望融入欧洲，其国家定位是：俄国是个欧洲国家，我们信奉的是基督教。④但随着俄罗斯社会的急剧转型，昔日大国在国

---

① 郭丽双：《俄罗斯新欧亚主义的理论建构及其政治实践》，《当代世界与社会主义》2017年第4期。

② 郭丽双：《俄罗斯新欧亚主义的理论建构及其政治实践》，《当代世界与社会主义》2017年第4期。

③ К. Антон, "Евразийская доктрина Путина и классическое евразийство", http://eurasian-movement.ru/archives/1126.

④ 郭丽双：《俄罗斯新欧亚主义的理论建构及其政治实践》，《当代世界与社会主义》2017年第4期。

第四章 俄罗斯传统价值现代转型的政治转向

际社会中不断受挫,普京更加讲究实用主义。出于地缘政治和国家发展的需要,他从第二个任期起在国家身份认同方面开始倡导新欧亚主义,认为"俄罗斯的本质——俄罗斯历来就是欧亚的桥梁",进而明确了国家发展的目标——重筑欧亚联盟之梦。普京在第二次担任总统后不久便发表了《俄国:新东方前景》一文,很明确地指出,俄国是欧亚国家,俄国是连接亚洲、欧洲和美洲之一体化的独特交接点。①

在第三个总统任期内,普京最终明确地赞成新欧亚主义有关国家身份认同和俄罗斯文明定位问题的主张。在 2012 年俄联邦议会和著名的"瓦尔代演讲"中,普京以"俄罗斯:民族问题"为主题发言,表述了类似于新欧亚主义的想法。普京说:"俄罗斯作为一个多民族的国家已经发展了几百年,我们俄罗斯独特的国家文明是由团结的俄罗斯人民、俄语和俄罗斯文化积淀连接起来的。"② 这与新欧亚主义对俄罗斯文明的界定相一致。③ 正如我们所看到的,普京在国家身份问题上的立场,基本上与新欧亚主义不谋而合。④

2014 年的俄乌冲突的主要原因之一就是,民族身份认同和国家身份认同不统一。本尼迪克特·安德森对民族的定义也揭示了当代民族主义的这一倾向。民族"是想象的政治共同体——并且,它是被想象为本质上是有限的,同时也享有主权的共同体"。⑤

---

① 郭丽双:《俄罗斯新欧亚主义的理论建构及其政治实践》,《当代世界与社会主义》2017 年第 4 期。

② К. Антон, "Евразийская доктрина Путина и классическое евразийство", http://eurasian-movement.ru/archives/1126.

③ А. О. Ковалева, "Евразийство: Путв к цивилизационному сувере нитету", http://eurasiaforum.ru/content/295.

④ 郭丽双:《俄罗斯新欧亚主义的理论建构及其政治实践》,《当代世界与社会主义》2017 年第 4 期。

⑤ [美] 本尼迪克特·安德森:《想象的共同体:民族主义的起源与散布》,吴叡人译,上海人民出版社 2011 年版,第 6 页。

文化民族主义所构筑的民族认同,引发了一系列具有强烈排斥性、迫害性的民族(种族)运动,① 抗拒性认同和规划性认同对以往的合法性认同提出挑战,否定国家认同的合法性。② 例如,苏联解体后,2500万俄罗斯人生活在不同的独立共和国内,产生了民族认同与国家认同复杂的交织错位。波罗的海各共和国歧视其境内的俄罗斯族人,导致了许多新的民族冲突。俄罗斯与乌克兰的冲突,从民族文化的根源上看,则是在乌克兰境内"西乌克兰强烈的民族主义情绪与东乌克兰泛斯拉夫心态之间的紧张关系"。③

二 构建欧亚经济联盟

普京积极推动欧亚经济联盟和构建欧亚大伙伴关系,更是基于新欧亚主义的理论基础,对应于新欧亚主义的"大国思想"。普京在经济和外交政策上也贯彻了新欧亚主义的主张,通过各项措施推进欧亚经济联盟的运行,进而重构"新俄罗斯世界"。新欧亚主义在此方面的具体主张是:"为了成为一个主要的地区和全球参与者,俄罗斯需要在宗教和文化的基础上,综合运用地缘政治学、地缘战略学、经济学等发展自己的文明理念。俄罗斯需要定义自己的文明代码来构建一个成熟的政治话语体系,以充分应对地缘政治的挑战。在这样的框架内,我们应该做出负责任的政治决定。"④ 2012年3月《俄罗斯联邦对外政策构想》颁布,⑤

---

① 王卓君、何华玲:《全球化时代的国家认同:危机与重构》,《中国社会科学》2013年第9期。
② 郭丽双:《俄罗斯新欧亚主义的理论建构及其政治实践》,《当代世界与社会主义》2017年第4期。
③ [美]曼纽尔·卡斯特:《认同的力量》,曹荣湘译,社会科学文献出版社2006年版,第43页。
④ A. O. Ковалева, "Евразийство: Путв к цивилизационному сувере нитету", http://eurasiaforum.ru/content/295.
⑤ 左凤荣:《欧亚联盟:普京地缘政治谋划的核心》,《当代世界》2015年第4期。

第四章　俄罗斯传统价值现代转型的政治转向

这标志着新欧亚主义被普京正式采纳，2012年5月普京重登俄罗斯总统宝座的"王者归来"被杜金称为"欧亚主义象征"。在2013年的"瓦尔代"俱乐部国际会议上，普京说："欧亚一体化意味着俄罗斯在后苏联空间有机会成为全球发展的一个独立的中心，而不是欧洲或亚洲的边缘。"① 这被视为新欧亚主义地缘政治学说在普京执政理念中的突出体现。在2014年秋天俄罗斯人民阵线的"行动论坛"上，普京在与他的支持者交谈中说："俄罗斯不是在西方和东方之间，而是西方和东方分别在俄罗斯的右侧和左侧。"②

"欧亚"不是纯粹的地理概念，而是地缘政治概念。大欧亚空间源于著名英国地缘政治学家H.J.麦金德（H. J. Mackinder）所说的"世界岛"：谁控制了世界岛，谁就控制了欧亚大陆；谁控制了欧亚大陆，谁就掌握了世界的命运。普京的雄心由此可见一斑。③ 在普京的主导下，俄罗斯政府在继续推进欧亚经济联盟的实质性进程。2016年11月，俄罗斯欧亚开发银行在莫斯科举行了以"欧亚经济一体化"为主题的第十一次国际会议。④

显然，普京自第三任期重返克里姆林宫后打造的欧亚经济联盟国家大战略，与新欧亚主义密切相关，它不仅是经济战略，也是外交政策的一个重要杠杆，更有可能上升为政治联盟。欧亚经济联盟能够成功启动并不断推进，是普京整合原苏联地区的关键

---

① К. Антон，"Евразийская доктрина Путина и классическое евразийство"，http: //eurasian-movement. ru/archives/1126.

② К. Антон，"Евразийская доктрина Путина и классическое евразийство"，http: //eurasian-movement. ru/archives/1126.

③ 郭丽双：《俄罗斯新欧亚主义的理论建构及其政治实践》，《当代世界与社会主义》2017年第4期。

④ XI Международная конференция «Евразийская интеграция»，http: //eurasiancenter. ru/events/20161111/1004393050. html.

一步，这与新欧亚主义的执政理念密不可分。①

三 保守主义哲学的政治影响

俄罗斯保守主义哲学对俄罗斯传统价值观的重构，对当前俄罗斯的民主道路、普京执政理念的影响和政党建设等政治实践产生了直接影响。

在后冷战时期美国主导国家政治秩序的背景下，西方世界不断诟病普京执政以来的俄罗斯政治模式，一个具有专制主义传统的国家应当如何走上民主政治的道路？俄罗斯重新面临国家道路选择的困惑，伊里因的政治哲学思想获得了现实的使命力。俄罗斯政界和学界对此思想展开研究，并将其运用于政治实践。

（一）伊里因保守主义对普京执政理念的影响

俄罗斯这个具有专制主义传统的国家应当如何走上民主政治的道路？俄罗斯新保守主义派学者认为，半个世纪以前伊里因的政治哲学很好地回答了这个尖锐而现实的问题，他们把伊里因的政治哲学思想看作俄罗斯摆脱激进冒险、有序走向复兴的必由之路。俄罗斯国立经贸大学政治学教授穆江，在当代民主理论的语境中思考伊里因创造民主思想的现实性，应当将它作为俄罗斯民主之路探索的理论出发点。② 莫尔多瓦国立大学政治学教授伊热尔戈娜则认为伊里因创造的民主思想对当代俄罗斯社会的政治转型具有极其重要的指导意义，伊里因的有机民主理论具有规范性

---

① 郭丽双：《俄罗斯新欧亚主义的理论建构及其政治实践》，《当代世界与社会主义》2017年第4期。

② М. А. Мунтян, "Концепция творческой демократии, И. А. Ильина в свете современной теорииДемократии", http：//www. old. nasledie. ru/persstr/persona/muntan/article. php？art = 2.

第四章 俄罗斯传统价值现代转型的政治转向

和保守主义的倾向,现代俄罗斯的传统自由主义应该与俄罗斯传统价值中的爱国主义、国家性等结合起来。① 在社会意识中,社会调查表明,俄罗斯民众渴望"铁腕人物"出现。②

在当代俄罗斯政治改革实践方面,普京清醒地意识到了伊里因的思想对当代俄罗斯的价值与意义,将伊里因的作品作为自己案头的常备书,反复地阅读,加以研究,作为探索俄罗斯社会发展道路、指导政治实践的直接精神来源。伊里因为当代俄罗斯政治改革实践提供了有益的指导,尤其在普京当政期间表现尤为明显:首先,在国家发展道路上,反对西化道路和西化民主制,主张俄罗斯根据自身独特的精神文化和具体现实,探索适合俄罗斯的发展模式。③ 其次,在国家管理制度方面,加强中央对地方的管控,并削弱垄断资本的作用,维护俄罗斯社会的稳定有序。④ 最后,在国家发展所依靠的主体力量方面,遵循了国家主义的精英政治原则,注重民众法律意识的提高和道德品质的培养,⑤ 精心挑选领导阶层。普京尊重法律,谨慎挑选接班人,保障俄罗斯复兴计划的延续性。

(二) 索尔仁尼琴保守主义对普京执政理念的影响

索尔仁尼琴对俄罗斯社会的影响一方面是通过他的小说和政

---

① Н. И. Изергина, "Органическая демократия как вектор социально‐политически х изменений современнойРоссии", http://regionsar.ru/en/node/213.

② 董娟、童志锋:《权威主义:通向民主的桥梁——俄罗斯大国复兴的思考》,《安康师专学报》2005 年第 5 期。

③ 张桂娜:《伊万·伊里因的以强力抗恶思想及其政治诉求》,《中国社会科学院研究生院学报》2012 年第 6 期。

④ 张桂娜:《伊万·伊里因的以强力抗恶思想及其政治诉求》,《中国社会科学院研究生院学报》2012 年第 6 期。

⑤ 张桂娜:《伊万·伊里因的以强力抗恶思想及其政治诉求》,《中国社会科学院研究生院学报》2012 年第 6 期。

论文章，另一方面是通过总统普京。"永远的持不同政见者"索尔仁尼琴几乎怒斥了所有苏联和俄罗斯的领导人，但唯独对普京持肯定态度，其保守主义的政治主张对普京执政理念产生了一定程度的影响。

由于对几乎所有政治领导人的批判，索尔仁尼琴曾被人们称作"永远的持不同政见者"，但在回到俄罗斯几年后，他开始对普京寄予厚望，将普京看作是实现自己政治理想、拯救俄罗斯的人。普京也赞赏索尔仁尼琴保守主义价值观和为复兴俄罗斯的努力，经常引用他的话来表达政治观点。这源于两人的基本立场在很多方面趋同：在国家发展方向上，二者都主张批判西方式自由民主，应该探寻适合俄罗斯文明、独立于西方的独特道路；在对待东正教的态度上，二者都是东正教徒，主张保护和发展东正教，索尔仁尼琴赞赏普京还原了圣彼得堡的旧名，重振东正教教会权威的一系列做法。二者都有复兴俄罗斯的共同梦想，可谓是惺惺相惜，所以索尔仁尼琴一改常态，在相继拒绝了戈尔巴乔夫和叶利钦颁发奖章之后，欣然接受普京送上的荣誉。普京无论在政治还是外交上都一直坚持的保守主义基本立场，重视俄罗斯文明传统和东正教作用的举措，在一定程度上都受到索尔仁尼琴思想的影响。

1994年，索尔仁尼琴满怀激情地回到俄罗斯，曾轰动整个俄罗斯，人们期待这位被誉为"俄罗斯良心"的思想家成为政治实践方面的引领者，将俄罗斯带出迷雾。索尔仁尼琴面对满目疮痍的俄罗斯，无不痛心，他宣传自己的主张和理想，希望能实现自己的政治理想，为俄罗斯政局贡献自己的精神力量。但由于他对叶利钦当局的激烈批判，再次被排挤到了主流意识形态的边缘。

第四章 俄罗斯传统价值现代转型的政治转向

索尔仁尼琴认为，普京接手的是一个被洗劫一空、打倒在地的俄罗斯，社会道德败坏，大多数民众生活在赤贫之中。普京完成了几乎不可能完成的任务，逐渐恢复了俄罗斯的国力，但普京的努力没有马上获得重视和认可。索尔仁尼琴解释说，当一个堡垒从内部开始重建的时候，是不可能获得外部的赞赏的。索尔仁尼琴保守主义思想对俄罗斯政治的影响仍在继续。

（三）新保守主义对俄罗斯主要政党的影响

新保守主义是俄罗斯的第一大党统一俄罗斯党的思想纲领。21世纪以来，统一俄罗斯党一直是执政党，它对俄罗斯国家发展起着决定性作用，新保守主义思潮通过该政党的政治实践对俄罗斯发挥重大影响。该党于2001年12月1日，由"统一"党、"祖国"运动和"全俄罗斯"运动合并而成，① 党的思想基础是"政治中派主义"。鲍里斯·格雷兹洛夫创建此党并担任首任党主席。该党自称其社会基础是俄罗斯联邦的全体公民，是代表全民族利益的全民党。②

格雷兹洛夫在统一俄罗斯党的二大报告中指出，统一俄罗斯党的思想基础是"政治中派主义"。统一俄罗斯党负有联合社会上所有建设性力量进行实际工作的使命。③ 此宣言对"政治中派主义"的实质作了概括："把俄罗斯'左翼和右翼'联合起来为共同的祖国服务。"④ 卢日科夫在统一俄罗斯党成立大会上表明了该党保守主义的政治立场：统一俄罗斯党主张稳定、保守主义、

---

① 李琦：《俄罗斯政党发展状况评述（2000—2014）》，《比较政治学前沿》2017年第3期。
② 刘淑春等：《当代俄罗斯政党》，中央编译出版社2006年版，第110—115页。
③ 李兴耕：《"统一俄罗斯"党的理论与实践评析》，《俄罗斯研究》2004年第9期。
④ 李兴耕：《"统一俄罗斯"党的理论与实践评析》，《俄罗斯研究》2004年第9期。

渐进的和进化的发展，反对政治方面的一切革命。① 新保守主义态度还体现在对苏联的客观评价、借鉴外国的一切积极文明成果等方面。2004 年 7 月 13 日统一俄罗斯党访华团团长波戈莫洛夫在与中国学者座谈时批评 20 世纪 90 年代盖达尔、邱拜斯实行的"休克疗法"脱离了实际，违背了俄罗斯的传统价值。他说，俄罗斯有自己的文化、宗教以及价值观，俄罗斯人民普遍认识到，应该重新树立俄罗斯自己的价值观，应该热爱自己的祖国，而不是全盘照搬西方的东西。②

从 2012 年起，统一俄罗斯党内部分成的三个政治平台实质上代表了新保守主义的三个方向：自由主义平台代表的自由保守主义，是中右意识形态倾向；社会平台代表的是社会保守主义，中左意识形态倾向；爱国主义平台，则保持新保守主义的中派立场。③

从统一俄罗斯党建党的初衷可以看到，当前只有爱国主义平台是最为符合当时主要意图的，平衡左右之争，选取折中方案以团结各方力量。爱国主义平台采取介于自由主义平台和社会平台之间的中间立场。该党党总委员会主席团成员、国家杜马安全与反腐败委员会主席伊琳娜·亚罗瓦娅担任该派协调人。她认为，统一俄罗斯党自建党起就是一个联合的、团结的党。左的和右的意识形态将会使社会分裂，互相对立。④ 党既不应该向左转，也不应该向右转，而是要在"行动中的爱国主义"基础上把社会团结起来，向前迈进。只有在国家爱国主义基础上，才能实现发展

---

① 李兴耕：《"统一俄罗斯"党内的意见分歧和争论》，《当代世界与社会主义》2005 年第 10 期。
② 刘淑春等：《当代俄罗斯政党》，中央编译出版社 2006 年版，第 110—115 页。
③ 李兴耕：《统一俄罗斯党内的三个政治平台》，《学习时报》2014 年 8 月 25 日。
④ 李兴耕：《统一俄罗斯党内的三个政治平台》，《学习时报》2014 年 8 月 25 日。

第四章　俄罗斯传统价值现代转型的政治转向

国家、继续进行现代化的战略。①

统一俄罗斯党内部分设这三个政治平台的用意是更好地发挥党内民主，允许党内的不同声音从自己的立场阐明问题，这正符合新保守主义通过自身现代化再造传统的主张。该党作为新保守主义政治实践的主要载体，实现了理论成果向现实转化的过程。从俄罗斯近几届杜马选举的得票率看，统一俄罗斯党的第一大党的优势非常明显。2007年第五届国家杜马选举中，统一俄罗斯党得票率达到64.3%，获得315个席位；2011年第六届国家杜马选举中，统一俄罗斯党得票率为49.32%，获得238个席位；2016年第七届国家杜马选举中，统一俄罗斯党得票率为54.21%，获得343个席位。

毋庸置疑，相对于新自由主义、新马克思主义等其他社会思潮而言，新保守主义思潮不仅比较接近当下俄罗斯社会心理预期和价值认同，其政治实践的主要载体统一俄罗斯党长期作为执政党，在最新一届的杜马选举中优势明显，成为多数党，如果普京参加下一届总统选举将毫无悬念获胜。新保守主义思潮作为俄罗斯执政党的思想纲领不会改变，但俄乌冲突前后它在思想领域的主导优势在逐渐变弱，而新欧亚主义更加凸显，未来新保守主义思潮和新欧亚主义的融合将是俄罗斯社会思潮的主流方向。

另外，以新保守主义为思想纲领的政党还有成立于2001年的民族复兴党"人民意志"，因与"祖国"竞选联盟分裂，2006年以来民族复兴党"人民意志"打出"俄罗斯保守主义"旗帜，提出俄罗斯保守主义是21世纪俄罗斯社会的价值观和意识形态。该党主席巴布林在许多场合谈俄罗斯保守主义，并与东正教网站主编伊·列·布拉日尼科夫等9人发表《俄罗斯保守主义者宣言》。他们认为保守主义是对俄罗斯的历史道路和精神道路忠诚的一种

---

① 李兴耕：《统一俄罗斯党内的三个政治平台》，《学习时报》2014年8月25日。

能力，在保持开放的同时不受制于他人。① 该党目前共有 2 万多名党员，其影响力有限。其他政党也都不同程度地用新保守主义思想与自己的思想纲领相融合，比如前面提到的马克思主义的政党和自由主义的政党等。

---

① 刘淑春等：《当代俄罗斯政党》，中央编译出版社 2006 年版，第 231—233 页。

结　语

俄罗斯传统价值的现代命运如何？本书认为，它将在回归与重塑的双重运动中实现自我再造，为推动俄罗斯的现代化进程提供新的精神动力。

一　为何要重塑俄罗斯传统价值

在俄罗斯多种思潮激荡的背景下如何重塑俄罗斯传统价值？为何会提出这样一个问题呢？主要是由于俄罗斯社会转型迫切需要新时代精神，同时也有自上而下激进改革"后遗症""俄国斯芬克斯之谜"（сфинксрусскойжизни）的历史再现、俄罗斯知识分子先知传统、俄罗斯身份认同困惑等原因。

20世纪末以来，俄罗斯剧烈的社会转型，引起了社会思想和价值观的急剧转变，如何统领多元化思潮，寻找社会团结前进的精神动力？学界、宗教界、政界都在为此而努力，普京的"俄罗斯新思想"是其中的一种尝试。但随着俄罗斯社会转型进入瓶颈期，社会思潮更加纷繁复杂，公民民主意识更加强烈，尤其在入欧受阻和俄乌冲突后，俄罗斯重新面临文明定位和国家发展方向的艰难抉择，普京执政的思想基础和国家战略方针面临诸多挑战。在国家执政理念和发展方向上，是继续坚持新保守主义和新欧亚主义、强调俄罗斯文明和历史文化的独特性、坚持欧亚定位、重建"新俄罗斯",还是接受西方的思想理念和价值标准、宣扬个人自由来靠近欧洲?在外交战略上,是继俄乌冲突之势强硬地反击美国为首的西方世界旧秩序、重塑国际新秩序、坚决维护自身利益和势力范围,还是将外交重点转向西方、避免与美国正面为敌、努力寻求与欧洲的合作?还是面向欧亚地区继续构建欧亚经济联盟巩固地缘政治传统势力范围?还是与中国及印度构建大欧亚伙伴关系来拓展地缘政治空间?在国内政治上,是继续强调"主权民主"、加强中央权威、约束反对派、规范媒体和网络,还是要"政治改革和现代化"、鼓励反对派政党的竞争、给予自由派势力以政治空间、认同西方的政治标准和民主理念?在经济战略上,是保持俄罗斯作为传统的原材料和能源大国的优势、加强国家对经济的战略掌控,还是面向欧洲国家的技术和产业标准转型,向"现代化"目标迈进?是要探索自主性发展道路,还是期望西式现代化?[①] 还是面向欧亚地区构建大欧亚伙伴关系来拓展政治经济空间?

正是基于这些问题,"我们是谁?我们信仰什么?我们要往哪里去?"这个俄罗斯人千百年来追问的主题,再次响彻俄罗斯,西化派与斯拉夫派的传统争论再启。各社会思潮从各自的思想理路对这一系列亟待解决的问题提出了不同的改革方案,试图给出合适的回答,但它们探寻的方向具有惊人的相似性,这就是传统与现代的结合,对俄罗斯传统价值的重塑。

传统价值的回归与重塑是俄罗斯初期西方自由主义改革失败引起的应激性反应。俄罗斯历来多采取自上而下的激进改革,这种变革方式无论取得成功与否都会引起思想领域的巨大震荡,多

[①] 张树华:《普京道路与俄罗斯政治的未来》,《俄罗斯研究》2012年第6期。

结 语

以社会思潮的方式表现出来。俄罗斯初期西方自由主义改革失败给国家和人民带来了惨痛的灾难，这再次证明俄罗斯选择全盘复制西方模式的道路是错误的，那么俄罗斯的路在何方？当前俄罗斯各社会思潮都对这一改革方式展开了批判和反思，从各自的思想理路提出了不同的改革方案。

俄罗斯传统价值的回归与重塑是"俄国斯芬克斯之谜"的再现。从俄罗斯的历史上看，自彼得一世改革以来，每当社会转型期，围绕俄罗斯道路选择的东西方争论都会成为人们关注的焦点，并展开论战。这是困扰俄罗斯数个世纪的"俄国斯芬克斯之谜"，即俄罗斯向何处去？俄罗斯是东方国家，还是西方国家？是应该走东方式道路，还是应该走西方式道路？赫尔岑把这个问题称作"俄国生活中的斯芬克斯之谜"，因此后人们也将其称作"赫尔岑命题"，这成为俄罗斯社会变革的时代课题。从彼得一世"欧化"改革以来，历经女皇伊丽莎白，特别是叶卡捷琳娜二世的"开明君主专制"，俄国在总体上加速"西方化"进程中，发生了东西方文明的碰撞。与此相仿，俄罗斯再出发的资本主义进程同样发生了这种碰撞。

俄罗斯传统价值的回归与重塑是俄罗斯知识分子的先知传统在现代的延续。哲学乃时代精神之精华，19世纪30、40年代之交俄罗斯"黄金时代"，思想家们围绕"俄国斯芬克斯之谜"展开了争论：俄国要走向何方？它的主导力量是谁？通过什么方式和途径实现发展？随着争论的不断深入，在莫斯科形成了西方派（Западничество）与斯拉夫派（Славянофильство）两大营垒。对此，赫尔岑有精彩的点评："我们有同样的爱，只是方式不一样，我们像伊阿诺斯或双头鹰，朝着不同的方向，但跳动的心脏却是一个。"[①] 这次论

---

① [俄] 赫尔岑：《往事与随想》中册，项星耀译，人民文学出版社1993年版，第143页。

战标志着俄罗斯知识分子阶层的诞生。俄罗斯知识分子的特质是有强烈的政治实践诉求,以国家发展和民族独立为己任,将人生理想定位在与思考、探索国家发展道路中,以智者或先知的形象来影响俄罗斯的社会思想,但又与政权保持距离,保持自己的独立人格、独立思考,这是俄罗斯知识分子的存在方式和历史命运,也被人们称作俄罗斯知识分子的先知传统。这一传统体现在19世纪的索洛维约夫、丹尼列夫斯基、赫尔岑,20世纪的别尔嘉耶夫、伊里因、萨维茨基、布尔加科夫、古米廖夫等一代代思想家不朽的精神中。当前俄罗斯各社会思潮的代表人物索尔仁尼琴、杜金、奥伊泽尔曼、布兹加林等,对俄罗斯道路、俄罗斯命运的孜孜以求正是俄罗斯知识分子的先知传统在现代的延续与发展。

俄罗斯传统价值的回归与重塑是对俄罗斯身份认同问题的回应。当前俄罗斯进入急剧的转型期,非常需要"身份认同"和社会互信。但随着俄罗斯现代化进程的推进,俄罗斯却陷入了身份认同危机。社会转型期最需要"身份认同",从心理学角度讲,"认同"是人的最后一道自我防线。"当今世界是多元的,社会生活瞬息万变,这必然对'身份认同'造成障碍。在多元文化的交汇中,原有的认同很可能会被消化掉。"[①] 在新的政治经济体制确立之时,民族身份认同是国家政治体制背后的建构性力量,而当前俄罗斯社会的民族认同仍高于国家认同,人们自觉地在民族的集体意识中重新构筑其生活的精神基础,而不愿认可民主和市场价值等抽象的国家意识形态。乌克兰的克里米亚事件就是民族认同的力量超越国家的边界,民族认同、国家认同不一致的典型例证。本来历史上就已经很复杂、纠结的俄罗斯身份认同问题,变

---

① 高懿洁:《中国专家看瓦尔代会议:俄罗斯的身份认同》,俄罗斯卫星通讯社,https://sputnicnews.cn/20130925/43873083.html。

得更加扑朔迷离。俄罗斯各种思潮试图对这一亟待解决的身份认同问题给出合适的回答。

"我们是谁？我们信仰什么？我们要往哪里去？"对此，自"黄金时代""白银时代"至今，在俄罗斯璀璨的思想星空中"众星"闪烁出不同的光辉。

二 社会思潮变奏中俄罗斯未来的方向

通过以上庞大工程，本书从当代俄罗斯社会转型的精神召唤、苏俄社会转型中的价值观变迁、俄罗斯传统价值现代转型的哲学转向、俄罗斯传统价值现代转型的政治转向四方面，多维度地考察了苏联解体后俄罗斯传统价值现代转型。

其中，五个哲学转向是俄罗斯传统价值现代转型最核心的部分。它们的哲学主张在与社会互动的方面，主要以社会思潮的形式表现出来。所以本书重点系统梳理了五个主要社会思潮的历史演进、思想基础、基本主张、政治影响和发展前景等，揭示了它们对俄罗斯国家身份认同、社会价值观、政治决策、政党选举及普京执政理念的影响，力图向读者立体地展现各思潮冲突与融合的动态趋势及原因。并试图通过各思潮解答"俄国斯芬克斯之谜"的不同方案，探析俄罗斯未来向何处去的可能性。

俄罗斯各社会思潮激荡是一个冲突、融合的过程，其错综复杂之处在于，各思潮间有些主张相重合，"你中有我、我中有你"，而有些主张则针锋相对。冲突主要表现在新自由主义思潮反对新保守主义、新马克思主义、新东正教意识等思潮中对国家权力的强调，指责其国家主义践踏民主法制，有碍俄罗斯的现代化，而后者则批判新自由主义忽视俄罗斯的现实国情，其主张不符合俄罗斯的文化传统和文明类型等。这些分歧和对立的原因在于，背后存在两种截然不同文明观、价值观，代表着不同社会群体利益诉求和政治诉求。融合最为典型之处体现在新保守主义思潮对其他思潮的吸纳，类似于我国武侠小说中的招式"化功大法"，该思潮力图从传统与现代结合的层面，最大限度地包容、综合各思潮的主张，在其不断整合的思想中可以窥探到各思潮积极的一面。它汲取了新马克思主义思潮中对资本主义弊端的批判、捍卫马克思主义传统、强调社会取向，采取了一系列关注民生和社会保障举措；汲取了新自由主义对自由、民主的追求，在该思潮内部衍生出自由主义的保守主义，并通过各种方式确保选举的公开透明和公正性；汲取了新东正教意识思潮以精神第一性原则对物化意识的批判、从精神深处重塑俄罗斯传统价值观和本质性的民族认同，重视宗教对精神道德建设的引领作用，以抵御西方大众文化对俄罗斯人精神文化的致命打击；汲取了新欧亚主义的欧亚地缘政治定位和俄罗斯文明定位，弥补其在重建价值观中的乏力、在经济和外交欧亚战略上的理论短板，实施了欧亚经济联盟、欧亚大伙伴关系等一系列欧亚战略。而新欧亚主义、新保守主义、新东正教意识都可以看作民族主义复兴后在当代俄罗斯发展的不同路向。融合还表现在新欧亚主义思潮对新保守主义思潮、新东正教意识思潮的吸纳方面，杜金的"第四种政治理论"是将保守主义作为代替 20 世纪三大主要意识形态——自由主义、共产主义和法西斯主义的第四意识形态，让不同文明体找回各自丢失的传统价值，重构新的意识形态。这其中俄罗斯文明最原初的传统价值就是东正教精神。

俄罗斯社会思潮与社会转型的密切互动，是重建社会秩序的风向标。从各思潮演进的动态上看，自 20 世纪末俄罗斯急剧的社会转型以来，俄罗斯社会思潮经历了从右翼自由主义，到左翼新

结 语

马克思主义和民族主义、新保守主义、新东正教意识复兴,在追寻传统与现代结合的脉络上,逐渐筛去了自身中极端与落后的成分,走向中派立场;21 世纪以来以杜金为代表的新欧亚主义思潮最为活跃,在俄罗斯试图融入欧洲受挫后,导致社会各界将"强国梦"的热望寄托于新欧亚主义,但乌克兰危机中体现出的新欧亚主义激进扩张的危险倾向,引起了各界的批判反思,对此本书已做了重点分析研究。那么问题是,今后新欧亚主义思潮的政治实践是否继续对俄罗斯政治高层产生直接影响?它将引领俄罗斯向何处去?是战争还是和平?将决定俄罗斯与东欧、中亚地区的政治安全局势,这是我们应当持续跟踪研究和批判分析的重点。

俄罗斯向何处去?各思潮在自己运思的理路上为俄罗斯设计了不同路径。新马克思主义思潮无论是传统派主张回到苏联时期,俄共主张"革新"的社会主义,还是"新社会主义者"提出在吸取"现实社会主义"、瑞典、中国和其他社会主义模式经验基础上走"第三条道路"等,都只是对俄罗斯主流的资本主义政治模式起到了一定的批判和牵制作用,短期内不会成为俄罗斯道路选择的方案。在俄罗斯急剧的社会转型中,虽然 20 世纪末俄共分别以 22.3%、24.29%的支持率曾两度在杜马选举中获胜,成为俄罗斯第一大党,在总统大选中久加诺夫两次屈居第二,这是西化改革失败后人们怀念苏联和马克思主义的政治表现。但在普京组建统一俄罗斯党,以各种强力措施使俄罗斯国家回归稳定后,俄罗斯人民也随之进行了理性反思。21 世纪以来俄罗斯人的政治表现是,宁可忍受经济低迷、国力下降等不利因素,也不愿再回到苏联时期,苏联模式弊端的阴影至今挥之不去。

虽然本书重点研究的"新自由主义思潮"不是苏联解体后叶利钦等人直接从西方移植过来的"西方新自由主义",而是在"休克疗法"失败后，俄罗斯在综合自身传统自由主义与现代西方自由主义基础上生发出来的，是俄罗斯自己的新自由主义思潮。二者在本质上都是自由主义的路线，俄国化了的新自由主义思潮力图为俄罗斯探寻在秩序与稳定前提下重视民主和自由的发展道路。虽然它不同于俄罗斯初期西方激进自由主义，但是那场失败试验的阴霾尚未散尽，大部分俄罗斯民众不信任新自由主义反对派，不希望看到它执政，而只是希望它牵制政府，保障俄罗斯能够进行民主选举，为俄罗斯社会注入一些不同于主流的自由意识。另外，俄罗斯专制制度、国家主义传统根深蒂固，与自由主义强调个人主义、权利平等和民主的基本原则相违背，观念的改变并非一朝一夕。因此，该派目前在俄罗斯发挥的是自由意识的社会启蒙作用，对政治的辐射作用也在不断加强，但还未发展到起决定作用的阶段。

东正教哲学主张通过自身的现代化（世俗化），成为俄罗斯现代化的精神动力。经过30年的复兴与发展，东正教不仅填补了意识形态真空，发挥了拯救俄罗斯道德沦丧的作用，更被视为是俄罗斯民族精神最重要的标志，成为俄联邦重构的重要社会资源、政治力量和外交载体。首先，从当前新东正教意识思潮的作用看，东正教精神回归俄罗斯，不是完全作为信仰，而更像是一种传统价值观的回归，人们更多的是把东正教视为一种生活方式、一种文化传统、一种本质性的民族认同。作为意识形态因素，东正教填补了俄罗斯国民意识形态的真空，它对于加强俄罗斯中央权力、维护俄罗斯社会稳定和捍卫国家主权发挥了积极作用；作为一种信仰和道德因素，东正教超出了宗教领域，它把宗教的世俗文化教育转化成了对民众的道德教育，在重塑俄罗斯人的世界观、生活观、消除社会混乱、确立伦理道德观念等方面发

结　语

挥了它特有的社会教育、社会教化功能；作为文化传承因素，东正教承载着俄罗斯传统文化的精神内核，它增强了俄罗斯民众的自我认同感，对于抵御西方大众文化对俄罗斯人精神文化的致命打击，东正教起到了重要的保护作用。当前东正教正在努力实现自身的现代化，希望成为俄罗斯现代化的精神动力。但是，在政教分离的现代社会，东正教即使顺利克服各种阻力完成自身的现代化，也不可能像新教那样成为资本主义发展的原动力，更不可能单独成为俄罗斯现代化的精神动力。新东正教意识思潮是所有思潮中兼容性最强的一个，即使是新马克思主义思潮——曾经坚定的无神论马克思主义者——也声称自己是东正教徒，支持东正教。而且该思潮对俄罗斯历届领导人和整个俄罗斯政界，以及对俄罗斯国家身份认同、文化认同、主流价值观的重建、外交等方面都产生了极大的影响。其次，从学理上看，东正教伦理与"资本主义精神"的内在冲突这一命题，只能说明在资本主义自发形成的过程中，东正教伦理曾阻碍过俄罗斯向现代资本主义发展，但并不意味着当前俄罗斯在模仿"二次现代化经验"过程中，东正教伦理仍必定会起到阻碍作用。所以，无论从马克斯·韦伯的理论出发，还是以中、日、亚洲"四小龙"的成功为据，都可以推论出俄罗斯依靠本国的精神文化与市场经济相结合，走出一条有自身特色现代化之路的可能性。但从目前东正教现代化的步伐看，东正教社会价值观、经济伦理观、政治价值观都与俄罗斯现代化的要求有很多不和谐之处。在社会价值观和经济伦理观方面，东正教专注于修道的心灵追求、出世禁欲主义，轻视现世的物质追求，贬低劳动、反对科学等价值定位，都是阻碍俄罗斯现代化的力量。政治价值观方面，在现代社会政教分离不可逆转的大背景下，大牧首基里尔提出"国家与教会合奏交响乐"的论题，实质涉及的是君权与教权、专制与民主的敏感问题，引起俄罗斯社会各界的批判。因此，从现状看，新东正教意识思潮在俄罗斯不可能单独作为一种政治力量和社会价值观，它更可能作为俄罗斯精神的特质与其他社会思潮合力成为左右俄罗斯政治的力量。尤其是新保守主义思潮和新欧亚主义思潮，都把东正教作为自己立论的基点和俄罗斯文明的象征。

新欧亚主义思潮是各思潮中形成最晚的一支，但目前它已逐渐从默默无闻的边缘地带上升为主流政治哲学。其原因在于它继承和发展了古典欧亚主义深厚的哲学建构和政治关怀的基因，以地缘政治学作为世界观、文明观的必要前提，以欧亚文明论恰当地回答了俄罗斯千百年来对国家身份认同的追问，在逻辑上令人信服地理顺了长期困扰俄罗斯的政治与文化、国家与民族等复杂问题，旗帜鲜明地反抗西化道路，反抗美国主导的单极世界及其自由主义意识形态，提出重塑俄罗斯文明定位与国家发展定位的价值基础，重塑新俄罗斯文化共同体和国际政治新秩序的目标。这些主张具有正当合理性和正确的文明论依据，被视为俄罗斯反抗国际旧秩序，维护自身文明特色和发展道路的呐喊。将俄罗斯视作一种独立于东西方的文明样态，从学理上确证俄罗斯必定能走出独特的发展道路，这是当代俄罗斯社会所急需的国家身份认同基础和国家发展战略的理论奠基。它不仅仅为俄罗斯提供了现代化的精神动力，而且还为俄罗斯现行的总统体制提供了学理基础和世俗心理基础，为振兴俄罗斯提出了明确的战略目标和实践方案。

但新欧亚主义以文明断层线为依据，试图通过进行文化共同体重建来重构所谓的"新俄罗斯"和"俄罗斯世界"，具有复活俄罗斯帝国主义、走向俄罗斯法西斯主义、走向激进的倾向，易造成国家身份认同与民族身份认同的激烈碰撞，引发国家间的冲

结　语

突。这点尤其在俄乌冲突中表现突出，遭到了各界的批评。重建新俄罗斯，是新欧亚主义者怀着俄罗斯传统主义所固有的弥赛亚救世情怀，力图依靠科技力量击败国际旧秩序的维护者欧美联盟，建立国际新秩序政治哲学构想，俄乌冲突是这一构想的政治实践。新欧亚主义从哲学理论变为政治思潮，并通过政治实践将其影响力扩展到俄罗斯政治高层和社会民众，欧亚经济联盟、俄乌冲突、构建欧亚大伙伴关系等举措，是新欧亚主义重塑新俄罗斯从哲学扩展到政治、经济、外交等方面的实践。新欧亚主义将引领俄罗斯向何处去？是战争？还是和平？它是否只是维护俄罗斯文明和民族尊严的应激性反应？是否有走向自身反面、走向法西斯主义的危险？该派近两年分化形成了新欧亚主义温和派，可能是该派未来的一个主要发展方向。虽然该派在俄乌冲突中遭受诸多指责，但从普京近两年在重塑俄罗斯历史观和民族价值观、俄罗斯国家身份认同、积极推动欧亚经济联盟和构建欧亚大伙伴关系等方面，仍是基于新欧亚主义的理论基础。他并未因俄罗斯遭受制裁陷入内忧外患的艰难境地而改变立场。在2014年秋天俄罗斯人民阵线的"行动论坛"上，普京在与他的支持者交谈中说："俄罗斯不是在西方和东方之间，而是西方和东方分别在俄罗斯的右侧和左侧。"这被视为普京对新欧亚主义地缘政治理论的认可。新欧亚主义思潮的政治实践的优势在于避免了党派之争，通过社会组织直接向政治高层和社会渗透新欧亚主义主张，并谋求与新保守主义思潮和新东正教意识思潮的合作。但该派没有自己的政党，不能参加杜马选举和总统竞选等政治活动。也许这就是杜金当时把"欧亚党"改组为社会组织"欧亚主义国际运动"时所考虑到的实质性取舍问题。

与其他社会思潮相比，新保守主义思潮优势明显。这不仅是由于该思潮的主张比较接近当下俄罗斯社会心理预期和价值认同，而且是由于该思潮政治实践的主要载体统一俄罗斯党自 21 世纪以来在俄罗斯一直是执政党。该党在最新一届的杜马选举中仍保持绝对优势，它在 2016 年俄罗斯第七届国家杜马选举中得票率为 54.21%，获得 343 个席位。如果普京参加下一届总统选举将毫无悬念获胜。新保守主义思潮作为俄罗斯执政党的思想纲领不会改变，但俄乌冲突前后它在思想领域的主导优势在逐渐变弱，而新欧亚主义更加凸显。

三 俄罗斯传统价值在回归与重塑中回答时代课题

在俄罗斯社会转型的大背景下，本书聚焦研究俄罗斯传统价值的现代转型，急剧的社会转型需要新的价值支撑与精神动力，俄罗斯传统价值在回归与重塑中回答时代课题。

（一）俄罗斯传统价值的理论内核

本书在俄罗斯社会转型的历史演进中探寻俄罗斯思想里相对稳定的精神内核，认为俄罗斯传统价值的理论内核包含在东正教伦理、保守主义和马克思主义的价值观中，具体内容包括：专制制度和家长制是俄罗斯传统价值的内核、集体主义是俄罗斯传统价值的主要内容、村社制是俄罗斯传统价值精神共同体的现实载体、救世主义是俄罗斯传统价值帝国思想的根源、等级制是俄罗斯传统价值稳定的核心原则。

（二）俄罗斯传统价值与社会转型

由于俄罗斯传统价值与其社会转型的交互作用，使得俄罗斯各时期社会转型在政治、经济、社会等方面呈现出一系列的共同特征，这为我们研究苏联解体后俄罗斯传统价值的现代转型提供了一个清晰的线索。本书从俄罗斯的三次重大社会转型中概括了其基本特征：社会转型的动因来自西方世界的挑战、自上而下的现代化改革依靠绝对权威、社会转型呈现间断性与跳跃性等特征。本书从分析俄罗斯社会转型的各个阶段及其特征中，揭示了俄罗斯传统价值在其中发挥的重要作用：国家主义、专制制度和家长制、救世主义等俄罗斯传统价值无论在沙俄帝国时期、苏联时期，还是在当代俄罗斯都以不同的方式表现出来，并对俄罗斯社会转型的各个阶段发挥了不可替代的作用。

（三）苏俄社会转型中的价值观变迁

本书梳理了苏俄社会转型中的价值观变迁，分析了苏联社会主义核心价值观的确立与自身裂变，重点分析了多元化思潮对苏联核心价值观的解构作用、当代俄罗斯如何重建主流社会价值观及其困境，并揭示了其中的经验教训。以上研究在苏俄价值观变迁的线索上凸显了俄罗斯社会转型的精神召唤和俄罗斯传统价值现代转型的历史使命。

（四）俄罗斯传统价值现代转型的哲学转向、政治转向及其政治实践

上文通过对俄罗斯社会转型和苏俄价值观变迁两条线索的分析，廓清了苏联解体后俄罗斯传统价值现代转型在历史中的定位、使命及延续方式。每当国家处于社会转型期，俄罗斯精神中的跳跃性与极端性总是循环地登上历史舞台，国家发展在西方化与本土化的两极斗争中向前推进。俄罗斯传统价值在与西化价值观的冲突融合中发展自身，它在不同阶段和不同领域中汲取自由主义的有益成分，以重塑自身的方式、以不同形式表现出来。苏联解体后俄罗斯传统价值现代转型是俄罗斯初期自由主义改革失败的应激性反应，作为自由主义对立面的保守主义和东正教等传统派担负起了重塑传统价值、拯救俄罗斯的历史使命，以期为本国的现代化进程提供有民族特色的精神动力，为确保现行体制有效运行提供文化价值支撑。

当前，俄罗斯传统价值现代转型具体表现为社会思想的哲学转向、政治转向及其政治实践。30年间，俄罗斯传统价值观在与社会转型的互动中，表现为不同哲学流派的转向，它们在不同哲学路向上按照自己的运思理路，探索着如何实现俄罗斯传统价值的现代转型。本书廓清了当代俄罗斯东正教哲学、马克思主义哲学、自由主义哲学、欧亚主义哲学、保守主义哲学等对俄罗斯传统价值的回归与再造，其目的是重塑俄罗斯国家身份认同和俄罗斯文明。在此基础上，本书揭示了各理论对俄罗斯传统价值现代转型和对俄罗斯社会各方面的影响，俄罗斯的社会转型仍面临着重塑俄罗斯文明泛帝国化、东正教自身难以现代化、新马克思主义政治实践群众基础薄弱等困境。

基于以上研究，笔者怀着如履薄冰之心尝试回答这个"俄国斯芬克斯之谜"——"我们是谁？我们信仰什么？我们要往哪里去？"

俄罗斯传统价值现代转型在实践中可能的未来趋向是：俄罗斯在文明定位和国家身份认同上，将继续坚持欧亚主义文明论定位，为探索俄罗斯自身的独特道路、重建"新俄罗斯"提供学理基础和世俗心理基础，以多极文明论反抗美国主导的单极世界及其自由主义意识形态；在国家的价值观层面，将以东正教伦理、新保守主义哲学和新欧亚主义哲学的融合为基础，在新的文化、

结　语

哲学和政治语境下，有意识地强化俄罗斯文明的历史连贯性、欧亚文明的独特性，东正教的精神第一性、群体主义，传统价值观中爱国主义、团结互助精神等俄罗斯传统价值，来重塑俄罗斯的"精神主义"，以在观念层面对抗欧美的价值观挑战，寻求自由、民主、人权的替代方案；在经济和外交方面，俄罗斯更倾向于新欧亚主义哲学的政治实践，反抗国际旧秩序，完成重塑国际新秩序的历史使命和政治使命；在政治领域，会继续保持以稳定和秩序优先的传统政治价值观，强调"主权民主""可控民主"，加强中央权威，在宪法允许的范围内加强用法律手段约束反对派、规范媒体和网络。

目前，俄罗斯社会转型仍在进行中，各社会思潮的多元化现状还未形成统一的迹象，传统价值的现代命运如何？未来会趋向哪里？存在许多争议和难以预计的问题，仍有很多变数。本书基于以上研究斗胆推测，新保守主义与新欧亚主义的融合可能将是俄罗斯重塑传统价值的主流方向。

2022年2月24日发生了第二次乌克兰危机，本书基于哲学研究对俄罗斯传统价值在政治实践中的研制，尤其是对新欧亚主义激进派将俄罗斯文明泛帝国化易引发国家间冲突的预判性研究，不幸言中了刚刚爆发的这场战争。在回归与重塑的双向止边中，俄罗斯传统价值的现代命运，它不是单纯的哲学问题，也是俄罗斯这个国家的现代命运，是由哲学扩展到政治、经济、外交等诸多领域的时代问题。

本书写作与出版要特别鸣谢复旦大学马克思主义学院国外马克思主义学科的大力支持，以及中国社会科学出版社老师专业细致的审校工作。同时，本书撰写与编校工作的完成离不开笔者与研究生团队的共同努力，其中罗子轩主要参与第一章，徐菁主要参与第二章，李雨豪和朱亭锦参与第三章，赵佳丽参与第四章。此书作为笔者俄罗斯研究方面的阶段性成果，尚有不成熟之处，还望读者多多包涵与指正，笔者希望与学界同仁共同努力，继续完善本书研究的不足与缺失。

参考文献

一 中文文献

（一）著作

《列宁全集》第 29 卷，人民出版社 1985 年版。

《列宁全集》第 39 卷，人民出版社 1986 年版。

《列宁选集》第 4 卷，人民出版社 1995 年版。

［俄］尼·别尔嘉耶夫：《俄罗斯思想》，雷永生、邱守娟译，生活·读书·新知三联书店 1995 年版。

［美］本尼迪克特·安德森：《想象的共同体：民族主义的起源与散布》，吴叡人译，上海人民出版社 2011 年版。

郭丽双：《当代俄罗斯社会思潮研究》，人民出版社 2017 年版。

［俄］赫尔岑：《往事与随想》中册，项星耀译，人民文学出版社 1993 年版。

金雁：《苏俄现代化与改革研究》，东方出版社 2013 年版。

［俄］瓦·奥·克柳切夫斯基：《俄国史》第四卷，张咏白等译，商务印书馆 2013 年版。

［俄］瓦·奥·克柳切夫斯基：《俄国史》第五卷，刘祖熙等译，

商务印书馆 2013 年版。

陆南泉等主编：《苏联兴亡史论》，人民出版社 2002 年版。

刘淑春等：《当代俄罗斯政党》，中央编译出版社 2006 年版。

罗荣渠：《现代化新论——世界与中国的现代化进程》，商务印书馆 2004 年版。

［美］曼纽尔·卡斯特：《认同的力量》，曹荣湘译，社会科学文献出版社 2006 年版。

［德］马克斯·韦伯：《论俄国革命》，潘建雷等译，上海三联书店 2010 年版。

马龙闪：《苏联文化体制沿革史》，中国社会科学出版社 1996 年版。

《普京文集（2012—2014）》，《普京文集（2012—2014）》编委会编译，世界知识出版社、华东师范大学出版社 2014 年版。

［美］塞缪尔·亨廷顿：《我们是谁：美国国家特性面临的挑战》，程克雄译，新华出版社 2005 年版。

［俄］索洛维约夫等：《俄罗斯思想》，贾泽林、李树柏译，浙江人民出版社 2000 年版。

［俄］维·费·沙波瓦洛夫：《俄罗斯文明的起源与意义》，胡学星、王加兴、范洁清译，南京大学出版社 2014 年版。

吴克礼主编：《当代俄罗斯社会与文化》，上海外语教育出版社 2001 年版。

王云龙：《现代化的特殊性道路——沙皇俄国最后 60 年社会转型历程解析》，商务印书馆 2004 年版。

［美］伊曼努尔·华勒斯坦等：《自由主义的终结》，郝名玮等译，社会科学文献出版社 2002 年版。

张树华、刘显忠：《当代俄罗斯的政治思潮》，新华出版社 2003 年版。

张建华：《俄国史》，人民出版社 2004 年版。

张百春：《当代东正教神学思想》，上海三联书店 2000 年版。

周尚文：《苏联兴亡史》，上海人民出版社 2002 年版。

左凤荣、沈志华：《俄国现代化的曲折历程》（上、下），社会科学文献出版社 2012 年版。

（二）论文

[俄] A. A. 科里亚科夫采夫、A. M. 巴约克：《资本主义社会体制性危机视域下列宁的帝国主义理论》，郭丽双译，《求是学刊》2020 年第 6 期。

安启念：《新世纪初俄罗斯社会思潮》，《教学与研究》2002 年第 7 期。

安启念：《俄罗斯马克思主义研究的新观点》，《学术月刊》2009 年第 11 期。

安启念：《俄罗斯哲学界关于苏联哲学的激烈争论》，《哲学动态》2015 年第 5 期。

安启念：《关于列宁无产阶级专政思想的几个问题》，《马克思主义与现实》2016 年第 5 期。

安启念：《当前马克思主义中国化研究中的两个问题》，《重庆邮电大学学报》（社会科学版）2017 年第 4 期。

安启念：《唯物史观视野下的苏联模式》，《哲学研究》2017 年第 7 期。

[俄] 3. 斯米尔诺娃：《十九世纪前半叶的俄国思想与历史传统问题》，邵凤廷摘译，《哲学译丛》1996 年第 Z1 期。

[俄] 巴哈林·叶甫盖尼：《俄罗斯的社会保障体系与社会福利水平研究》，硕士学位论文，黑龙江大学，2014 年。

陈树林：《俄罗斯新保守主义文化思潮及其影响》，《山东社会科学》2013 年第 11 期。

车玉玲：《俄罗斯宗教哲学对西方理性主义的批判》，《哲学研究》2013 年第 1 期。

车玉玲：《历史唯物主义的空间转向与当代启示》，《马克思主义与现实》2014 年第 1 期。

车玉玲：《当代马克思主义视野下的虚无主义之空间根源》，《学习与探索》2015 年第 7 期。

车玉玲：《静态社会与生态危机：当代资本主义无法走出的困境》，《理论导报》2018 年第 8 期。

曹维安：《俄国的斯拉夫派与西方派》，《陕西师范大学学报》（哲学社会科学版）1996 年第 6 期。

崔立颖：《道德的阶级性与马克思对现代正义观念的超越》，硕士学位论文，上海社会科学院，2014 年。

董晓阳：《自由主义在俄罗斯的传播及其规律性》，《当代世界》2013 年第 1 期。

董娟、童志锋：《权威主义：通向民主的桥梁——俄罗斯大国复兴的思考》，《安康师专学报》2005 年第 5 期。

丁淑琴：《论别尔嘉耶夫的民族文化观》，《科学·经济·社会》2008 年第 3 期。

段丽娟、李尚德：《反思与重建——苏联解体后俄罗斯学界对马克思主义的研究》，《求实》2011 年第 4 期。

［俄］弗拉基米尔·多博林科夫：《全球化条件下的俄罗斯意识形态》，徐海燕译，《国外理论动态》2007 年第 2 期。

［俄］弗拉季连·布罗夫：《习近平"七一"讲话：用科学眼光审视中国历史和未来发展前景的纲领性文件》，郭丽双、王嘉

亮译,《俄罗斯研究》2021年第6期。

[俄] 根纳季·久加诺夫:《共同携手,为人类走向美好未来铺平道路》,郭丽双、李卓儒译,《马克思主义与现实》2021年第4期。

关雪凌、刘可佳:《后危机时代俄罗斯经济现代化探析》,《经济理论与经济管理》2011年第1期。

关雪凌、张猛:《普京新保守主义解析》,《中国人民大学学报》2015年第2期。

郭丽双:《党的二十大在俄罗斯学界的回响及启示》,《思想理论教育导刊》2023年第2期。

郭丽双:《东正教伦理与俄罗斯的现代化进程研究述评》,《哲学动态》2011年第12期。

郭丽双:《多元化思潮对苏联社会主义核心价值观的解构及教训》,《当代世界与社会主义》2014年第6期。

郭丽双:《俄罗斯传统价值观的现代转型》,《第22次韩中伦理学国际学术大会论文集》,2014年。

郭丽双:《俄罗斯新欧亚主义的理论建构及其政治实践》,《当代世界与社会主义》2017年第4期。

郭丽双:《俄罗斯主流社会价值观的重建及其困境》,《马克思主义与现实》2015年第1期。

郭丽双:《反抗与重塑:新欧亚主义政治哲学对俄罗斯文明的新构想》,《俄罗斯研究》2019年第6期。

郭丽双:《根源与出路:反思新冠肺炎疫情与全球性危机——俄罗斯学者访谈》,《马克思主义与现实》2021年第1期。

郭丽双:《普京的民意来自何处?》,《解放日报》2012年3月3日。

郭丽双:《十月革命是中国革命成功道路的起点》,《毛泽东邓小平理论研究》2017年第7期。

郭丽双、崔立颖：《苏联核心价值观的裂变与启示》，《毛泽东邓小平理论研究》2013年第10期。

郭丽双、崔立颖：《重塑历史观与价值观：俄罗斯高校思想政治教育的理性回归及启示》，《马克思主义与现实》2018年第3期。

郭丽双、杜宛玥：《再论苏联马克思主义：从21世纪俄罗斯马克思主义的视野出发》，《思想战线》2024年第2期。

郭丽双、付畅一：《消解与重塑：超国家主义、文化共同体、民族身份认同对国家身份认同的挑战》，《国外社会科学》2016年第4期。

郭丽双、汪力平：《俄罗斯古典欧亚主义的文明论建构及其当代意义》，《苏州大学学报》（哲学社会科学版）2019年第3期。

黄苇町：《俄罗斯"休克疗法"的悲剧》，《中国社会导刊》2002年第6期。

黄登学编写：《俄罗斯保守主义现代化：时代背景、价值观与改革原则》，《国外理论动态》2012年第4期。

金雁：《沙俄改革中的"第三种知识分子"》，《工会博览》（下旬刊）2012年8月20日。

金雁、秦晖：《倒转红轮：索尔仁尼琴与俄国的"分裂教派"传统》，《社会科学论坛》2009年第4期。

蒋莉：《东正教在俄罗斯政治生活中的作用及影响》，《现代国际关系》2002年第9期。

[俄] К. А. 沙塔列夫：《俄罗斯保守主义的起源和特点》，《社会人文知识》2000年第3期。

[俄] 康德拉绍夫：《对列宁社会辩证法的思考》，郭丽双译，《求是学刊》2020年第5期。

孔元：《欧亚主义回归与全球革命：亚历山大·杜金的地缘政治观》，《文化纵横》2015年10月。

李琳：《俄罗斯新版历史教科书重塑"苏联记忆"研究》，《当代世界与社会主义》2016年第4期。

李琦：《俄罗斯政党发展状况评述（2000—2014）》，《比较政治学前沿》2017年第3期。

李兴耕：《"统一俄罗斯"党的理论与实践评析》，《俄罗斯研究》2004年第9期。

李兴耕：《苏联解体以来的俄罗斯社会主义》，《科学社会主义》2006年第4期。

李兴耕：《关于十月革命道路问题的若干思考》，《科学社会主义》2007年第4期。

李兴耕：《统一俄罗斯党内的三个政治平台》，《学习时报》2014年8月25日。

李志忠：《社会转型时期俄罗斯民族主义产生的根源》，《俄罗斯研究》2002年第3期。

李桂英：《关于苏联模式的若干思考》，《长春大学学报》2002年第2期。

李新：《俄罗斯经济现代化战略评析》，《俄罗斯中亚东欧研究》2011年第1期。

李启华：《论新自由主义及其对我国政治的影响》，《呼伦贝尔学院学报》2011年第4期。

李尚德、户晓坤：《当代俄罗斯马克思主义研究动态》，《社会科学家》2013年第8期。

李勇慧：《俄罗斯四个主要政党的政治主张》，《中国社会科学院院报》2007年12月18日。

陆南泉:《俄罗斯转型与经济现代化》,《中国中小企业》2014年第5期。

陆南泉:《从经济结构分析俄罗斯经济发展前景》,《中国浦东干部学院学报》2017年第5期。

刘建武:《苏联模式衰败的缘由与启示》,《当代世界与社会主义》2011年第4期。

刘文飞:《"俄罗斯问题":索尔仁尼琴"政论三部曲"中的新斯拉夫主义》,《俄罗斯研究》2006年第2期。

雷蕾:《俄罗斯能否潇洒"东进"》,《人民日报》(海外版)2012年12月25日。

雷丽平:《浅析俄罗斯"东正教热"》,《学理论》2010年第5期。

林精华:《民族性、民族国家与民族认同——关于俄罗斯文明史问题的研究》,《社会科学战线》2003年第6期。

林精华:《从欧洲化到苏维埃化的跨欧亚帝国治理:关于欧亚主义的论述》,《俄罗斯研究》2014年第3期。

林艳梅:《当代俄罗斯马克思主义的主要理论关注》,《中共中央党校学报》2014年第5期。

马龙闪:《俄罗斯三位总统如何因应苏联解体》,《决策与信息》2012年第1期。

[俄] O.T.博戈莫洛夫:《俄罗斯改革的教训与前景》,张仁德译,《经济社会体制比较》2004年第5期。

庞大鹏:《当代俄罗斯的保守主义》,《欧洲研究》2009年第3期。

乔桂娟:《俄罗斯教育现代化区域推进模式研究》,博士学位论文,东北师范大学,2013年。

秦维宪:《苏联社会价值观演变的历史教训》,《浙江社会科学》2001年第4期。

参考文献

粟端雪:《列夫·古米廖夫的欧亚主义学说及其当代影响》,《俄罗斯中亚东欧研究》2012年第6期。

宋保民、张加明:《论苏联模式与苏东剧变》,《全国商情》(理论研究)2011年第2期。

[俄]斯米尔诺夫:《欧亚主义与现代化》,"十月革命与马克思主义"国际学术研讨会发言,2017年5月20日。

[美]塞缪尔·亨廷顿:《作为一种意识形态的保守主义》,王敏译,《政治思想史》2010年第1期。

宋才发:《论列宁从"战时共产主义"到新经济政策思想的嬗变》,《固原师专学报》1996年第4期。

孙振坤:《浅评斯大林社会主义建设模式》,《魅力中国》2010年第6期。

沈志华:《苏共二十大、非斯大林化及其对中苏关系的影响——根据俄国最近披露的档案文献》,《国际冷战史研究》第1辑(2004年冬季号)。

孙传钊:《重温一个世纪前的革命——读马克斯·韦伯〈论俄国革命〉》,《中国图书评论》2011年第1期。

孙友晋、朱柳:《论俄罗斯现代化道路的特殊性》,《俄罗斯研究》2005年第4期。

唐莉:《俄罗斯的新保守主义》,《当代世界与社会主义》2004年第4期。

吴恩远:《"列宁思想导致了苏联解体"?》,《中国社会科学报》2016年2月1日。

吴恩远:《列宁领导的十月革命是"伟大的革命"——评对普京讲话断章取义引发的争论》,《红旗文稿》2016年第6期。

王卓君、何华玲:《全球化时代的国家认同:危机与重构》,《中国社会科学》2013年第9期。

王书会：《中国特色社会主义是对苏联模式的根本否定》，《探索与争鸣》2007年第12期。

王立新：《俄罗斯改革的中国意义》，《战略与管理》2003年第6期。

［俄］旺秋科夫：《古典欧亚主义背景下的马克思主义"十月革命"与国家转型》，"十月革命与马克思主义"国际学术研讨会发言，2017年5月20日。

武卉昕：《苏联马克思主义伦理学的萌芽及道德本质问题的争论回溯》，《理论月刊》2006年第11期。

肖金波：《俄罗斯欧亚主义发展史的启示与反思》，《佳木斯大学社会科学学报》2010年第1期。

徐海燕：《还原史实：俄罗斯重构本民族的历史价值观》，《红旗文稿》2009年第16期。

徐凤林：《哲学伦理学的实践意义——古谢伊诺夫的"否定式伦理学"简析》，《社会科学战线》2016年第1期。

徐凤林：《当代俄罗斯东正教社会服务简析》，《俄罗斯研究》2016年第4期。

徐凤林：《"俄罗斯世界观"与俄国现代化的哲学反思》，《世界哲学》2017年第1期。

徐凤林：《非暴力伦理学与强力抗恶之辩》，《学术交流》2018年第5期。

徐凤林：《主体道德观与社会道德观——俄罗斯伦理学两种道德概念之争》，《世界哲学》2020年第4期。

徐向梅：《究竟什么是十月革命道路——有关十月革命性质的探讨》，《当代世界与社会主义》2007年第6期。

徐向梅：《俄罗斯政治学研究的重要议题》，《俄罗斯学刊》2015年第2期。

徐向梅：《乌克兰危机下的俄罗斯政经局势分析》，《人民论坛·学术前沿》2015年第2期。

徐向梅：《结构性难题与进口替代——俄罗斯经济发展前景分析》，《国外理论动态》2018年第1期。

徐向梅：《俄罗斯政治文化传统与国家发展道路选择》，《当代世界与社会主义》2019年第4期。

徐坡岭：《决定俄罗斯2012年后经济前景的两个关键因素：社会政治改革与经济现代化模式》，《辽宁大学学报》（哲学社会科学版）2012年第1期。

徐海燕：《俄罗斯保守主义政治思想及其实践》，《国际研究参考》2015年第7期。

［俄］谢尔盖·弗拉基米罗维奇·茹拉夫廖夫：《谢尔盖·茹拉夫廖夫教授谈有关1917年俄国革命研究的若干问题》，徐向梅译，《国外理论动态》2019年第6期。

邢广程：《列宁体制转换的思路演进》，《中国党政干部论坛》2006年第12期。

［俄］亚历山大·布兹加林、柳德米拉·布拉夫卡-布兹加林娜：《共产主义理论与社会主义实践——苏联的教训和中国的未来》，郭丽双、王嘉亮译，《俄罗斯研究》2021年第6期。

［俄］尤·马克西缅科：《俄罗斯保守主义理论家研究中的"保守主义与民主"问题》，《政权》2002年第4期。

于芹芹：《吞并克里米亚：叶卡捷琳娜女皇时代的两次俄土战争》，《西安社会科学》2014年第3期。

张百春：《当代俄罗斯宗教哲学》，《社会科学战线》2016年第1期。

左凤荣：《欧亚联盟：普京地缘政治谋划的核心》，《当代世界》2015年第4期。

左凤荣：《俄罗斯的民族传统与普京的强国战略》，《中共中央党校学报》2007年第3期。

左凤荣：《赫鲁晓夫反对个人崇拜与中苏在斯大林问题上的分歧》，《马克思主义与现实》2010年第4期。

左凤荣：《戈尔巴乔夫政治体制改革的教训》，《当代世界社会主义问题》2011年第1期。

左凤荣：《充满曲折的俄罗斯崛起之路》，《当代世界》2011年第11期。

左凤荣：《普京回归：面临"俄罗斯之冬"?》，《世界知识》2012年第1期。

周来顺：《俄罗斯文化中的深层结构特征及其理论旨趣》，《学术交流》2015年第10期。

周来顺：《作为文化空间的社会主义——梅茹耶夫对苏联马克思主义的反思与探索》，《马克思主义与现实》2016年第6期。

周来顺：《俄罗斯哲学基本特征再审视——基于比较文化学的研究视野》，《理论探讨》2017年第2期。

周来顺：《现代性危机及其历史救赎——别尔嘉耶夫历史哲学理论研究》，《求是学刊》2017年第4期。

周来顺：《现代性危机及其精神救赎——以俄罗斯白银时代哲学为研究视域》，《哲学研究》2017年第11期。

赵宏：《苏联剧变20年再认识——社会主义理论前沿问题（二）》，《科学社会主义》2011年第8期。

赵定东：《俄罗斯社会转型的历史动态轨迹》，《辽东学院学报》2006年第5期。

朱杰:《不同的改革思维 不同的改革结果——论邓小平与戈巴乔夫政治体制改革思想的差异》,《贵阳师范高等专科学校学报》(社会科学版)2004年第2期。

张昊琦:《俄罗斯保守主义与当代政治发展》,《俄罗斯中亚东欧研究》2009年第3期。

张艳杰、于大春:《转型期俄罗斯民族主义与新欧亚主义理论之契合》,《学术交流》2011年第12期。

张树华:《当代俄罗斯社会思潮透析》,《东欧中亚研究》1999年第6期。

张树华:《普京道路与俄罗斯政治的未来》,《俄罗斯研究》2012年第6期。

张树华:《当今俄罗斯的历史教育与历史教材》,《俄罗斯学刊》2015年第1期。

张桂娜:《伊万·伊里因的创造民主思想及其当代意义》,《哲学动态》2012年第2期。

张桂娜:《伊万·伊里因的以强力抗恶思想及其政治诉求》,《中国社会科学院研究生院学报》2012年第6期。

张静:《当代俄罗斯马克思主义研究的四大流派》,《俄罗斯中亚东欧研究》2010年第4期。

张鸿燕:《俄罗斯传统道德的现代转型与反思》,《首都师范大学学报》(社会科学版)2001年第5期。

张海鹰:《欧亚主义——俄罗斯思想的历史遗产》,《吉林省教育学院学报》2009年第9期。

张百春:《俄罗斯东正教会经济的特点及其问题》,《世界宗教文化》2010年第4期。

张百春:《别尔嘉耶夫的末世论历史观》,《黑龙江社会科学》2011

年第2期。

张百春：《当代俄罗斯宗教哲学》，《社会科学战线》2016年第1期。

张百春：《霍鲁日论个性的两个范式》，《世界哲学》2017年第1期。

张百春：《当代俄罗斯东正教会最高管理机构》，《世界宗教文化》2017年第2期。

张建华：《恋女与情郎的永恒对话——俄国近代知识分子的觉醒与群体特征》，《俄罗斯文艺》2002年第3期。

张建华：《新旧俄罗斯的相遇与歧路——欧亚主义视野下俄罗斯复兴之历史思考》，《学习与探索》2006年第2期。

张建华：《欧亚主义的诱惑：从民间思潮到国家战略》，《人民论坛·学术前沿》2013年第10期。

张建华：《尼古拉二世的改革与反改革》，《学习时报》2004年4月12日。

（三）网络媒体

http：//www.china.com.cn/chinese/zhuanti/xxsb/543131.htm.

http：//military.china.com/history4/62/20140319/18401187_1.html.

http：//www.china.com.cn/chinese/zhuanti/xxsb/548186.htm.

http：//view.news.qq.com/zt2013/xklf/bak.htm.

http：//news.ifeng.com/a/20170728/51524447_0.shtml.

https：//baike.baidu.com/item/公正俄罗斯党/1332832?fr=aladdin.

https：//baike.baidu.com/item/亚历山大·索尔仁尼琴/1358414?fromtitle=索尔仁尼琴&fromid=3039509&fr=aladdin.

https：//wenku.baidu.com/view/9a9da02d8bd63186bdebbc44.html.

孙勇军:《时事分析:欧亚主义思潮在俄罗斯再度兴起》,新浪网,2001年8月17日,https://news.sina.cn/sa/2001-08-17/detail-ikkntiak6842786.d.html?from=wap。

[俄]普京:《俄罗斯的国家思想就是爱国主义》,中国新闻网,2016年2月3日,http://www.chinanews.com/gj/2016/02-03/7747086.shtml。

http://www.edinros.ru/23.04.2003.

http://www.edin.ru/16.08.2001.

http://book.sina.com.cn/today/2011-08-01/1541289193.shtml.

http://konservatizm.org/konservatizm/theory/140309014819.xhtml.

http://www.pravaya.ru/side/584/505.

http://eurasian-movement.ru/archives/1312.

http://vestikavkaza.ru/articles/Stoletie-revolyutsii-1917-goda-v-Rossii.html.

韩强:《前车之鉴:美国高参献计"休克疗法"坑倒俄罗斯》,搜狐网,http://m.sohn.com/a/223476827-425345。

二 俄文文献

(一) 著作

Кремлевский самосуд (Сборник докуменов) /Сост. А. В. Коротков и др. М. , 1994.

А. В. Миронов: Кризис духовных ценностей на социокультурных пространстве современной России История этических учений.

А. А. Гусейнов: М. , ГАРДАРИКИ, 2003.

В. М. Межуев: Маркс против марксизма. Статьи на непопулярную тему. М., Культуная революция, 2007.

А. И. Солженицин: Как нам обустроить Россию. Л. Советский писатель. Ленинградское отделение, 1990.

А. И. Солженицин: "Русский вопрос" к концу XX века. М., Голос, 1995.

А. В. Бузгалин: Неомарксизм: ответы на вызовы глобальных проблем постиндустриальной эпохи. М., Слово, 2002.

Арсений Гулыга: Творцы Русской Идеи. М., 2006.

М. И. Воейков (Ред.). Либерализм и социализм: Запад и Россия: К 200 - летию со дня рождения А. И. Герцена 2013. Мягкая обложка.

А. А. Этика, Р. Г. Гусейнов: Апресян. М., 1998.

А. Соженицын: Бодался теленок с дубом. Пориж., 1975.

Н. С. Трубецкой: Русская проблема//На путях путях. Берлин., Геликон, 1922.

А. Г. Дугин: Четвёртая политическая теория, 2009.

А. В. Петров, С. В. Ярунин: Экономическая глобализация И неолиберальная модернизация В РОССИИ. Санкт - Петербургского Университета. Сер. 12. 2008. Вып. 4 Вестник.

П. Н. Кондрашов, К. Н. Любутин: Диалектика повседневности: Попытка марксистского анализа. Изд. 2 - е, испр. и доп. М.: ЛЕНАНД, 2015.

Д. Харви: Краткая история неолиберализма. М., Поколение, 2007.

М. Хоркхаймер: Затмение разума. К критике инструментального разума. М., 2011.

参考文献

М. Шенэ: Перманентный кризис. Рост финансовой аристократии и поражение демократии. М.: Издательский дом Высшей школы экономики, 2017.

П. Н. Кондрашов: Повседневность и экстремизм СМИ//Экстремизм и средства массовой информации: материалы Всероссийской научно-практической конференции/Под ред. В. Е. Семенова. СПб.: Астерион, 2006.

П. Н. Кондрашов: Проблема повседневности в философии классического марксизма. Диссертация на соискание ученой степени кандидата философских наук. Екатеринбург, 2007.

К. Н. Любутин, П. Н. Кондрашов: Историчность повседневности: от феодализма к капитализму//Научный ежегодник Института философии и права Уральского отделения Российской академии наук. Вып. 6. Екатеринбург: УРО РАН, 2006.

Исход к Востоку. Предчувствия и свершения. Утверждение евразийцев. Книга 1. София: Российско－Болгарском книгоиздательстве, 1921.

Ленинизм и Россия. Екатеринбург, 1995; К. Н. Любутин, В. И. Ленин//Русская философия IX－XX вв. Екатеринбург, 1992.

В. В. Скоробогацкий: Ленинский этап в развитии марксизма: идейный контекст и исторические рамки//Марксизм и Россия. М., 1990.

К. Н. Любутин, С. В. Мошкин: Российские версии марксизма: Николай Бухарин. Екатеринбург, 2000.

К. Н. Любутин: Герои и еретики: Максим Горький//Екатеринбургский гуманитарий, 1999.

Е. А. Беляев: Теория и практика современного российского социал-консерватизма [Текст] /Е. А. Беляев-автореф. дис. ... канд. полит. наук: 23.00.01. Уфа, 2012.

(二) 文章

А. М. Колганов, Е. С. Зотова: Русский марксизм. Георгий Валентинович Плеханов, Владимир Ильич Ульянов (Ленин), Вопросы философии, № 5, Май 2015.

А. В. Бузгалин: Марксизм: к критическому возрождению (К 190-летию Карла Маркса), Альтернативы, № 1, 2010 г.

В. Э. Багдасарян: Консерватизм как охранительная реакция на исторические вызовы, Проблемный анализ и государственно-управленческое проектирование, № 4 | том 3 | 2010.

Е. А. Беляев: Идейный облик российского социал-консерватизма, Вестник Башкирского университета, № 4, 2011. Т. 16.

А. А. Фоменков, С. В. Чадаева: Особенности современной российской консервативной идеологии, Вестник НГТУ им. Р. Е. Алексеева. ... Коммуникативные технологии, № 4, 2013.

А. Ф. Киселев, Э. М. Щагин: Новейшая история отечества, Т. 1.

В. В. Путин: Россия на рубеже тысячилетий, независимая газета, 30 декабря, 1999г.

В. А. Гуторов: Консервативная традиция: в прошлом и настоящем: основные уроки для посткоммунистической россии, Вестник поволжского института управления, № 6, 2016.

Н. А. Бердяев: Евразийцы, Путь, № 1, 1925.

А. Г. Дугин: Основы геополитики Россия и Запад: культурное

взаимодействие. круглый стол. Матер. Вопросы философии, 1996, (6).

Л. И. Семенникова: Октябрь 1917 Что же произошло? Свободная мысль, 1992, (15).

А. Г. Дугин: "НОВОРОССИЯ – КРАХ ИЛИ ВЗЛЕТ ДЛЯ РОССИИ", Молодая гвардия, №. 9, Сентябрь 2015.

Ю. А. КОВАЛЕВ: Россия: снова перед выбором пути, Вопросы философии, №. 6, Июнь 2015.

А. В. Попова: Либерализм и неолиберализм в правовом измерении россии на рубеже XIX – XX вв. Российского права, №. 4, 2011.

Е. М. Авраамова: Общественные науки и современность, №. 3, 2015.

К. Н. Любутин: Герои и еретики: Максим Горький//Екатеринбургский гуманитарий, №. 1, 1999.

П. Н. Кондрашов: Марксистская теория повседневности: попытка предварительной экспликации, Философия и общество, №. 3, 2006.

（三）网站

Русская Идея, философия в России, http://philosophy.ru/library/dud/r-idea.html. Новая философская энциклопедия, http://iph.ras.ru/elib/2614.html.

Россия, вперёд! Статья Дмитрия Медведева, http://news.mail.ru/politics/2886384.

А. Макаркин: Александр Солженицын: консерватизм и свобода,

http：//politcom. ru/6621. html.

Ю. Самонкин：Александр Солженицын и консервативное евразийство Москва. Декабрь 2013 г. Статья публикуется на дискуссионной основе, http：//eurasian-movement. ru/archives/8641.

А. Зудин：Консервативная модернизация：современная идеология развития, https：//news. rambler. ru/economics/9246263-aleksey-zudin-konservativnaya-modernizatsiya-sovremennaya-ideologiya-razvitiya-tsennosti/.

Н. А. Бердяев：Русская идея. Судьба России Н. С. Трубецкой Европа и человечество, http：//eurasian-movement. ru/archives/1312.

К. А. Олеговна：ЕВРАЗИЙСТВО：ПУТЬ К ЦИВИЛИЗАЦИОННОМУ СУВЕРЕНИТЕТУ, http：//eurasiaforum. ru/content/295.

П. П. Сувчинский：Исход к Востоку. Предчувствия и свершения. Утверждение евразийцев. Книга 1. София, 1921, http：//eurasian-movement. ru/archives/19922.

А. М. Керезович：СОВРЕМЕННЫЙ ЭТАП РАЗВИТИЯ ЕВРАЗИЙСКОЙ ИДЕИ, http：//easttime. ru/analytics/tsentralnaya-aziya/sovremennyi-etap-razvitiya-evraziiskoi-idei/7184.

О. В. Лушников：Предпосылки формирования и развития евразийской идеи：история и современность, http：//lib. udsu. ru/a_ ref/09_ 11_ 001. pdf.

Р. Вахитов. Кто такие евразийцы? //Утверждение Левых Евразийцев （07. 02. 2011）, http：//redeurasia. narod. ru/krasnaya_ evrazia/index. html.

Ю. А. Ковалев：XXI век. Россия. Расписание на сегодня, https：//iphras. ru/uplfile/root/image/institut/admin/Kovalev_ 2013. pdf.

参考文献

Ю. А. Ковалев: НОВАЯ ГЕОПОЛИТИЧЕСКАЯ РЕАЛЬНОСТЬ И ВОПРОСЫ ИДЕОЛОГИИ, https://iphras.ru/uplfile/root/image/institut/admin/Kovalev_doklad_19_04_2017.pdf.

А. А. Горелов: ЛИБЕРАЛИЗМ В РОССИИ И ЭВОЛЮЦИОННЫЙ ИМПЕРАТИВ, https://cyberleninka.ru/article/n/liberalizm-v-rossii-i-evolyutsionnyy-imperativ.

В. В. Путина: Послание Президента Российской Федерации Федеральному Собранию, Москва, Кремль, 1 декабря 2016 года, http://www.mid.ru/foreign_policy/news/-/asset_publisher/cKNonkJE02Bw/content/id/2541648.

К. Антон: Евразийская доктрина Путина и классическое евразийство, http://eurasian-movement.ru/archives/1126.

А. О. Ковалева: ЕВРАЗИЙСТВО: ПУТЬ К ЦИВИЛИЗАЦИОННОМУ СУВЕРЕНИТЕТУ, http://eurasiaforum.ru/content/295.

XI Международная конференция «Евразийскаяинтеграция», http://eurasiancenter.ru/events/20161111/1004393050.html.

М. А. Мунтян: Концепция творческой демократии, И. А. Ильина в свете современной теорииДемократии, http://www.old.nasledie.ru/persstr/persona/muntan/article.php?art=2.

Н. И. Изергина: Органическая демократия как вектор социально-политических изменений современнойРоссии, http://regionsar.ru/en/node/213.

Государственная идеология и высшее образование, http://www.russ.ru/pole/Gosudarstvennaya-ideologiya-i-vysshee-obrazovanie.

ПЛАН основных мероприятий, связанных со 100-летием революции 1917 года вРоссии, http://rushistory.org/images/documents/

plan100letrevolution. pdf.

А. Бузгалин: Октябрьская революция 1917: как это было. Демифологизация, https://www.orel.kp.ru/radio/26511/3524485/.